개정증보판

대 학 체 육

구희곤 · 안경일

공 학 사

머 리 말

미국의 교육철학자 화이트(H. White)에 의하면, 교육의 목표는 단순한 지식의 축적에 있는 것이 아니라 인격의 도야에 있으며, 훌륭한 인격이란, 좋은 체격과 기동성 있는 체력, 그리고 원만한 성격을 골고루 갖춘 위에 이루어질 수 있다고 설명하고 있다.

이렇듯 체육이란 민주시민의 자질을 형성하고 국민체위 향상을 도모할 수 있는 교육과정 속의 중요한 요소를 차지하고 있기 때문에 이에 대한 계속적이고 부단한 활동과 과학적이고도 체계적인 연구가 병행 실천되어야 함은 당연한 사실이다.

특히, 필승을 목적으로 하고 있는 군인에 있어서 기술, 정신, 체력은 장병의 필수적 요건이다. 기술이 부족하면 전투에 필요한 신념과 용기가 결여되고, 정신이 나태하면 적극성과 자신감이 없으며, 가장 중요한 체력이 약하면 싸울 힘과 인내력을 상실함으로 필승을 위한 정예장병을 육성하기 위해서는 체육활동에 대한 방법의 이해 및 실천은 절대적이라고 할 수 있다.

이러한 관점에서 장차 군의 간성이 되며, 그 임무가 막중한 사관생도들에게 실무에 응용할 수 있도록 도움을 주기 위하여 다년간 군체육교육을 통하여 자료를 수집하고 연구 개발한 내용을 정리해서 한 권의 책으로 집필하게 되었다.

그러나 지적능력이나 연구기간의 부족으로 미비점이 있으리라고 생각하면서 앞으로 계속 연구 노력하여 불충분한 점은 보완할 것을 다짐하며 동학선배 여러분의 지도편달과 협조를 바라마지 않는다. 이 책을 완성하기까지 용기와 격려를 아끼지 않으신 관계관 여러분께 깊은 감사를 드리고 출판을 맡아 수고해주신 공학사에 심심한 감사를 드리는 바이다.

2025년 12월

저자 일동

Contents

제1부 체 육 이 론

제1장 체육원리

제2장 체육관리

제3장 운동생리

제2부 체 육 실 기

제1장 육상경기

제2장 체력단련

제3장 구기운동

제4장 기타 경기

제1부
체 육 이 론

제1장 체육원리

1. 체육의 개념
2. 체육의 목적과 목표
3. 체육의 가치
4. 체육의 분류
5. 체육의 지도
6. 미래의 체육

1 체육의 개념

가. 체육의 정의

오늘날 체육이란 넓은 의미에서 학교에서 가르치는 것(schooling)만이 아니고 또 배우는 것(learning)만도 아니며, 학교나 학교 밖에서나 각 개인의 외적 내적자극이나 사태에 대한 반응에 따라서 일어나는 연속적인 변화(change), 수정(modification) 혹은 조정(adjustment)의 과정이라고 생각하게 되었다. 이렇게 교육이 지식을 교수하는 양식에만 국한하지 않고 학생들의 생활전체를 통한 인간을 기른다는 의미로 해석할 때에 체육은 교육의 일부분으로서 그 중요성이 강조되는 것이다.

특히, 정신교육을 중시하고 신체교육을 경시하던 신심이원론이 교육의 기초적 이론으로 채용되던 시대와는 달리, 전인적 발달을 교육의 문제로 삼아야 한다는 새로운 교육의 입장에 서게 되자, 체육의 교육 분야에서 차지하는 자리는 더욱 확대되게 되었다.

그러면 체육이란 무엇인가? 이와 같은 물음에 그 대답은 매우 다의적이며 정의를 내리는 학자에 따라 조금씩 차이가 있는 것은 사실이다.

Nixon, E.W와 Cozens, F.W는 체육을 "체육의 전과정 가운데서 활발한 신체활동과 그것에 관련하는 반응 및 경험에 의하여 개인을 개선함을 목표로 하는 것"이라고 신체활동에 의하여 행해지는 교육 작용으로 정의하고 있다.

Shepard, N.M는 Cassidy, R의 정의를 인용하여 "체육이란 기본운동의 형식으로 행해지는 경험에 의하여 일으켜진 개인의 변화의 총체이다. 이 경험의 과정은 지도나 guidance에 관계없이, 또 학교조직의 시인과도 관계없이 진행한다"고 정의하여 주로 생활경험에 기초를 두는 하나의 기초교육이라고 말할 수 있다.

또 Williams, J.F와 Brownell, C.L은 "체육은 일정한 목표를 향하여 선택된 운동 종목으로 행해지는 신체활동의 총체이다"라고 정의하였으며, Nash, J.B는 "체육이란 대근의 활동 또는 활발한 전체적 활동에 관한 교육의 지도분야이다"라고 규정하고 있다.

〈표 1〉 체육과 건강교육과의 관계

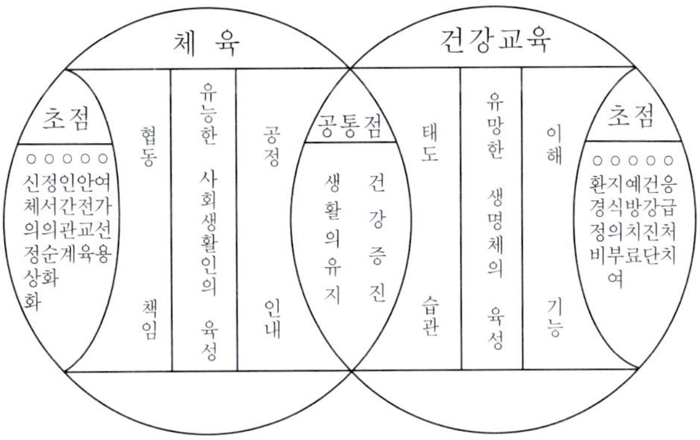

그리고 독일의 Schmidt, F.A는 "체육은 전교육 가운데서 중요한 부분을 이루며, 학교의 학생에 대하여 유희 및 자유로운 운동의 영역을 확립하여 신체적, 정신적인 훈련을 촉진하며, sports적인 활동에의 즐거움을 자각하게 한다"라고 정의했으며, Soviet에 있어서는 체육을 "인간의 건강을 증진하고, 바른 신체발달을 이룩함을 목적으로 하여 실시되는 교육"이라고 하고 있다. 이들 학자들의 공통적인 점을 들어 보면 체육이란 신체활동을 통하여 이루어지는 인간의 교육이란 것으로서, 신체활동이 목적이 아니라 인간완성을 달성하는 교육의 일영역이라는 것이다.

나. 체육과 건강교육(Health Education)

체육(physical education)과 건강교육(health education)은 동일한 것으로 또는 둘 중의 하나를 다른 것의 일부로 생각하는 것이 보통이다. 그러나 오늘날 교육 프로그램에서는 엄격히 그 개념이 다른 별개의 영역으로 간주되어 따로 계획 조직되고 있는 실정이다. 이러한 의도는 근본적으로 체육은 활발한 근육활동(vigorous muscular activities)을 통하거나 그것과 관련해서 일어나는 교육의 국면으로 생각하지 않으면 안된다는 것을 지적하고 있으며, 건강교육은 개인의 건강에 관한 지식 · 습관 · 태도에 어떤 방법으로 공헌하는 모든 훈련을 다 포함하고 있기 때문이다. 그러나 양자는 개념적으로 명확히 구별되지만 실질적인 생활의 유지 · 건강증진(health development)이란 입장에 서게 될 때, 양자는 상호 밀접한 함수관계를 맺고 공통적인 교육프로그램에 의존하게 된다. 그 내용을 도시하면 표 1과 같다.

다. 체육과 신체적성(Physical Fitness)

체육과 신체적성은 상호밀접하게 관계되고 있으나, 그 의도하는 교육 목적은 비중을 달리하게 된다. 큐리톤 박사(Cureton, T.K)가 A.D. 1941년에 이 새 용어를 호칭케 된 이래, 체육과 혼동의 시기도 있었지만, 오늘날은 그의 어의가 명백하게 되었다. 왜냐하면 신체적성은 그 자체가 전적인 체육교육 프로그램을 이루지 못할 뿐만 아니라, 오직 신체교육에 국한되어 있기 때문일 것이다. 큐리톤이 말하는 신체적성이란 "개인이 지나친 피로없이 매일매일 생활의 과업을 수행하고 나아가서 그이에게 다가온 비상시에 만족스럽게 대처할 수 있는 유기체의 능력을 말한다." 다시 환언하면 누구든지 자기가 지니고 있는 건강상태, 즉 심장기능 · 호흡기능 · 내장기능 · 운동능력이 최고의 컨디션을 유지하게 하여 오래 살 수 있고, 행복한 인생을 즐길 수 있고, 항상 정열에 넘쳐 의욕적인 자기 일을 수행해 나가는 데 기본적인 능력을 가진 것을 의미하는 것으로 확실히 신체적성은 대단히 가치 있는 체육의 목표이긴 하나 몇몇 목표중의 하나에 지나지 않으며, 따라서 체육의 궁극적인 목적으로 간주될 수는 없는 것이다.

라. 체육과 체조(Gymnastics) · 스포츠(Sports) · 레크리에이션(Recreation)

체조의 어원은 그리이스 시대의 나체(Gymnos)에서 연유되었으며 그 의의는 신체상의 결함과 불충분한 점을 교정하고 보충하여 훌륭한 신체를 만들고자 하는 운동이며, 스포츠는 영국의 고어인 disport 즉 즐겁게 한다, 기분을 낸다. 라는 뜻으로 원래의 의미는 하고 있던 일에서 떠난다는 것을 뜻하는 기분전환 또는 오락을 말한다. 그리고 레크리에이션이란 여가시간을 유효적절하게 활용하여 후생운동 · 건전오락 · 기분전환 등을 통한 생활을 즐긴다는 뜻으로 체조 · 스포츠 · 레크리에이션 등은 체육교육을 실행시키는 교육적「수단」과「방법」이다. 그러나 이러한 신체활동은 어디까지나 체육운동에 지나지 않으며, 다양한 각종 체육운동을 골고루 또 적절히 수행함으로써 이루어지는 교육활동과는 그 어의를 동일하게 풀이해서는 안된다.

왜냐하면 체조란 체육의 목표를 달성시키기 위한 인위적으로 고안된 운동형식에 불과하고, 더욱이 신체육의 현실적 영역에서 무거운 비중을 차지하는 스포츠만 비유하더라도 체조 한 종목으로서 체육의 개념을 만족시키기에는 어렵다는 사실과, 체조운동에 의해 이루어지는 교육변화가 사회적 유효성(social efficiency)에 크게 기여할 수 없기 때문이다.

2 체육의 목적과 목표

가. 체육의 목적

현대의 체육은 사회와 거기에서 생활하는 개인의 위치를 기초로 하여 그들의 필요를 충족시키기 위하여 존재하고 있다고 말할 수 있다. 더욱이 현대의 교육이 경험을 중시하여 일상생활과의 관련을 강력히 주장하는 고로 체육도 이에 동조하여 생활에 따른 체육이 되지 않으면 아니되게 되었다. 그러므로 체육은 다만 교과시의 체육뿐만이 아니고 자유 활동 · 그룹 활동 · 체육적 행사 · Recreation이라는 것을 포함하여 이것들의 유기적 관련성을 통하여 현대의 체육의 목적을 실현하여 가지 않으면 안된다.

체육의 목적에 대하여 샤만(Sharman, J.R)은 "체육의 목적은 개인이 자기의 능력의 범위내에서 사회에 잘 적합시켜 자기의 욕구를 증대시키고 개선하여 그 요구를 만족시킬 수 있는 능력을 발달시키는데 힘이 될 수 있는 정도까지 각자의 인생경험에 영향을 주는 것이다"라고 말하고 있다. 즉 자기의 욕구를 증대시키고 개선하여 그 욕구를 사회적으로 조화시키는 적응능력을 발전시키는 것이 체육의 목적인 것이다. 이것만 보더라도 현대의 체육이 얼마만큼 현실의 사회활동에 입각한 인간을 중시하고 있는가를 이해할 수 있을 것이다.

여기에서 주의점은 개인이 갖는 욕구(desire)를 어떻게 행동화하느냐 하는 것이 문제인데 이것은 장차 사회적 적응능력과 직결이 되므로 우리는 비정상적인 개인의 욕구는 배격하고 정상화를 위한 개선을 꾀하여 부드러운 인간관계와 민주적인 생활태도를 육성하는데 힘써야 하겠다.

나. 체육의 목표

현실의 개인은 미숙하고 불완전한 존재다. 그러나 사람은 항상 이 부족한 인간을 완성된 것으로 하려고 노력하고 있다. 그 완성이라고 하는 데는 인간이 바라는 어떠한 가치성을 의미하고 있는 것이다. 현실적 신체활동의 본질과 현실과 결과를 철학적 과학적으로 통찰하면 인간에 있어서 신체활동(physical activites)은 불가결의 것이고, 또한 인간을 형성하는 가능성도 명확히 인정되니 신체활동을 수단으로 하여 이상적인 인간상을 만들어 보자는 것이 체육의 도달 목적(aiming point)이 될 것이다.

이러한 목적을 실행하기 위해서는 보다 구체화된 도달 역점을 설정하고 이들 적정에 의해 실천하는 길만이 지름길이 된다. 따라서 체육의 목표는 목적 달성을 위한 구체화된 도달 역점을 말하게 된다. Williams, Nash, Brownell 등의 학자들이 밝히고 있는 체육의 목표는 표현에 있어 다소 달리하고 있으나, 그 내용들에 있어서는 거의 비슷한 공통점을 찾게 된다. 우리나라에서는 체육의 일반목표를 다음과 같이 포괄적으로 밝히고, 이의 실천을 위해 매진하고 있다.

1) 신체의 정상적인 발육 발달

우리의 신체가 형태적으로나 기능적으로 발달하기 위해서는 신체활동에 의한 적절한 자극이 필요조건이다. 체육이 신체의 발달만을 대상으로 하는 것은 아니지만, 그러나 신체의 정상적인 교육발달을 체육에 있어 가장 중요한 목표로 개체의 성장발달에 영향을 주고 있는 요소, 즉 유전인자 · 자연환경 · 문화생활 · 경제적 조건 등을 조절하면서 각종 체육운동을 합리적으로 실천하여 신체의 도모와 성장 발달을 촉진하고 조장하여, 적어도 다음 다섯 가지 구체적 목표 달성에 노력해야 한다.

① 신체 각부를 고르게 발달시킬 것.
② 신체의 모든 기능을 높일 것.
③ 기본적 운동능력을 높일 것.
④ 신체적 결함의 교정에 힘쓸 것.
⑤ 좋은 자세를 만들 것.

2) 사회적 성격의 형성

체육운동 특히 스포츠의 장면 구조는 일반 사회의 장면과 공통된 점이 많다. 스포츠 장면에서 형성된 모든 습관 · 행동 · 태도 등은 거의 전부가 일반 사회생활면에 옮아가기 마련이다. 즉 스포츠 장에서의 규율적인 행동과 태도는 민주적 생활태도를 기를 수 있다는 말이다. 그러나 막연히 운동만 실천하면 이와 같은 덕성이 길러지는 것은 물론 아니다. 적어도 다음과 같은 행동목표 단계에서 자기를 견제하고 규칙적인 행동을 가질 때 비로소 형성되는 것이다.

① 게임 자체에 대한 행동으로서는 그 게임을 끝까지 버리지 않고 최선을 다하여 싸울 것.
② 상대자에 대한 태도는 어디까지나 그 인격을 존중하고 친구로서 대할 것.

③ 룰에 대한 행동으로서는 운동규칙을 준수하여 심판의 권위있는 명령에 절대로 복종할 것.
④ 자기자신에 대해서는 극기 자제하여 방종한 행동을 견제하면서 자기의 책임을 완수할 것.

3) 지적 · 정서적 발달

생활상 필요한 지식과 태도는 신체활동을 행함으로써 얻어지는 바가 많다. 그러므로, 체육은 운동과 건강생활의 지도를 통하여 건강에 대한 지식, 신체에 대한 지식, 신체활동의 원리, 생활의 원리 등을 자연적 계통적으로 학습시킬 것이 필요하다. 그리고, 인간의 모든 행동은 감정에 지배되는 점이 많다. 이를테면, 스포츠 활동에 있어서 성공하였을 때의 기쁨, 실패하였을 때의 실망, 또는 게임의 장에서 강력한 상대자와 맞섰을 때의 불안과 초조감 등이 감정의 동요를 일으키게 된다. 이와 같은 감정의 동요는 이것을 의지적으로 극복하는 데서 굳센 의지가 수련된다. 의지적 극복은 가급적 많은 경험과 연습을 쌓는 동안에 얻어진다. 그러므로 수련에 의하여 감정의 불안을 해소하고 정서를 순화하여 의지를 굳세게 할 수 있는 것이다.

4) 안전에 대한 지도

일상생활에 있어서 뜻밖의 사고로 인하여 몸을 다치거나 생명을 잃는 수가 적지 않다. 체육에 의한 안전지도는,

① 신속 정확한 사고와 판단의 행동을 취할 수 있도록 운동신경을 발달시킬 것.
② 운동기능을 증진시킬 것.
③ 운동기술을 체득시킬 것.
④ 안전에 대한 지식을 가지게 할 것. 등이 고려된다. 위험에 절박하였을 때, 때로는 심사숙고할 여유를 갖지 못할 때도 많다. 이러한 경우에는 무엇보다도 빨리 행동을 취하는 것만이 안전의 방법이 된다. 그리고 운동기능을 높이고 기초능력을 길러 둔다면 위험에 대처하였을 때 적절한 반사적 반응을 일으킬 수 있으며, 운동의 기술과 방법을 체득함으로써 스포츠의 장해를 적게 하고 자기와 남의 안전을 기도할 수 있다. 또는 생활상의 올바른 습관과 규칙을 알고 안전에 대한 이해를 가지게 하는 것이 위험방지의 최선의 방법이 될 것이다.

5) 여가선용에 대한 지도

신체활동은 신체적 발달과 사회적 성격을 형성할 뿐만 아니라, 건강을 보호 유지하고, 생활을 즐겁게 윤택하게 하며, 생산 활동에 대해서 의욕과 정력을 가져다주고 있다는 점에 있어서 레크리에이션으로서 또한 가치가 높은 것이라고 볼 수 있다. 이것을 현재와 장래의 생활에 활용할 수 있도록 운동의 기술을 체득시킬 것과 여가활동을 즐기려고 하는 태도를 기르는 것이 가장 중요한 점이라고 하겠다. 현대교육이 건전한 여가활동의 기술과 태도의 형성을 주요한 목표로 내걸고 있다는 것은, 건전하고 명랑하고 쾌활한 생활을 하기 위한 여가교육의 수단으로 절실히 필요하기 때문이다.

① 여가활동의 가치와 방법을 이해시킬 것.

② 여러 가지 좋은 운동을 경험하여 그에 대한 흥미를 느끼게 할 것.

③ 여가활동에 필요한 태도와 기술을 체득시킬 것.

3 체육의 가치

체육은 사람과 더불어 존재하였다는 역사적 사실은 사람과 더불어 사라진다는 미래를 예약한다. 체육은 생명의 존재인 인간을 두고 발생하였고, 그러기에 그 생명 보존을 염려하면서 더욱 잘 살겠다는 인간의 욕망을 충족시키려는 임무를 지니고 있다. 인간은 있는 것에서 무엇을 만들어 내고, 만들어진 것을 다시 만드는 동물이다. 환언하면 사람이 활동을 한다는 것은 자연현상에 대한 균형에의 동요요, 이 동요는 차원을 달리 함으로써 고도의 균형을 갖게 된다. 이 고도의 균형은 인간의 욕망이 이루어짐이요, 이로 말미암아 더 잘 살자는 욕망을 충족시킨다는 것이다. 만든 것을 다시 만든다는 인간의 활동은 반드시 신체활동을 통하여서만 이룰 수 있다는 숙명에 놓여져 있다. 따라서 전인적 활동은 체육과 필연적 관련을 갖게 되는 까닭에 인간과 체육은 생명을 같이 한다. 이러한 관점에서, 왜 체육이 필요한가에 대해 설명하기로 한다.

가. 생물학적 가치

인간이 신체운동을 한다고 하는 것은 다만 외관적으로 우리가 관찰할 수 있는 신체적인 움직임만을 행하고 있는 것이 아니라 정신적 · 심리적 활동까지도 하고 있다. 신체운동에 종사한다는 것은 그 사람이 결코 육체만의 움직임이 아니라 정신적 · 신체적 · 심의적으로 통일된 하나의 통일체로서 움직임을 하고 있는 것이다. 체육의 가치는 여기에서 그 주안점을 두고 다루어야 한다.

1) 성장 · 발달면

인간은 본래 미분화에서 분화로, 분화에서 중심화를 거쳐 형태나 기능이 성장 발달하는데 이와 같은 현상은 생명을 갖는 생물이 지닌 삶의 합목적적 질서요, 생명체로서의 필연적 욕구라 할 수 있다. 그런데 이러한 현상은 그 생명체에 자극이 가해져서 그 자극에 적응하려는 노력의 과정에서 이루어지는 것이며 이 자극을 주는 것이 바로 신체활동인 것이다.

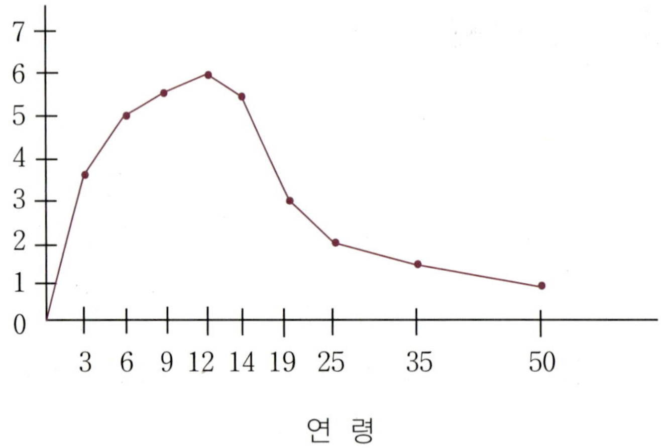

〈그림 1〉 Nash J.B. 연령별 대근육활동 필요시간

내쉬(Nash)는 "정상적인 아동은 최고의 성장발달을 위하여서는 연령에 따라 하루에 2~6시간의 신체적 활동을 필요로 한다"는 사실을 연구를 통하여 증명하였다(그림 1). 또한 라마르크(Lamark)가 "신경계를 가지고 있는 동물들은 일상생활에서 사용되는 기관만이 발달 · 증대 · 강화되고 그렇지 못한 것은 약화 축소된다"고 한 말이나, 루우(Roux)의 "신체를 적당히 사용하면 증대, 강화되고 사용하지 않으면 약화되어 간다"고 한 말은 성장 발달에 신체운동이 절대로 필요한 것임을 입증한 것이라 하겠다. 물론 인간은 계획적인 신체운동을 하지 않아도 연령에 따라 어느 정도 성장한다. 이것은 성숙이다. 그러나 성숙만으로는 완전 발달을 기대할 수가 없으며 체육운동을 통하여 성숙의 단계이상으로 성장 발달을 촉진시킬 수 있다는데 체육의 가치를 찾을 수 있다.

2) 신체기술면

현대의 과학문명은 극도로 발달하고 있으며 앞으로 시대가 바뀜에 따라 그 정도는 점점 심하여질 것이다. 이러한 문명의 발전은 어느 의미에서 인간 신체의 연장물이거나 혹은 부분품으로 활동에 편리하고 작업 능률을 올리기 위하여 만들어지고 발달된 것이라 하겠다. 예를 든다면 자동차 · 기차 · 비행기 · 우주선은 발의 연장물이며, 전화기 · 라디오는 입과 귀의 연장물이고, 안경 · 현미경 · 망원경은 눈의 연장물이며, 전자계산기는 뇌의 연장물이라 볼 수 있다. 그러나 인간이 안이하고 편리하게 살기 위하여 만든 이 문명기구는 그 발달이 지나쳐서 이제는 그 문명기구를 사용하기 위하여 인간의 기능을 발전시킬 필요까지 생기게 되었다. 전자계산기를 조작한다든가, 자동차 운전을 한다든가, 미생물을 관찰하기 위하여 현미경을 조작한다든가 하기 위하여 섬세하고 정교하며 정확한 조작능력이 필요하게 되었다. 이러한 문제는 과거의 사람들에게는 별로 필요가 없었다. 이러한 신체적 기술은 아동기에 신체운동을 통하여 길러질 수 있다.

3) 생리적인 면

가) 형 태

미래에 대한 공상적인 만화에서 흔히 머리만 커지고 동체와 팔다리가 아주 가는 형태의 사람을 볼 수 있다. 이것은 과학문명이 점점 더 발달하게 되면 인간은 별로 움직일 필요가 없고 신체활동을 하지 않게 되어 머리만 커지고 동체와 팔다리가 적어진다는 가상하에 꾸며낸 것이다. 물론 진화론적인 면에서 따진다면 그렇게 되려면 몇 천만년이 지난 뒤에야 그렇게 될지도 모른다. 그러나 더 따져 본다면 몇 천만년 후에도 그런 현상은 일어나지 않을 것이다. 왜냐하면 그러한 상태에서 인간이 살아나가기가 힘들며 그렇게 되지 않을 수 있는 방법을 인간은 또 개발할 수 있으니까 말이다.

신체활동은 인체의 형태를 위에 설명한 라마르크나 루우의 법칙에 의하여 강건하고 크게 할 수 있다. 즉 근육이 굵어지고, 탄력성이 커지며, 수축과 확장의 범위가 커지고 지구력이 강하게 된다.

나) 기 능

신체활동을 통하여 근육이 굵어지면 에너지원이 되는 특질인 글리코겐(glycogen), 크레아틴인산(creatine phosphate), 크레아틴(creatine), 아데노신(adenosine) 등이 증가되며, 미오글로빈(myoglobin)을 증가시켜 지구력을 증대시킨다. 또한 허파의 크기를 증대시켜 폐활량이 커지며 따라서 산소 섭취량이 증가되어 에너지 발생이 더욱 활발하게 된다. 신체운동은 혈액순환을 원활하게 한다. 즉 모세혈관이 발달하여 맥압이 커지고, 박출량이 증대되며, 염통을 강화하여 그 용적이 커진다. 그리고 대뇌피질의 지각력, 통합능력을 증대시키며 근지각 · 자세지각 · 운동지각을 개선하여 신경기능을 향상시켜 동작이 민첩하고 정확해진다.

위에 열거한 기능 외에도 신체활동은 영양의 소화, 흡수능력을 향상시켜 신진대사를 왕성케 한다.

나. 심리적 가치

인간의 행동은 심리적으로 분석하여 보면 개인과 개인을 둘러싸고 있는 환경과의 역동적 상호관계를 이루며 일어난다. 레빈(Lewin, K)은 이 관계를 B=F(P · E)라는 공식으로 설명하고 있다. 여기에서 B는 행동(behavior), P는 개인(person), E는 환경(environment), F는 이들 간의 함수관계를 나타낸다. 즉 행동은 개인과 환경과의 함수관계에 있음을 뜻한다. 따라서 사람은 그 자신의 요인(유전, 과거의 경험, 성격적 특성, 심리적 · 생리적 욕구상태)와 그를 둘러싸고 있는 환경(사회적)의 요인에 따라 행동을 달리한다.

1) 근본적 경향의 변용

원시시대부터 인간이 수십만년을 존속되어 오는 동안 여러 가지 생활을 하였다. 문명이 발달하기 이전의 인간은 거의 동물과 같은 생활을 하지 않으면 안 되었다. 먹을 것을 얻기 위해서 다른 동물을 살생한다든가 혹은 자기의 신변보호를 위하여 다른 부족과 전쟁을 한다든가, 또는 도둑질을 한다든가 하는 야만적인 생활을 아주 오랫동안 해왔다. 그러는 동안 공격 · 구타 · 살생 · 도둑질과 같은 행위의 심성이 몸에 배여 인간의 근원적 경향을 이루었다. 이러한 경향을 현대사회에서 그대로 나타내면 당장 경찰의 체포를 받아 경찰서로 연행될 것이다. 그러므로 이러한 근원적 경향을 나타내지 않고 참아야 한다. 그런데 인간은 인간이 가지고 있는 근원적 경향을 표현하지 못하면 욕구불만의 상태가 되어 이유없는 반사회적 행동을 하게 되고, 이유없는 반항을 하게 된다. 이러한 것은 혈기왕성한 청소년시기가 가장 심하다. 따라서 이러한 근원적 경향을 합리적으로 표출할 수 있는 기회를 주어야 한다. 여기에 체육운동은 매우 효과적이고 합리적인 근원적 경향의 표출방법이 될 수 있다. 예를 든다면 권투는 남을 구타하고 싶은 근원적 충동의 합리적인 표출방법이며, 특히 신체의 접촉이 심한 럭비 같은 스포츠는 투쟁하고 싶은 근원적 경향의 합리적인 표출방법이다. 그 외 어린이들의 놀이에서도 좋은 예를 찾을 수 있다. 즉 신발뺏기 · 도둑잡기 · 술레잡기 등은 인간의 근원적 경향을 표출할 수 있는 좋은 방법이다.

이와 같이 체육운동을 통하여 사회에서 결코 나타내서는 안 되고, 나타낼 수 없는 인간의 근원적 경향성을 발산시킬 수 있는 기회를 주고, 지도하여 인성을 정화시키는 것이 바로 체육이다. 다시 말하면 인간답지 못한 경향성을 체육활동이라는 가상적인 환경을 만들어 거기에서 대상행위를 시킴으로써 욕구불만을 해소시킬 수 있다는 데에 체육의 심리적 가치가 있는 것이다.

2) 사회생활에서 오는 긴장의 해소

과학문명의 이점을 입는 현대사회는 인간에게 안이하고 편리한 생활을 할 수 있게 해준 반면에 여러 가지 부작용도 가져다주었다. 고도한 분업은 진저리나게 지루하고 단조로운 작업을 하게 하였고, 기하급수적으로 늘어나는 인구의 도시집중(urbanization)은 메마른 인정을 낳게 하였으며, 공해나 돌연의 사고에 의해 수십명의 인명이 순간적으로 사라져가는 현상은 불안과 초조를 야기시켰다. 따라서 현대인간은 군중 속에서 고독을 느끼며, 기계의 한 부속품처럼 일을 하게 되었으며, 갑작스런 불의의 사고가 일어나지 않을까? 하는 염려를 하지 않으면 안되게 되어, 불안한 스트레스 속에서 살게 되었다.

이와 같은 여건 속에 그대로 방치되면 인간은 욕구불만이 되어 노이로제에 걸리거나 정신이상이 되거나 혹은 신체적 질환이 생기기 쉽다. 이와 같은 스트레스를 해소시킬 수 있는 좋은 방법이 바로 체육운동이다. 체육의 운동장면은 위에 설명한 모든 문제를 떠나, 다른 모든 사람과 동등한 입장에서 같이 활동할 수 있다. 즉 체육활동은 정신적 · 심의적 · 신체적으로 동일체로서의 활동이므로 그것에 참여하는 동안에는 그 이외의 모든 것을 잊게 된다. 예를 든다면 탁구공을 치면서 집안 걱정을 하는 사람은 없을 것이며, 테니스를 하면서 직장걱정을 하는 사람은 없다. 여기에서 위에서 말한 여러 가지의 긴장을 해소시키고 기분전환을 할 수 있나는 네에서 또 다른 체육의 심리적 기치를 찾아 볼 수 있다.

다. 사회적 가치

룰을 가지는 팀스포츠는 사회적 행동의 하나의 유형이다. 랴살(D. Lasalle)은 이러한 사회적 장면을 자연적 장면(National situation)이라고 말하고 있다. 체육은 이러한 자연적 장면에 파고 들어가 가능하게 할 수 있는 가치를 발견하고, 그것을 사회의 요구에 따라 가치화하되, 유희나 경기 사회에서 인간의 사회적 성격을 형성하면서 인간의 신체적 투쟁에 대한 근원적 요구를 만족시키는 일면도 있음을 잊어서는 안된다. 다라서 체육이란 이와 같은 자연장면인 스포츠를 많이 다루게 된다. 그 기회에 사회적 인간으로 사람을 형성하도록 하자는 것으로서, 그러기 위해서는 우선 학생들이 「나」라는 의식(I consciousness)에서부터 「우리」라는 의식(We consciousness)으로 확대되어 가게 되고, 그를 개별화(individualization)하는 동시에 사회화(socialization)하는 일에 충실하여 민주사회의 일원으로써 건전한 적응을 할 수 있게 하도록 하여야 할 것이다.

1) 적응력 배양

위에서 설명한 바와 마찬가지로 인간은 사회적 동물이기 때문에 혼자서는 살 수가 없다. 인간이 어떠한 직업에 종사하든 또한 어떠한 집단에 소속하던 그가 귀속하는 사회에서 여러 가지 사회관계를 유지하여야 한다. 근본적인 의미에서 사람은 누구나 평등하지만 맡은 바 직분 때문에 언제나 주종의 관계나 혹은 리이더와 폴로우(leader and follower)의 관계가 생기게 마련이다. 이러한 사회에서는 자기가 맡은 바 임무를 충실히 이행하며, 계통에 따라 리이더가 되는 상사가 어떠한 일의 계획을 수립하면 이에 맞추어 따라 갈 줄도 알고, 동료사원과는 선의의 경쟁을 하며 서로 협조하면서 같이 일해 나가며, 자기의 밑에 있는 사원에게는 관용있는 태도로 이끌어 나갈 수 있어야 한다.

체육운동 중 단체경기는 모두가 경쟁과 협력의 기회를 주며, 공동목표에 대한 자기의 역할을 수행할 수 있는 상황이 많다. 체육운동에 있어서의 경쟁은 단순한 대결이 아니라 합의된 선의의 경쟁이요, 협력적인 대결이다. 따라서 상대적인 입장이 아니라, 더불어 활동하는 관계를 유지하되 경쟁을 할 때는 정정당당히 자기의 능력을 최대한 발휘하게 된다. 이러한 활동을 통하여 협동심 · 책임감 · 예의 등을 몸에 익히고, 주종의 질서와 규칙의 존중, 약속의 실행 등과 같은 덕성을 함양시키고, 관용성, 자제심 등을 기를 수 있다는 것이 또한 체육의 사회학적 가치라고 할 수 있다.

2) 레크리에이션으로서의 이용

역사적인 사실을 미루어 볼 때 어떠한 사회가 정치 · 경제적으로 안정이 되고 풍요한 생활을 누리게 되면 일상생활이 호화스러워지고 사치에 빠져 퇴폐한 풍조가 나타나 국가 전체가 멸망하거나 외세의 침략을 받게 된다. 이것은 우리 민족의 역사를 살펴봐도 바로 이해가 된다. 일찍이 삼국시대의 백제가 그러하였고, 신라가 그러하였다. 또한 이러한 현상은 개인에게도 마찬가지이다. 「소인은 한거하면 불선을 한다」는 옛말이 있듯이 할 일이 없는데 시간이 많다는 것은 여러 가지 문제를 야기시킨다. 현대사회는 경제적으로 점점 풍요해지고 여가시간은 점점 많아지고 있다. 따라서 이 여가시간을 어떻게 이용하느냐는 개인적으로 볼 때 그 사람이 얼마나 가치있고 훌륭한 생애를 누리느냐가 결정이 된다. 이러한 여가시간을 활용하기 위한 방법으로 체육운동은 매우 훌륭한 역할을 한다. 체육운동은 전술한 바와 같이 정신상의 긴장을 해소시켜주고, 정서적 안정을 도모하여 줄 뿐만이 아니라 쾌감을 맛 볼 수 있는 기회를 마련하여 준다. 따라서 체육운동을 레크리에이션으로 사용하는 것은 체육의 사회적 가치 중에 매우 중요한 부분이다.

4 체육의 분류

가. 체육의 대상에 따른 분류

체육으로서의 교육작용을 전개하는데 있어 오늘날 인정되고 있는 분류에 대하여, 체육을 받는 자 즉 체육의 대상측에서 보면 발달단계 등을 위주로 하여 유아 · 아동 · 청년 · 장년 · 노년체육 등을 들 수 있다.

1) 성장 발달기의 체육

체육이 발육 발달의 조성을 목표로 하고 더구나 장년기 이후에 있어 자주자발적으로 체육이 행해짐을 기대하고 있으므로 그 기초교육을 행한다는 의미에서도 이 시기의 체육은 중요시되어야 한다. 출생시부터 유치원에 갈 때까지는 양육을 중심으로 하는 체육인데 과보호한 나머지 아동의 자유로운 운동 생활을 제한하는 결과가 되기 쉬우므로, 아동의 본성을 잘 이해하고 자유롭게 운동하는 기회를 제공하여 자발적으로 운동하게 함이 중요하다.

2) 소년기의 체육

초등학교 시기에 해당하며, 자유롭게 운동할 수 있는 시기로서 여러 가지 운동을 하기에 적합하다. 그러나 아동기의 전기(초등학교 저학년)에는 근력이나 지구력이 그다지 발달되지 않았으므로 신경 · 근육운동으로서 조정력을 기르는 데 중점을 둔 운동능력을 늘이도록 유의해야 한다. rhythm · balance가 따른 운동의 기초도 이 시기에 발달시키도록 한다. 이 시기는 학교체육의 대상이 되므로 구체적 · 계획적인 지도가 이루어져야 한다. 즉 발달에 따른 운동 자극이 선택되어 그들의 심리적 만족을 얻을 수 있는 방법으로 지도 · 훈련이 되어야 한다. 또 이 시기의 아동은 운동 욕구가 가장 강해서 운동시간을 가장 많이 필요로 한다. 따라서 학교체육만으로 그들의 운동 욕구를 충분히 만족시킬 수 없으므로 가정에서는 물론 지역사회에서도 운동생활을 마음껏 할 수 있게 배려해야만 한다. 그러나 가정에서 행해지는 체육은 한도가 있고 또 아동은 심리적으로 부모로부터 이탈해 친구들과 마음껏 놀고 싶은 욕구를 갖고 있다. 이 욕구를 건전하고 조직적으로 만족시키기 위해 놀이터를 확보해야 되는데, 이에는 지역사회 특히 지방자치 단체의 힘이 크게 기대된다.

3) 청년기의 체육

중 · 고등학교 시기에 해당하며, 소년기와 더불어 이 시기는 신체활동이 가장 강하게 필요한데, 그것은 신체 · 정신 및 사회성의 발달과 학습 능력이 왕성하며 그 후기에 이르면 근력도 늘고 지구력도 현저하게 발달한다. 여러 가지 sports의 기능도 충분히 숙달시킬 수 있으며, 운동기술의 진보에 대해 깊은 흥미를 갖는 자가 나타나기도 하나 그렇지 못한 자는 그로 인해 sports에 대한 흥미를 잃는 수도 있다. 그러므로 이 시기의 체육이 맡은 바 임무는 대개 다음과 같다.

① 구체적인 잠재력을 충분히 신장시켜 충실한 완성기가 되도록 유의해야 하다. 그러기 위해 본격적인 체력육성이 중요하다.

② sports의 기능을 어느 정도의 수준에 도달하게 지도해야 한다. 그러기 위해 교내경기나 체육대회, 그 밖의 체육적 활동에도 모든 학생이 참가토록 배려해야 한다.

③ sports에 전력을 쏟고 기록갱신에 도전하려는 자도 나타난다. 그런데 이것은 특별한 집단 이를테면 club이나 운동부 활동에 의해 자주적으로 이루어진다. 따라서 체육은 운동연습이나 시합을 통해 바람직한 인간을 형성하는데 이바지할 필요가 있다.

④ 체육에서는 기록 자체보다 그 기록의 갱신을 목표로 하여 노력 · 정진하는 인간을 더욱 귀중한 것으로 본다. 청년기에서의 이러한 노력 · 정진의 경험은 인생에서의 곤란한 시기를 견뎌내기 위한 기초로서 높이 평가할 수 있다. 그런데 이런 뜻있고 가치 높은 경험은 쉽게 얻어지는 것이 아니며 질서있고 단결력 강한 운동부 같은 집단 내에서 얻어지는 일이 많다. 때문에 sports club이나 운동부의 존재를 인정하게 되는 것이므로 결코 방임하지 말고 적절히 지도 · 관리함이 중요하다.

⑤ sports 활동에는 필연적으로 인간관계가 따르게 되므로, 보다 강하고 깊은 것으로 발전하도록 지도하는 것이 바람직하다. 그리하여 sports 생활을 마치고 변함없이 계속되는 인간관계를 형성하는 것이 청년기 체육의 중점의 하나가 된다.

⑥ 이 시기에 습득된 sports 기능은 그 후의 운동생활에 이월된다. 직장 등에서 처음 운동부에 들어간다는 일은 드물며, 이미 sports 경험을 하고 어느 정도의 수준에 달한 자인 경우가 많다. 또한 자아의식이 확실해져서 자타를 객관적으로 비교할 수 있는 연령단계에 이르렀을 때, 처음으로 어떤 운동을 학습하는 것은 기술의 미숙으로 인

해 감당키 어렵게 되다. 그러므로 이 시기에 개인에 따라 특유한 운동연습에 열중하고 장래에도 운동을 행할 수 있는 적합한 운동 기능 체득이 체육의 중요한 역할이다.

4) 장년기의 체육

이 시기는 신체의 발달이 정점에 달한다. 그리하여 25세 전후를 경계로 신체기능(폐장 · 심장 · 근육의 기능)은 유지 단계를 지나 서서히 저하하기 시작한다. 그러나 그 저하 속도는 생활양식이나 노동내용 등에 따라 각양각색이다. 따라서 신체기능이 정점에 달한 상태를 가능한 한 지속시키고, 기능저하 현상을 최소한도로 줄이는 것이 중요하므로 체력 training 같은 것을 실시해 그 결과(체력수준)를 개인에게 알리고, 가능한 한 일상 행해야 할 training에 대한 처방, 그 밖의 건강생활에 대한 상담에 응하는 것이 장년기 체육의 중요 임무가 된다. 또한 정신적 stress와 그 외 사회생활에서의 긴장을 해소시키는 것을 고려해야 한다. stress 해소 방법으로는 작업을 잠시 중단하고 반복된 장면에서 도피하여 다른 활동을 하므로써 심신의 활동이 다른 데로 전이되어 즐거움을 느낄 수 있는 활동이 알맞다.

이러한 관점에서 장년기의 체육은 반드시 지도자 중심이 될 것이 아니라 운동장소를 제공하거나(area services), 참가하기 쉽고 매력있는 행사 등을 마련하여(program services) club 활동에 대한 배려를 하는(club services) 등에 중점을 두어야 한다. 즉 스스로 행할 수 있는 능력을 가진 자에 대한 것이므로 지도 보다는 체육을 행할 수 있는 환경을 조성해 주는 데 중점을 두어야 한다.

5) 노년기의 체육

지금까지는 노년기의 체육이란 생각조차 안했던 분야이다. 그러나 평균수명이 60세를 넘어선 오늘날 전 인구에 대한 노인층이 차지하는 비율이 상당히 높으므로 노년기 체육을 소홀히 생각해선 안된다. 노년기에는 젊은 시대나 장년기처럼 심한 운동이나 활발한 sports는 할 수 없으나 연령에 알맞은 활동을 함이 좋다. 계획적인 산보나 혹은 가능한 한 사회적인 활동을 하여 사회를 위해 힘쓰는 것이 인생의 보람인 것이다. 따라서 노인에게도 적당한 활동 기회가 주어짐이 바람직하다. 그러기 위해서는 노인에 알맞은 체육적 행사를 마련한다(program services). 또 노인의 체력을 테스트하고 항상 진단하며, 일상생활에서 운동의 시합 · 방법에 대한 상담에 응하는 준비를 해 두어야 한다.

나. 체육의 주도측에 의한 분류

성별을 불문하고 모든 연령층에게 해당되는 체육 영역에는 가정 · 지역사회 · 직장 및 학교가 있는데, 각 분야의 특색을 들어보면 대개 다음과 같다.

가정이란 사회적 형태에서 본다면 하나의 혈족사회로서 극히 자연적인 교육이 베풀어지고 있다. 학교는 주로 동년배로서 구성된 사회인데 전문 교육자 밑에서 교육을 받게 되므로 가정체육과 상이점이 있다. 사회 체육은 성립 요건에 있어서 연령적으로 서로 다르고 직업적으로 서로 비슷한 자들이 모인 사회이며, 발육발달이 끝난 성인층이 주요한 활동 단위가 되어 있다.

1) 가정 체육

가족을 대상으로 하여 부모 혹은 가족 중 어느 한 사람에 의해 제공되는 체육을 말한다. 그 중에서도 아동들이 중심이 되며 다른 가족은 지역사회나 학교 · 직장 등에서 체육을 하게 되어 있다. 가정체육에 있어서는 특정한 지도자가 없고 아동의 교육을 위한 여러 가지 생활훈련이 행해지고 있을 뿐이므로 거의 대부분의 가정에서는 특별히 체육을 위한 program이나 시설을 갖고 있지 않다. 또한 가정에서는 자유롭고 충분한 운동유희를 시키는 것이 점점 어렵게 되고, 장소가 협소하여 위험이 염려되어 운동에 대한 좋은 습관을 기를 수 없을 뿐더러 과보호하는 폐단을 가져오기 쉽다. 성장하여 학교에 다니게 되면 운동유희나 신체활동을 통해 운동하는 방법을 알게 되고, 놀이 친구와 함께 활동할 때는 인간관계에 대해 여러 가지 경험을 하게 되며, 지쳤을 때는 인내가 필요하다는 것도 알게 되어 그에 따른 행동을 할 수 있게 된다.

이상은 일반적으로 종래의 가정교육을 말한 것인데, 최근에는 가정이란 혈족 집단적 생활을 하는 장소로서 사회의 기구단위이므로 가정체육을 중시하는 경향이 뚜렷이 나타나고 있다. 그것은 건강하고 명랑한 생활을 가정으로부터 발족시키려 하는 취지라 본다. 따라서 가정이 하나의 recreation center가 되어 가족 전원이 단란한 game 같은 것을 행하며 운동과 휴식(수면) 및 영양 등을 종합적으로 다루어야 한다. 이를 위해 생활관이나 가족관의 확립이 선행되어야 한다.

2) 학교 체육

가) 학교 체육의 특질

학교체육은 유치원으로부터 초등학교, 중 · 고등학교, 대학의 체육을 포함하는 것으로서 연령적 계층의 폭이 상당히 넓으며, 발달단계에서도 유아기 · 아동기 · 청년기에 걸쳐 있다. 이 시기는 신체와 심정의 발육발달이 가장 왕성한 때이므로 학교체육은 그 대상의 발육발달을 촉진시키는 것을 주요점으로 삼고 있다. 또한 이 시기가 참된 의미에서의 의도적 교육을 행할 때이며, 따라서 계획적 · 의도적으로 체육이 행해지고 있는 점을 특질로 들 수 있다. 그리고, 시설이 다른 체육 분야에 비해 가장 완비되어 있다. 학교설립 기준령에 의해 일정한 표준과 규범이 정해져 있고 체육의 목적과 목표가 규정되어 있으며, 특정의 지도자 즉 체육교사를 가지고 있다.

어쨌든 학교체육의 목적달성을 위해서는 무엇보다 체육의 지식과 지도능력을 충분히 갖춘 지도자가 필요하다. 그러므로 국가에서는 교원의 면허법을 정하고 전문적 능력을 가진 지도자로 하여금 학교체육을 책임지게 하고 있다.

나) 학교체육의 기능

학교체육은 재학 중의 아동 · 학생 각 개인의 요구와 욕구를 만족시키면서 사회적 요구에 응해 장래 사회적으로 활동할 인재를 준비시키는 것이다. 이를 위해 체육을 애호하는 태도와 습관의 형성에 유의하며, 사회활동을 할 때 여가선용을 하기 위해 여가교육(leisure education)으로서 recreation 활동의 기술을 체득시키거나 그 태도를 형성한다. 이것들은 학교체육이 가정체육과 사회체육의 중개적 역할과 사회체육을 진흥 발전시키는 기초와 추진력이 된다. 따라서 사회체육은 학교체육에서 많은 경험 및 영향을 받은 사람들을 받아들이므로써 그 형태가 완성되어 가며, 이런 의미에서 학교체육이 중요시된다.

3) 사회 체육

사회에 나온 사람들은 각기 직업을 갖고 자기생활 영역에 들어가는 데, 여기에는 학교와 같은 교육태도나 기능도 없이 모든 사람들은 각자 생활에 기반을 두고 자주적으로 자신의 체육세계를 구한다. 현재 우리나라에서 행해지는 사회체육은 지역사회를 중심으로 한 체육과 사회 · 사업소 등이 종업원을 위해 행하는 체육, sports 동호자들이 club을 중심으로 한 동호자 체육 등 크게 세 가지로 나눌 수 있다.

가) 지역사회 체육

농 · 어촌에서 체육의 계획을 세우고 실천할 경우에는 그 지방의 학교를 center로 삼는 일이 많다. 이것은 학교체육이 사회체육에서 여러 가지 자극을 받고 지역사회 체육의 원동력이 되는 것이라 볼 수 있다. 지역사회 체육은 그 지역의 거주자로 구성되며 거기에는 직업과 지위와 계급이 다른 사람들이 모여 인간적 접촉을 하면서 체육활동을 통해 서로 이해하고 협조하면서 촌락의 생활을 즐겁게 만든다는 데 의미가 있다.

나) 직장 체육

이 체육의 책임자에는 기업체와 조합 등이 있다. 사회와 종업원을 위해 운동시설을 마련하고 체조나 가벼운 sports를 시키고 사내의 운동대회 등을 기획하며 지도자를 두어 사업소 내의 운동 club을 보살펴 주게 하는 것이 기업체의 활동사항이다. 이 활동사항에 필요한 경비지출도 하며 그 목적도 다양하나 대개는 종업원의 건강 · 체력 유지와 증진 · 단결 · 생산능력 향상 등이며, 주로 직장 recreation으로서 많이 행해지고 있다. 기업체에 따라서는 우수한 sports 능력 소유자를 모아 하나의 운동 club을 조직하고 직장을 대표하여 실업단 sports 대회 등에 참가시키는 것도 있다. 선수 자신의 sports 활동이기는 하나 기업체가 그 활동을 위해 경비 부담과 시설, 시합에 출전토록 편의를 주고 있으며, 그 운동을 전 종업원으로 하여금 지원하게 하여 동지의식이나 기업체 의식을 대내외적으로 높이려 하는데 중요한 목표가 있다.

다) 동호자 체육

운동 종목별로 동호자끼리 모인 경우에는 다른 구성단체와는 다른 사회를 구성하게 된다. 그것은 출신학교 · 직업 · 지위 · 계급 등이 다르더라도 일정한 sports 연습을 위해 결성된 사회체육 단체이므로 기술적으로 일정한 수준에 달한 사람으로 구성되는 경우가 많다. 정구 · 야구 · 농구 · 배구 · 구락부 등에 많이 있다. 이러한 단체들이 지역 사회와 연결을 가져 이른바 협회 · 연맹 등을 결성하게 된다.

4) 군대체육

군인에게 행해지는 체육을 말한다. 군인의 임무는 전투에서 승리하는 데 있으며 그 임무의 성공적 수행 요건은 상대적 우위의 전술 · 전기와 강인한 체력과 불굴의 정신력 등으로, 체력과 정신력은 조직적 군대체육을 통해 배양될 수 있다. 군대체육은 부대체육 및 군사학교 교육을 통해 그 중요성이 강조되고 있으나 그 임무의 특수성에 집착해 목표의 조기 달성을 위한 지나친 단련 위주의 체육을 강조함으로써 체육 본래의 목적 및 방향이 경시되거나 군사훈련의 일부로 취급되고 있음이 아쉽다. 지나친 체력단련(physical training) 위주의 체육보다는 체육의 근원적인 목표에 부합되도록 다양한 내용을 조직화하여 정신적 · 정서적 · 사회적 자질을 균형있게 배양함으로써 명랑한 병영생활과 왕성한 사기진작에의 기여를 더욱 중요시해야 한다. 군인은 유사시에 모든 어려움을 극복하고 초전필승해야 하므로 일반적인 체육 활동은 물론 신체가 유격 · 공수 · 전기훈련과 같은 군의 특수 체육에 적응할 수 있도록 잘 훈련되어야 하며, 이런 훈련을 위해서는 신체 각 부위와 정신력의 상호 협응이 잘 이루어져야 한다.

가) 운동정신과 군인정신

인간은 누구나 본격적인 투쟁의욕을 가지고 있다. 투쟁에는 생리적인 것과 선의적인 것이 있다. 모든 운동경기는 승패를 걸고 행하는 선의의 투쟁이며 이것은 이상적 인간형성을 위한 수단이란 입장에서 볼 때 그 교육적 의의가 크다. 본능적 투쟁이 이성에 의해 잘 통제되고 순화되어야 하며, 이런 과정으로부터 필연적인 결과로 나타나는 도덕을 일반적으로 sportsman-ship이라 한다.

이와 같은 경기도덕 즉 sportsman-ship은 경기규칙을 잘 준수하므로써 배양되는데, 규칙을 잘 지키고 경기자로서 능력을 유감없이 발휘했을 때 fair-play라 한다. 경기는 반드시 대립된 두 팀으로 성립되고 규칙에 의해 결합됨으로써 시합이라는 공동체를 구성한다. 이 공동체는 자유로운 경쟁사회이며 도덕사회이다. 경기도덕은 일반 사회도덕을 기반으로 하므로 군인정신 또한 이와 상통하는 것이다. 경기는 원래 힘을 주체로 하는 투쟁이기 때문에 정복욕 · 우월감 · 명예심 등이 다른 어느 것보다 강렬하게 작용되는 행동체이다. 물론 승리에의 욕구가 없는 sports는 공허하고 패기 없는 활동으로 되고 말지만, 승리가 절대적이라 할 수는 없다. 승리가 체육적 면에서는 활동의 수단적 과정에 불과하기 때문이다. 경기자는 승리를 당면 목표로 삼을 것이나 승리를 초월한 보다 높은 정신적 세계를 지향해야 한다. 군대체육에서는 흔히 전투와 결부시켜 승리를 강조한다. 그러므로 군인의 경기에는 단순히 참가하는데 의의가 있는 것이 아니라 승리하는 데 있는 것이다. 군인은 일단 유사시에 국가 수호라는 최상의 사명을 완수하기 위해 항상 필승의 신념에 충만되어 있어야 한다. 그러므로 승리를 위한 정당한 노력과 연구는 어떤 경쟁에 있어서든지 제일주의로 삼아야 한다.

나) 군인 생활과 정신 위생

신체적 건강은 정신이나 정서적 건강과 분리시킬 수 없다. 그러므로 신체적 위생과 함께 정신 및 정서적 위생에 대해서도 세심한 주의를 해야 한다. 인간의 정신활동은 지식 · 감정 · 의지의 움직임이 잘 발달되고 조화 · 통제 되었을 때 비로소 그 건전성이 발휘되는 것이다. 이러한 관점에서 병영 생활을 보다 합리적으로 적응 · 조사토록 한다면 병사들은 각기 맡은 바 책임을 완수하게 될 것이다. 적응이나 조정이라 함은 외계와의 영합이나 순응이라는 소극적 태도를 뜻하는 것이 아니라 어떤 곤란한 상황하에서도 그 장애를 극복하여 자기가 원하는 적절한 환경을 창조하는 주체성의 확립을 말한다. 즉 사리의 정확한 판단과 결심, 작업 능률의 향상과 창의력, 감정의 순화와 표리일체, 충천된 사기와 병영생활의 명랑화, 정의와 책임과 협동 등의 제 정신의 함양을 들 수 있다.

그러므로 병영생활의 규칙화, 군인다운 엄정한 태도 · 청결 · 식사 · 유희 · 근무 · 수면 등은 개인의 건강을 보호 증진시키는 요인이며, 이와 같은 개인 습성이 잘 지켜지는 부대는 명령복종과 단결, 충천된 사기로 충만된다. 그러므로 개인 습성에 관한 모든 사항은 체육교육을 통해 잘 지도되고 강조되어야 하며 체육활동이 군기유지 및 발전에 미치는 영향은 실로 지대하다는 것을 알아야 한다.

5 체육의 지도

가. 체육지도의 의의와 목표

1) 지도의 의의

지도란 자연상태에서 이루어지는 학습의 위험을 예방하고 불안을 덜게 하며, 비뚤어진 것을 개선하며 많은 시간을 효율적으로 단축하는 교육적 수단이다. 이를테면 피교육자가 뜻있고 올바른 행동의 변화를 위한 능률적인 학습의 조장적 작용이라고 해도 좋을 것이다. 그러므로 지도는 그 자체에 목적이 있는 것이 아니고 학습의 주체인 피교육자의 행위적인 변화에 목적을 두고 그 목적을 달성하기 위한 수단으로서 의도적이고 계획적이며 조직적인 특성을 띄운 객관적이고 환경적인 조건인 것이다. 그리하여 피교육자의 사고방식이나 행동양식 등의 가치 있고 유효한 최대한의 창조적인 생산을 노리는 것이다.

체육지도는 성장도상에 있는 학습자나 성인에게까지 체육활동의 장에 참여할 수 있는 기회를 부여하고 그 장내에서의 올바른 사고나 행동방향을 제시하며 효과적인 체육학습활동을 도모할 수 있도록 인도하고 조력하여 주는 학습지도 활동의 중요한 영역이다. 따라서 체육지도는 이론과 실기 중 어느 한쪽에 치우칠 지도가 되어서는 안 되며 신체 · 정신면에 까지 광범한 영역에 바람직한 영향을 주어야 할 중대한 임무를 맡고 있다.

2) 지도의 대상과 문제

체육지도란 운동을 하려고 하는 사람의 활동이 보다 효과적으로 행해질 수 있도록 도와 주는 일로서 학습자의 자발적인 학습이나 연습이 그 전제조건이다. 따라서 체육지도란 말은 체육활동의 학습지도가 된다. 이런 견지에서 볼 때, 체육에 있어서의 지도는 학습자가 무엇을 지향하여 학습해야 할 것인가에 문제가 있다. 이 경우 학습자 행동의 동기, 태도, 연습방법, 학습효과 등이 모두 체육지도의 대상이 된다. 이렇게 볼 때 학습활동의 현상을 통해 지도가 베풀어지므로 체육운동에 대한 학습목표와 지도목표는 궁극적으로는 동일하나 방법적으로 상의한 것이라 볼 수 있다. 지도자가 학습지도의 수단으로서 평가를 행할 경우에는 학습자가 도달한 기술수준의 파악은 물론 과제나 학습활동에 대한 학습자의 능력, 요구수준, 학습과정에 있어서의 노력방법, 연습조건 등을 고려하지 않으면 안된다.

그러면 체육의 학습지도에 있어서 원칙적으로 고려해야 할 문제를 들어 보면 대개 다음과 같다.

① 학습자를 목표장면에 이끌어 넣는 일(도입)
② 학습의 방향설정(도입)
③ 학습의 동기유발(도입)
④ 학습 의욕을 높이는 일(도입)
⑤ 흥미환기 및 암시(도입)
⑥ 학습조건에 적당한 관리(관리)
⑦ 학습방법의 장면관찰(관찰)
⑧ 학습에서 나타난 오류의 교정(교정)
⑨ 학습에 대한 협력(추진)
⑩ 학습활동에 대한 조언(추진)
⑪ 평가에 의한 학습과정의 비판(평가) 등을 들 수 있다.

이 중에서 첫째, '목표장면에의 도입'으로는 학습의 방향설정, 동기유발 같은 것을 들 수 있으며, 학습자는 이에 의하여 명확히 학습방향을 결정할 수 있고, 충분히 동기가 유발되어, 고도의 학습의욕을 가지고 행동을 계시할 수가 있을 것이다.

둘째는, 학습자가 체육운동을 학습할 경우, 그 학습환경을 잘 관리하지 않으면 안된다. 학습환경으로서는 무엇보다 안전하고 정리청결한 환경이라야 한다. 더욱 학습에 충분한 시설을 구비하며, 동시에 그것을 잘 활용함이 중요한 일이라 하겠다.

셋째는, 지도에 있어서는 학습자의 학습활동을 깊이 관찰하지 않으면 안 된다. 그러기 위해서는 자극으로서의 운동의 양과 질이 학습자의 능력, 소질에 적합한가 안 한가를 먼저 관찰할 필요가 있다. 다음에는 학습의 방법 그 자체를 깊이 관찰함으로써 충분히 학습효과를 올리도록 해야 한다.

넷째는, 학습상태를 자세히 관찰하면 대개 학습방법상의 오류가 발견되며, 또 학습태도가 좋지 않은 것이 발견된다. 이러한 오류나 부정이 일단 고정되면 그것을 교정하기는 용이하지 않다. 따라서 이런 것이 발견될 때는 기회를 놓치지 말고 곧 교정함이 중요하다.

다섯째는, 학습활동을 추진시키기 위해서는 응당 학습의 과정에 있어서 조언하고 조력하며, 학습자를 격려하여 학습활동을 더욱 더 밀고 나가도록 노력하지 않으면 안된다. 그러기 위해서는 개인적으로 사정이 있으므로, 이에 의하여 개성을 가능한 한 충분히 신장시키도록 한다.

여섯째는, 학습의 결과에 대하여 평가함을 잊어서는 안된다. 학습의 결과는 무엇보다 학습자의 노력 또는 열의의 결과라고 볼 수 있다. 그러나 아무리 노력하여도 학습효과가 오르지 않을 경우에는, 거기에는 운동자극의 과도한 요구가 있었을런지 모르며, 그 밖에 신체적, 심리적, 사회적인 제 조건에 의한 것도 있을 것이다. 이런 것을 정확하게 평가함으로써 올바른 지도를 위한 판단의 자료가 되는 것이다.

3) 지도의 목표

체육은 성장과 발달을 꾀하며, 동적 건강(dynamic health)의 증진, 사회적 성격의 육성, 지적 정서적 발달을 꾀하는 일인데, 이를 지도의 입장에서 고찰하면 다음과 같다.

성장 및 발달의 가능성(potetiality)은 각 개인에 있으며, 학습하는 것은 학습자로서의 개인임으로 이 개인이 이런 목적 및 목표의 방향으로 지향하지 않으면 안된다. 따라서 교육의 한분야로서의 체육은 세상에서 행복한 생활을 영위하려는 개인의 요구에 응하여 각 개인의 충실한 발달을 이룩하게 도와주는 일이 그 목적이라 하겠다. 이러한 충실한 발달을 조성하기 위해서는 먼저 개인의 전체로서의 적성(신체적, 정신적 개성)을 고려하여, 체육운동에 있어서 적절한 제경험(교재)을 선택하고, 또 지도함이 체육의 임무일 것이다. 따라서 지도하는 데 있어서는 먼저 학습자의 활동이 있으며, 더구나 그 활동은 일정한 방향을 지향하고 있어야 한다. 지도는 이 습자의 활동에 대하여 작용하며, 더구나 학습자의 체대의 발달을 촉진하고 조성하는 일이라 하겠다.

이와 같이 체육지도의 사명을 규정한다면 체육지도의 목표도 스스로 명백하게 된다. 체육지도의 목표는 결국 체육의 목표와 일정하게 된다.

이러한 목표에 대한 체육지도의 영역은 신체교육의 영역(the area of body education)과 사회교육의 영역(the area of social education)으로 구분할 수 있다. 이와 같은 영역에 대한 교육의 기회는 신체운동을 통해 경험할 수 있을 것이다. 따라서 지도는 각 학습자가 이 목표를 향하도록 학습활동의 방향을 정해 주며 목표장면에 도입하는 일로써 학습활동을 도와 주는 일이라 하겠다.

나. 체육지도의 내용

1) 운동기능의 지도

이는 체육학습지도의 중심적 목표로서 운동을 연습하는 것은 바로 운동기술의 습득이라고 말할 수 있으며 이러한 기술연습을 통해 학습자의 태도, 사회성, 동적 건강 등이 얻어지므로 체육학습내용으로서는 운동기술을 중요시하지 않을 수 없다. 따라서 지도에 임할 때는 항상 다음 사항을 고려해야 한다.

① 그 운동에 대한 가능성을 고려하여 이에 적합한 운동을 선택시켜야 한다.

각 개인은 그 가능성이 각각 다르며(개인차), 또 그것은 단계적으로 발달하는 것이다. 무릇 운동에는 일정한 역량이 필요로 된다. 이를 테면 자기의 체중을 충분히 지지할 만한 팔의 힘이 없는 자는 철봉운동 같은 것은 할 수가 없다.

이렇듯 운동에는 그 운동을 학습하기 위한 조건이 갖추어졌을 때(readness) 비로소 그 운동기술을 학습할 수가 있다. 따라서 학생 개개인의 가능성에 적합한 운동을 선택시킬 필요가 있으며, 여기에 지도의 필요성이 있다. 다시 말하면 이 경우 지도는 학습자의 능력정도를 고려하여 운동을 선택하지 않으면 안된다.

운동기술을 습득하기 위해서는 그 순서에 따라야 하는데, 이 순서를 지키지 않으면 부상을 당하거나, 또 조금도 기술이 향상하지 않는 일이 있으므로 기능학습의 순서를 또한 지도하지 않으면 안된다.

② 기능을 연습하는 동안에 소위 자기류(one's own way)가 생기는 일이 있다.

이것이 때로는 좋은 의미의 자기류인 경우도 있으나, 그러나 대개의 경우는 나쁜 습관이 형성되어 있는 일이 많고, 이것이 일단 관습화 되면 쉽사리 제기할 수 없으며 그 때문에 기능향상이 대단히 제한된다.

그러므로 기능을 학습하는 과정에 있어서는 사소한 오류라도 이를 경시하지 말고, 그것이 나쁜 관습으로 형성되기 전에 지체없이 교정하지 않으면 안된다.

③ 기능을 학습하는 데 있어서 곤란에 직면하는 경우가 있다.

이를테면 아무리 해도 스파이크가 잘 안된다든가, 철봉운동이 잘 안된다는가, 또 때로는 실패로 인하여 불안, 초조, 공포심 등이 일어나는 경우도 허다하다. 거기서 지도자는 직면하고 있는 문제가 무엇인가를 확실히 알려주는 동시에 그 문제 해결의 단서를 발견해 주지 않으면 안된다.

또한 때로는 슬럼프로 인하여 일시 기능향상이 정체 또는 후진하는 것을 조급히 서두르거나 초조하면서도 이를 자각하지 못하고 있는 일도 있다. 이를 발견하여 그것에서 탈각하도록 꾀하는 것도 기능지도상 필요한 일이다. 또 한번 굴러 떨어지거나, 상해를 입거나 하면 그 운동연습에 대하여 불안이나, 공포심을 갖는 일이 많다. 이를 제거하는 것은 다음의 진보를 촉진하기 위하여 가장 필요한 일로서, 그러기 위해서는 지극히 쉬운 연습문제 부터 점차로 바른 순서를 거쳐 연습을 진행시킬 필요가 있다.

④ 통찰력을 넓히며 깊게 할 필요가 있다.

운동기능은 물리적 법칙에 순응하도록 자기의 신체를 교묘하게 조정하는 일인 만큼 반드시 어느 정도의 통찰력이 필요로 된다. 즉 운동의 리듬의 파악, 가력점의 발견, 신체의 지배 등은 일정한 지능연습의 장면에 있어서 시간적, 공간적 통찰력에 의하지 않으면 안된다.

특히 구기와 같이 장면전체가 대단히 동적인 경우에는 이 장면의 움직임에 대하여 자기의 움직임을 맞추지 않으면 안된다. 마치 큰 줄넘기에 있어서 뛰어들 때의 타이밍의 파악과 같이 자기를 전체의 움직임에 넣어 본다는 것은 집단활동에는 불가결의 조건으로서, 이 판단은 결국 장면전체의 통찰력에 의한 것이라고 인정하지 않을 수 없다. 보통 개인적 기능면에 있어서는 대학의 현역선수는 현저하게 우수하지만, 집단적인 움직임에 있어서는 O · B급의 선수보다 못하다는 것은 결국 통찰력의 넓이나 깊이에 관계가 있는 것으로 생각된다. 이 통찰력은 움직임을 깊이 통찰하며, 판단하고 분석하고 종합함으로써 얻어지는 것이므로, 이런것에 대하여 높은 식견과 넓은 경험을 가진 지도자의 지도는 틀림없이 운동기능을 현저하게 진보향상시킬 것이다.

⑤ 기능을 향상시키기 위해서는 기초적 능력의 학습의 기본이 된다.

기능을 향상시키기 위해서는 기초적인 능력이 필요로 된다.

이를테면 딱딱한 움직임과 타이밍의 부정확 등은 기능의 진보를 현저하게 방해하는 것이다.

따라서 신체의 유연성, 탄성, 페이스(pace)의 정확한 파악은 모든 운동에 있어서 기본이 되는 것으로, 이런 것의 습득이 절대로 필요하게 되므로 지도자의 바른지도가 또한 필요로 된다.

2) 사회성의 지도

개인과 사회의 조화 및 발전은 결국 개인을 사회적으로 도야하며, 개인의 사회성의 발달을 조장함으로써 가능한 것이다.

체육운동에 있어서의 사회적 경험의 기회는 말하자면 자연적인 것이다. 이 자연적인 장면에 있어서 학습자는 자연의 형식으로 개인이나 각성원이 요구를 가지게 되는데, 이것이 개인의 요구와 조화되는 경우도 있으며, 또한 상반되는 경우도 있다. 전자의 경우에는 서로 사이좋고, 서로 기분을 잘 아는 동지의 집단처럼 되어 충분히 이루어짐으로써 각 개인에 대하여 즐거움이 되기도 하나, 개인적 요구가 상반하여 갈등장면을 나타낼 때에는 모처럼 바람직한 사회적 경험을 얻어려고 하여도 도리어 그 반대의 결과를 가져 온다. 바로 이러한 경우에 사회성의 지도가 필요하게 되며, 이 갈등 장면을 중요한 기회임을 인정하고 지도해야 만 바람직한 사회성을 육성할 수 있는 것이다,

다음에 사회성의 지도가 필요로 되는 것은 집단성원에 대해서이다. 집단에는 일정한 집단목적(group purpose)이 있으며, 각 성원은 기능분화에 의하여 각자가 맡은 바 임무나 포지션을 차지하게 되는데, 이런 것은 가령 기능분화가 되어 있더라도 집단목적의 달성에 대한 그 방향이 일치 할 때에는 바람직한 집단활동이 이루어지는 것이다. 그런데 기능분화의 경우 각 개인의 임무수행이 부족하거나, 또 이에 대한 불만이 생김으로써 집단목적과 전원의 활동방향이 불일치하여 서로 내적으로 싸우게 될 때 여기에 지도가 필요로 하게 되는 것이다.

그리고 또 집단 대 집단으로서 경쟁장면에서 활동하게 될 때, 다른 집단에 대한 사회적 태도가 또한 문제가 된다. 이를테면 다른 분단이나 팀이 우위를 차지함에 대하여 자기의 집단을 비난하거나, 상대방의 집단을 평가하는 일이 가끔 있으므로, 이러한 반사회적인 행위를 제거하는 일이 지도상 또한 중요한 일이다.

이상은 대체로 사회적 활동을 하는데 있어서 나타날 수 있는 전형적인 장면에 대해서 지도의 필요성을 강조했으나, 이것만으로 지도가 잘 되었다 하더라도 참된 체육으로서는 아직 충분하다고는 말할 수 없다.

왜냐하면 체육활동에 있어서는 바람직한 사회적인 행동을 하면서도 아직 그것이 체육운동의 장면에만 국한된 경우가 있기 때문이다.

우리는 이것을 일단 사회적 태도에 까지 확대시키지 않으면 안 된다. 다시 말하면 체육운동의 장면에서 경험한 사회성을 널리 일반 사회생활에 까지 전이(transfer)시키지 않으면 안된다. 즉 운동장에서 체득한 사회성을 교실→학교→가정→사회의 생활에 까지 전이시켜야 하며, 이러한 확대를 도모함이 체육지도의 또한 중요한 임무인 것이다.

3) 건강의 지도

건강의 증진은 체육의 목표중에 중요한 영역을 담당하고 있다. 그러므로 체육활동의 연습은 건강에 적합한 정도, 즉 건강증진의 목표하에 행해져야 하므로 각 개인에게 적합한 체육운동의 연습법을 체득시키기 위해 지도가 필요하다는 것이다. 그러나 체육에 있어서의 건강지도는 체육활동에서 경험할 수 있고 그것에 관계되는 영역에 국한되는 것

으로서 건강지도의 분야는 대개 다음 같다.

① 동적 건강(dynamic health)

② 건강 및 건강생활의 실전에 관한 이해력

③ 긴장방지(protection against strains)

④ 안전법(safety masures)

다. 체육지도의 방법

1) 개별지도

개별지도는 문자 그대로 학생의 능력을 고려하여 개별로 지도하는 것인데, 가장 효과적인 지도가 될 것은 말할 나위 없다. 그러나 다인수의 학급에서 개별지도를 하게 되면 남은 많은 학생에게 지도를 못하는 상태가 되어 가장 비능률적이다.

이 방법은 각 개인의 개인차를 인정하여 어떤 방법보다 개인의 가치를 충분히 인정하고 그를 발견하여 구체적인 장면에서 실현케 하는데 의미가 있다.

그러나 개별지도는 개인에 대한 특별한 내용과 방법, 그리고 집단 내에서의 개인 활동의 두 가지의 가능성을 말하고 있음을 알아야 한다. 또 하나 능력별 등질분단의 형식에 의해서도 개별학습이 가능한 것이다.

이와 같이 개별학습은 철저한 개인의 지도와 일제학습의 형태에서도, 그리고 분단학습의 경우 등 어떠한 형태에서도 동시적으로 작용함을 발견할 수 있고, 또 그렇게 되어야 한다.

요컨데 학습의 내용이 자기의 것이 되고 자기 스스로가 사고하고, 해결하며, 교사와 학생 개인이 1대 1의 인간관계가 인정되는 상태가 바로 개별학습인 것이다.

그러므로 개별학습은 개인차에 의한 학습지도로서 교사는 학생의 흥미와 능력과 필요 및 요구와 성격 등을 충분히 파악하고 일제, 분단, 공등 등의 학습형태에서 동시에 지도할 수 있는 기회를 가져야 한다. 따라서 이 형태는 개성신장, 능력의 최대한의 발휘, 인정감, 성공감, 만족감을 가지게 할 수 있고 또 흥미있게 지도할 수 있는 장점이 있는가 하면 문제점도 없지 않다.

실제로 개별지도가 사용되는 경우는

① 개인차가 크게 나타나는 교재를 지도할 때.

② 허약자, 신체적 · 정신적으로 결함이 있는 자와 질병 회복기에 있는 자를 지도할 때.

③ 운동능력이 현저히 높거나 낮은 자를 지도할 때.

2) 일제지도

이 방법은 한 사람의 교사가 동시에 많은 학생을 지도하려는 것으로서, 학습전체의 목표가 통일되고 동일한 장소에서 동일한 내용으로 동일한 활동에 의하여 질보다 양적인 교재로서 피교육자에 제시되고, 그 지식과 기능을 전달하려는 수단으로서 일방적인 성인의 입장에서 생각하여 학생의 실태와 요구를 무시한 내용의 연속과 발전이 비현실적인 전달에 그치는 학습조직의 한 형태이다.

일제지도를 실시할 경우에는 학습자의 욕구수준, 흥미, 수준성, 자신의 발달과정을 고려하여 적절한 지도수준을 결정해야 한다.

이 방법의 적용시기는 다음과 같은 경우가 가장 효과적이다.

① 신교재를 능률적으로 지도할 때.
② 자립, 자주적 능력이 부족한 사람을 지도할 때.
③ 단시간 내에 동일한 교재를 지도할 때.
④ 시설 및 용구가 부족할 때.

또 일제지도의 장 · 단점으로서 주요한 것을 들어 보면 다음과 같다.

〈장 점〉

① 단시간에 다양의 학습자를 지도할 수 있다.
② 비교적 좁은 장소(교재에 따라 다르겠지만, 맨손체조 같은 것) 에서도 지도할 수 있다.
③ 신교재를 능률적으로 지도할 수 있다.
④ 시설 및 용구의 부족에 그다지 관계됨이 없이 지도할 수 있다.

〈단 점〉

① 개인적으로 학습의 지도를 철저히 할 수 있다.
② 학습자의 개인의 요구에 응하기 어려우며 흥미를 지속시키기가 어렵다.
③ 신교육의 중심원리인 학습자의 자발행동이 이루어지기 어려우며 교사중심의 지도가 되기 쉽다.
④ 개인차가 무시되고 행하여지므로, 기능이 우수한 자에게는 부족하고, 저열한 자에게는 너무 어려워서 전원의 학습능률을 올리기는 곤란하다는 점일 것이다.

3) 분단지도(반별지도)

분단지도는 개별지도와 일체지도를 절충한 것으로 학급의 학생을 몇 분단으로 나누어 분단별로 활동시키는 지도법으로 개별지도의 장점을 살리는 동시에 능률적인 일체지도의 장점을 활용할 수 있는 것이다.

분단지도의 특징은 학급을 몇 개의 분단으로 나누는 것, 각 분단에는 분단장을 선정하는 것, 그리고 분단장은 교사의 조수역할을 하는 것, 각 분단마다 협의하여 체육활동을 한다든지, 다른 분단과 경쟁을 한다든지 하는 것이다.

그러나 분단지도에 있어서는 학습자의 능력, 교재의 성질, 용구의 다소 등에 의하여 분단의 인수 및 그 편성방법을 잘 고려하지 않으면 소기의 성과를 거두기 어려우므로 이에 대해 각별히 유의하지 않으면 안된다.

그러면 여기서 분단지도의 장 · 단점을 들어 보면 다음과 같다.

〈장 점〉

① 학습자로 하여금 자발적 활동을 하는 데 효과가 있다.
② 교재의 성질에 따라 개인차가 잘 나타나는 교재의 경우에는 능력이 같은 학습자들을 동일한 분단으로 합쳐서 학습을 지도할 수 있으므로 자연히 그 효과가 잘 오른다.
③ 릴레이, 기타 팀 게임에 있어서 능력이 같은 분단을 만듦으로써 경쟁의식이나 학습의 욕을 높이는 데 그 효과가 있다.
④ 학습자가 서로 학습활동을 비교하며 서로 지도하는 그러한 기회가 많이 주어진다.
⑤ 지도성(leadership)과 협력성(fellowship)을 육성하는 데 효과가 있다.
⑥ 단체적 활동이 많은 체육지도에 있어서는 퍽 편리하고 또 합리적이라는 점일 것이다.

〈단 점〉

① 개별지도에 비하여 개인적인 지도를 철저히 할 수 없다.
② 일제지도에 비하여 시간이 많이 소요된다.
③ 많은 시설 및 용구를 필요로 한다.
④ 지도력이 분산되며 따라서 관리를 충분히 할 수 없다는 점이다.

그러나 ③,④의 단점을 보충하기 위해서는 ㉮ 시설 및 용구와 운동장을 충분히 활용하는 방책을 강구하며, ㉯ 지도자는 미리 각 분단에 리더를 두고서 그들로 하여금 지도자를 대신하여 어느 정도 지도할 수 있게 준비하고, ㉰ 특히 위험이 따르는 던지기, 야구, 철봉, 뜀틀, 높이뛰기, 넓이뛰기 등을 실시함에 있어서는 이런 것을 잘 지도관리할 수 있게 사전에 충분히 지도해 둘 필요가 있다.

라. 체육지도자의 기능과 자질

1) 체육지도자의 기능

체육교사는 실질적으로 학교체육 뿐만 아니라 사회체육지도에 있어서도 중핵적인 존재였으며 현재에도 그러한 역할을 감당하고 있다.

근래에 와서 교원의 사회적 지위문제가 교육정책이나 사회문제로 제기되고 있는데, 그 중에도 체육교사는 국민체육의 발전 및 경기력 향상에 직접 · 간접으로 봉사적 수고를 하고 있음으로 사회적 지위와 더불어 학교생활에서의 지위 등 그들의 노고나 노력에 부응하는 처우의 확보가 여러 가지 각도에서 검토되어야 할 것이다. 체육은 타교과에 비하여 큰 차이가 있는 교육의 장을 가지고 있으며 이는 정숙이 아니고 동적 활동, 패쇄성이 아니고 개방성, 관념적이 아니고 실천의 장으로 대변할 수 있다. 그러므로 체육교사는 가장 능동적이고 명랑하고 적극적이어야 한다.

한편 신체적인 접촉과 더불어 교육의 장에서 이루어지는 체육수업이나 과외활동을 잘 파악할 수 있는 것도 체육교사이다. 그러한 의미에서 체육교사는 학생지도를 위하여도 가장 좋은 여건과 가능성을 지니고 있다고 하겠다.

학습의 주체인 학생을 어떻게 지도할 것인가? 즉 목표의 설정, 교육계획의 수립, 학습활동의 지도, 결과의 평가 등은 지도자의 책임이며 동시에 체육교사의 기능인 것이다.

그러나 지도자의 임무는 교수하고 베풀고 하는 것이 아니라, 인도하고 충고하는 방조하는 것이 아니어서는 안된다.

체육의 목표를 향한 학습활동은 학생이 자발적, 자율적으로 노력하는 것으로 교육의 주체는 학습자 자신이며, 교사는 이의 인도자 · 지도자 · 원조자이다.

학생은 아직 발달도상에 있고 심신이 미숙한 상태이므로 그들이 반드시 바른 방향으로 가고 있다고 볼 수 없다. 그리고 그들이 생활하는 환경도 그들은 보다 나은 발달을 위하여 오히려 장해가 되는 조건이 적지 않다.

그러므로 그들의 경험을, 심신의 바람직한 발달을 기할 수 있도록 방향지시나 장해의 제거는 물론 나아가서는 경험이나 활동을 능률적 · 효과적으로 할 수 있도록 지도할 필요가 있다. 그리하여 학생으로 하여금 적극적 · 자발적으로 학습하도록 하는 것이 교육의 효과를 한층 증대 시키는 것이 된다.

이와 같이 학습활동을 항상 도우고 자극을 주는 것이 교사의 임무이다. 그러므로 교육의 방법은 교사의 문제이며 이와 같은 방법을 실제적인 면에서 연구하고 운영하는 것이 교사의 기능이다.

2) 체육지도자의 자질

체육지도자를 평가할 때 대체로 운동기술에 뛰어난 사람이 유망하다고 생각하는 경향이 있다. 그러나 지도자로서는 단순한 운동기술자를 초월하지 않으면 안된다. 즉 풍부한 교양과 지식, 교육애, 긍지와 신념, 건강 등이 있지 않으면 안되는 것이다.

가) 교양과 학식

체육교사는 체육지도자이기 전에 교육자이기 때문에 교육자로서의 자질을 갖추어야 하며, 단순한 기술적인 경험과 학식적인 지식에 만족할 것이 아니라 체육에 대한 전문지식은 물론이고 인격적인 교양을 풍부히 지녀야 할 것이다.

교양이란 것은 다만 지식을 끌어 한데 모은 그러한 것이 아니고 깊은 지식이 실천 가운데 스며 나오는 것이다. 이를테면, 체육에 대한 전문적인 지식을 아무리 많이 가지고 있어도 정제가 불안정 하거나, 언동에 일관성이 결여되어 있으면 좋은 지도는 기대할 수 없다.

체육은 인간의 가장 깊은 데에 있어서 인격도야이며 성격도야이다. 더욱 교사의 인격이나 성격을 통하여 이루어지는 것이라고 하면 체육교사는 자기자신의 인격을 도야하는데 유의하지 않으면 안 된다. 그런데 인격의 중핵은 의지라고 생각하여 왔으나 인격은 인간의 의지적인 면뿐 아니라 지적 · 정서적 · 사회적인 면도 포함되는 것이다. 이 인격의 실천성을 중요시할 때 그 실천적인 의지가 표면에 나타나는 것에 지나지 않는다.

더욱 체육의 범위은 보다 넓어졌으며, 그 기초학문의 영역도 확대되었다. 인문과학, 자연과학, 사회과학이란 일반교육의 분류에 따르면 자연과학과 사회과학에 속하는 많은 학과가 체육의 기초과학에 포함된다. 철학, 교육학, 역사학, 사회학, 정치학, 생물학, 생리학, 물리학, 영양학, 위생학, 미학, 통계학 등이 있으며, 체육지도자가 이와 같은 모든 학문에 능통하게 된다는 것은 불가능할 것이나 체육철학, 체육심리, 체육사회학, 체육사, 체육생리학, 체육해부학, 운동역학, 체육통계학 등 전문적으로 연구된 주된 문헌은 적어도 그 대요는 파악하고 있어야 할 것이다.

나) 교육애

원래 사랑이 없는 데에서 교육이나 지도는 없는 것이다, 범애파의 교육 · 체육은 인류애에 그 원동력이 있었다.

그런데, 이 사랑에는 두 가지 면이 있다. 그것은 · 아가페(agape)'와 '에로스(eros)'이다. 아가페는 종교적인 사랑으로써 주고 받으려 하지 않는 사랑-모성애와 같은 종교적인 인간애이다. 이에 대해 에로스는 진리애라고 말할 수 있는 것이로서, 사랑하는자의 정신에 진의 인식, 선이나 미의 정신을 불러 일으키려고 하는 사랑이다.

교육 · 체육에서의 지도자는 이 에로스와 아가페를 포함한 교육애를 가지고 지도받는 자에게 대하는 것이다.

교육하려는 의식은 확실히 자애의 정을 가지고 피교육자를 선하게 아름답게 완전한 인간으로 높이려는 의식이 있다. 부모자식 간의 애정과 교육자와 피교육자 간의 애정은 같은 것이다. 그래서 스승을 제2의 부모라고 한다.

어느 학생이나 골고루 사랑하는 평등애나 친밀 · 친절 · 위엄 · 충실 · 열성도 시발점은 사랑에서 우러나는 것이다. 즉 교육의 모든 동기는 사랑에서 우러나오는 것이어야만 교육의 성과를 기대할 수 있는 것이다.

독일체조의 창시자 얀(F.L.Jahn)이나 서전체조의 아버지 링(P.H.Ling)이 체육에 몸을 바치게 한 것은 어디에 연유하는가? 거기에는 조국에 대한 사랑도 있었고, 신념도 진리애도 있었다, 그러나 그 이상 그들은 체육에 대한 사랑, 즉 체육을 애호했다는 사실이 평생을 체육사업에 헌신하게 된 큰 요인 이었다는 것을 잊어서는 안된다. 체육지도자는 우선 체육을 사랑하고 체육을 즐기지 않으면 안된다.

다) 긍지와 신념

자기 직업에 대해서 자랑과 보람을 느끼지 못하는 사람은 의욕과 자신과 희망을 잃어버리고 실의의 나날을 보내기 마련이다. 떳떳한 긍지를 느끼지 못하는 사람에게서 신념과 소신을 관철해나갈 의지를 기대할 수는 더욱 없을 것이다.

신념은 의지를 수반하는 것이다. 신념이라든지, 의지라고 하면 사람들은 잘못하면 불합리, 비과학적인 것을 연상하기 쉽다. 합리성, 과학성을 무시한 데서 신념을 밀고 나가는 의지는 무모나 무체, 무리에 통하는 것이다. 근대정신의 기조는 과학적 정신에 있는 것이다. 과학적 합리성에 입각한 신념이 아니면 그것은 신념이라고 말할 수 없다.

더욱 체육의 효과라는 것은 일시에 나타나는 것이 아니고 그 효과는 장기의 노력 끝에 얻어지는 것이다. 그동안 때로는 모처럼의 계획이 좌절되는 수도 있겠고 학생들이 뜻대로 움직여 주지 않는 안타까움도 있겠지만 이럴 때 반성하는 마음의 여유와 칠전팔기하는 새로운 용기를 가지고 다시 착수하는 분발심은 결국 체육에 대한 강한 신념에서 부터 솟아날 수 있는 것이다.

라) 건강

체육지도자가 건강해야 한다는 것은 너무 당연한 것이지만, 자기의 건강을 너무 과신하여 몸이 상하거나 이병되는 수도 있다. 특히 정과수업 시간의 과다나 과외 특별지도, 각종 체육행사 등의 참가로 인한 부담의 과중으로 피로가 축적되기 쉽다. 그러므로 행사의 계획적인 운영과 분담제, 피로회복법의 실천, 충분한 영양섭취와 휴식 등으로 항상 건강에 유의해야 하겠다.

체육교사 중에는 평소의 체력만 믿고 포음포식하여 무절제한 생활을 한다든지, 과도한 음주, 흡연으로 일신을 망치는 수가 있다. 술 · 담배의 패해는 체육에서 올바르게 지도해야 할 문제인데, 이것들에 대한 지도자로서 솔선수범이 무엇보다 필요하다고 생각한다.

또 건강은 신체적인 면뿐만 아니라. 정신적 · 사회적인 면에서의 건강임은 당연한 것이며, 체육지도자는 신체의 건강에 대하여 항상 세심한 배려가 필요한 것이다.

3) 체육지도자의 마음가짐

① 자기의 능력을 기준으로 하지 않을 것

특히 운동능력이 높은 젊은 지도자나 스포츠 선수로서 활약했던 지도자 중에는 지도를 받는 사람들의 능력을 이해하지 않고, 자기의 수준으로 지도하려고 하거나 이 정도도 할 수 없는가 하고 안달하는 사람이 있다. 자신이 초심자로 되돌아가지 못하는 것이 당연하다는 생각으로 부터 지도를 시작하는 각오가 필요하다.

② 피교육자를 잘 볼 것.

이것은 ①과 표리관계에 있다고 해도 좋다. 피교육자의 인원이 몇 명인가 하고 그 한 사람 한 사람의 실태를 잘 봐서 그에 따라 방법을 강구하지 않으면 안된다. 특히 집단적인 활동에서는 개인의 상대를 간과하기 쉽다. 검사나 측정 · 관찰 등을 잘 하지 않으면 안된다.

③ 결과를 서두르지 말 것.

④ 방법을 구체적으로 연구할 것.

일반적이고 기초적인 지도의 중점이나 그 방법은 중요하지만, 그 보다 자기와 자기의 눈 앞에 있는 피교육자와의 관계에 있어서 구체적인 방법이 중요하다. 오히려 일반적인 방법은 개개의 장에 의해 수정되므로, 실제로 효과 있는 방법이 된다고 생각해야 할 것이다. 그것은 '정리'와 '응용'의 관계라고 할 수 있을 것이다.

개개의 지도자가 전개하는 지도는 그 지도자와 피지도자들과의 그 장에 있어서 '마주

침'이기 때문에 매우 독자적인 것이라고 해야 할 것이다. 그것은 일정한 힘에 의해 물체를 움직이거나 배분하거나 하는 것과는 다르고, 개성 있는 지도자와 개성 있는 피지도자들이라고 하는 독자적인 관계위에 행해지는 지도는 구체적으로는 그 지도자의 독특한 방법이라 해야 할 것이다.

⑤ 주체성을 가질 것.

이와 같은 지도의 구체적 전개에 있어서 독자성, 대리불가능한 특성을 인식하는 것은 또한 그 지도자의 주체성을 확립하는 것으로 될 것이다. 다른 지도자의 방법은, 그 지도자의 개성과 피지도자의 특성에 의해 사용되어진 것이기 때문에 그 가운데 배울 점이 많다고 해도 그것을 단순히 모방하는 것은 적당하지 않을 것이다.

⑥ 말을 고를 것.

이것은 상대의 특성에 따라 말을 고르는 것과 그 자리에 가장 적당한 말을 고르는 것의 양면이 있다.

⑦ 시범은 많이 하지 말 것.

⑧ 예의범절 가르침을 잘 할 것.

⑨ 건강에 유의할 것.

4) 지도자의 기술

지도자의 기술에는 '활동의 기술'과 '운동지도의 기술'을 들 수 있는데, 대체로 많은 사람들이 이 두가지를 동일시하고 있지만 지도의 기술과 지도자가 지니고 있는 활동의 기술은 개별의 것이고, 지도자에 있어서 보다 중요한 것은 후자의 지도기술인 것이다.

그러나 활동의 기술이 지도자에게 무가치한 것은 아니다. 오히려 활동기술은 지도자로서의 중요한 자격요건이기는 하지만 그것은 어떻게 학생에 학습시키느냐 하는 방법과 요령을 모른다면 그 기술은 무의미한 것일 뿐이다.

시범을 모방하여 학습하는 것은 발달정도가 낮은 단계에 있어서 행해지는 학습방법이며, 다음 사고하는 단계에서는 그에 적응한 방법이 강구되지 않으면 안 될 것이다.

지도자가 운동의 기술을 습득하는 데 있어서 고심하는 것은 시범을 위해서가 아니다. 운동의 특성이나 가치를 어떻게 생각하며, 운동의 기술적 중점을 어디에 두고 보편적으로 타당한 동작과 자기의 동작과의 차이는 어디에 있는가 등에 대해서 스스로 경험하는 것이다. 그 개인적 경험을 가능한 한 객관화하여 타인 즉 학습자에게 전달하는 데 지도자의 고심이 있는 것이다. 이것이 지도의 기술이며, 언어의 난이 · 속도 · 명확성 그리고 태도나 표정도 또한 지도기술의 일부가 되겠다. 운동소질이 많은 사람보다 일류 경기자는 되지 못하였으나 많은 노고를 겪은 사람 가운데 우수한 지도자가 있는 것을 볼 수 있다. 이것은 기술을 습득하기 위한 노고의 과정에서 그 운동의 중요한 곳은 어디며, 어디가 잘 되지 않으며, 그것을 잘하기 위해서는 어떻게 잘 하는 것이 좋은가 하는 등의 사고력이 길러졌기 때문 이라고 할 수 있겠다.

마. 체육교사의 인간상

1) 아동에 대한 교사의 태도

아동에 대한 훌륭한 교사의 상은 다음과 같이 요약할 수 있다.

① 아동의 문제에 관심을 가지고 전적으로 이해하려고 노력한다.

따라서 항상 아동이 당면하는 문제의 해결을 위하여 의욕적으로 도우려고 하는 것이다.

① 모든 질문에 진지하게 대답한다. 이는 더욱 신뢰를 얻기 위한 것이다.

② 교사 자신의 경험을 아동의 필요에 따라 효과적으로 소개한다.

③ 자신의 좋지 않은 생활상태가 아동에게 영향이 가지 않도록 한다.

④ 아동을 조롱하지 않아야 한다.

⑤ 자제력을 지녀야 한다.

⑥ 아량이 있어야 한다.

⑦ 인내할 줄 안다.

⑧ 아동으로 하여금 존경의 대상이 되도록 사제지간의 거리가 멀어지지 않도록 해야 한다.

⑨ 아동들과의 지나친 친절을 조절한다.

⑩ 아동을 당황하게 만들지 않는다. 상과 벌을 바로 할 줄 안다.

⑪ 수업의 반응을 알아 본다.

⑫ 아동들을 객관적으로 판단한다.

2) 교사 자신에 대한 태도

교사 자신의 개인적 특질면에서 취하여야 할 태도를 살펴 보면 다음과 같다.

① 정직하다.

② 좋은 자세를 갖는다. 믿음직한 태도를 가진다.

③ 자기 자신을 신뢰한다. 책임감이 있다.

④ 창조력을 발휘한다.
⑤ 열성적이다.
⑥ 풍부한 실력이 있다.
⑦ 우호적이다.
⑧ 사고력이 충만하다.
⑨ 진지한 태도를 지닌다.
⑩ 예의를 지킨다.
⑪ 심신의 건강을 유지한다.
⑫ 협동적이다.
⑬ 음성을 조절한다.
⑭ 시간을 잘 지킨다.
⑮ 제규정을 이행한다.

또 교사의 윤리성에 대해 교사 자신의 평가를 위한 평가항목을 소개하면 다음과 같다.

① 나는 아동을 위한 순수한 사랑을 가졌는가?
② 나는 진실로 가르치기를 좋아하는가?
③ 나는 삶의 기쁨을 느끼고 명랑하며 행복한가?
④ 사람들이 나와 같이 섞이기를 좋아하는가?
⑤ 나는 모든 사람에게서 선한 것을 찾으려고 하며 또 찾고 있는가?
⑥ 나는 높은 도덕적 수준을 지녔는가?
⑦ 나는 깔끔하고 단정하게 옷을 입는가?
⑧ 나는 건설적인 비평을 즐겁게 받아 들이는가?
⑨ 나는 부단히 나의 인격을 개선하며 능률을 증가시키려고 하는가?
⑩ 나는 믿음직한가?
⑪ 나는 어른이나 아동에게 언약을 지키는가?

6 미래의 체육

가. 미래의 사회

'불확실성의 시대'라고 하는 현대에 살면서 미래의 사회를 예측하는 것은 컴퓨터가 구사할 수 있다고 해도 반드시 용이한 것은 아니지만, 21세기에 접어들어 인공지능으로 자동화와 연결성이 극대화 되는 제4차 산업혁명 시대이니만큼 그에 대해서 생각해 볼 필요가 있다고 본다. 이미 미국에서는 21세기의 사회가 어떻게 될 것인지, 인구, 자원, 환경 등의 측면에 대해서 연구 되어지고 있다.

현대사회의 특징을 규명하고 다가오는 미래사회를 예측한 하나의 주목해야 할 사항은 앨빈 토플러(A.Toppler)의 '제3의 물결'을 들 수 있을 것이다.

중지하는 바와 같이, 그는 "제1의 물결은 지금부터 약 1만년 전의 농업혁명이고, 제2의 물결은 300년 전의 산업혁명이며, 그래서 오늘날의 공업화 사회를 맞이한 것이지만, 이 현대의 공업사회가 제2의 물결에 씻겨지고 있으며 지금 세계가 처해 있는 혼돈은 이 제3의 물결에 의해 발생하고 있는 현상의 일부라고 지적하고, 미래사회는 현대의 단순한 공업화사회의 연장상에 있는 것은 아니다."라고 서술하고 있다. 그리고 공업화사회에 있어서 몇 가지의 대표적인 특색으로서

"첫째, 모든 공업국가는 화석연료에 존재하고, 에너지 시스템은 모든 나라가 같다.

둘째, 모든 공업국은 대량생산방식에 따르고 있다.

셋째, 철강, 자동차, 기계와 같은 공업이 기간산업으로 되어 있고, 이들은 모두 에너지 집약적, 자본집약적, 환경오염적이라고 하는 공통의 특징을 가지고 있다.

넷째, 모든 공업국가의 유통기구는 백화점, 연쇄점 등 대량분배, 소비 시스템이 지배적이다.

다섯째, 교육의 면에서는 매스 에듀케이션(mass-education)인 점에서 공통이다."라고 서술하고 또한 "오늘의 사회는 '규격화, 획일화, 동시화, 중앙집권화, 극대화' 등의 원리, 구조로 일관하고 있지만 제3의 물결에 씻겨지고 있는 사회는 이들과는 전혀 다른 원칙에 의거해서 움직이는 사회로 이행하고 있고, 제1의 물결문명, 농업주체시대의 생산기반은 토지이고, 제2의 물결 공업주체시대는 자본과 노동이 중요한 기반이었지만, 이 제3의 물결 문명의 생산기반은 오히려 인포메이션(information)과 창조성(creativity)

에 두어질 것이다."라고도 지적하고, 생산교육의 본연의 자세 자본에도 큰 변화가 나타나고 있다고 서술하고 있다. 여기서는 그의 주장을 상세하게 인용하는 것은 피하겠지만 "21세기는 단지 현대사회의 연장상의 것으로서가 아닌 큰 변화가 나타나는 시대이고, 오늘날은 그 변화를 향한 제3의 물결에 씻겨지고 있는 시대이다."라고 하는 그의 주장에는 잘 경청할 가치가 있다.

이와 같이 21세기의 사회는 큰 변화가 예측되고 더욱 확실하게 현대사회와는 다른 상황이라는 것도 생각할 수 있으며, 그에 대하여 살펴 보기로 한다.

1) 인구의 과잉

1950년 약 5억이었던 세계인구는 2020년 약 78억으로 증가하였고 2050년에는 다시 92억으로 불어날 전망이라 한다. 우리 나라의 경우에도 열외가 아니어서 1925년 2천만을 넘지 않던 인구가 2007년 배가 넘는 5천만을 돌파 하였으며 사람이 살 수 없는 산간벽지를 제외한다면 세계 제1의 인구밀도를 자랑하고 있다. 우리 나라 국토의 면적이 인구 1500만에서 2천만명을 수용하는 데 알맞다는 지적을 고려한다면 얼마나 많은 사람들이 살고 있는지를 알 수 있다.

따라서 이와 같은 인구폭발 속에서 어떻게 건전히 더구나 노동생산력을 높게 유지하고, 국민 개개인의 생애를 만족하게 하는가 하는 것이 중요한 문제가 된다.

2) 새로운 과학 기술의 진보

현대도 이미 과학기술시대라고 말해지고 있지만 이 과학기술의 진보는 그칠 줄을 모르는 것이고, 21세기는 더욱 더 일상생활 속으로 파고들어 올 것이다. 이를테면 마이크로컴퓨터(microcomputer)시대라고 말해지는 것 같이 컴퓨터의 보급은 더욱 눈부시게 될 것이다. 토플러는 전자기기를 구비할 '일렉트로닉(electronic) 주택'의 출현을 지적하고, "가정이 일터가 되어 사무실과 공장으로 나가는 대신, 가정에서 시간을 보내게 되고 가정생활까지 변혁을 필요로 할 것이다."라고 서술하고 있다. 이러한 것은 새로운 지식산업으로의 전환을 진척시키며, 정보화 시대, 탈공업화 사회로의 전망을 열고 있다. 지금까지 물리학을 주전으로 하여 발전하고 있는 현대과학기술은 생물학 등으로도 미치고 있어, 분자생물학의 발전은 유전자를 다시 짤 수 있게 하고, 생명현상도 과학기술의 지배하에 둘 가능성을 만드는 것이다.

3) 자연파괴와 환경오염

인구의 증가와 경제적 경쟁력의 강화 때문에 토지의 개발이 진행되어 자연환경의 파괴와 생활환경의 오염이 진행되고 있다. 이 경향은 금후 얼마간의 기본적인 정치 · 정책의 변환이 없는 한 다음 세기에까지 악영향을 미치는 것은 불가피한 것으로 생각된다.

환경의 오염뿐만 아니고 인구밀집에 따른 생활오염의 처리가 불충분하다든지, 농산물의 소독이나 식품첨가물 등에 의한 인체에의 영향도 더욱 침투하리라 예상된다. 의약품의 부작용도 이 가운데 넣어 생각해야 할 것이다.

이 문제는 건강하게 태어난 사람들에 대해 악영향을 미치게 할 뿐만 아니라 지금부터 태어나는 아이들에게 대해서도 가령, 양친에게 유전상의 이상이 없어도 돌연변이를 일으킬 가능성이 예상된다.

4) 탈공업화 사회(좌업적이며 경쟁적인 사회)

우리 나라도 현재 생산과정 및 생활의 기계화는 상당히 완료되고 있다고 말할 수 있다.

다니엘 벨(Daniel Bell)은 그의 저 '탈공업화의 도래(1976)'에서 미국, 소련을 비롯하여 서구의 제국은 21세기 사회의 구조적 특징으로서 '탈공업화사회'에 들어간다고 예측하고 있다. 이 사회의 기본적 특징은 산업노동인구의 구성이 제1차〈제2차〈제3차 산업의 형태를 나타내고, 사람들의 생활현실은 자연적인 것과는 완전히 차이가 없게 되며, 또 기술이나 인공적 산물을 취급하는 것도 없게 되고 그것은 주로 자기자신과 다른 사람들 사이의 사회적인 상호작용(경쟁적 관계)에 한정되게 된다. 이 사회에서는 기술의 지식이나 지적 기술의 가치가 높게 평가되고 전문적 기술 엘리트(elite)가 존중되며, 정치적 판단에 과학적 정보가 중시될 것이다.

이와 같은 사회에서는 노동을 포함한 일상의 생활활동에 있어서 신체적으로 활동하는 것은 더욱 없게 되고, 지적 · 기술적인 경쟁 때문에 정신적인 긴장이 부득이 하게 되리라 예측된다. 이는 또한 사회적인 부적응 행동이나 부정을 낳는 원인이 될 듯 하다.

5) 여가시간의 증대

한국관광공사의 연구용역을 받아 한국산업경제연구원이 지난번 실시한 우리 나라 국민의 여가 실태조사에 따르면 우리 나라 1인당 1일 평균 여가시간은 4.57시간이다. 그러나 주 5일 근무제와 조기정년퇴직, 유급휴가제의 발달 등을 고려한다면 여가의 증대는 현재의 4.57시간보다 앞으로 상당히 많아질 것이다.

사실 현대사회에 있어서 기계문명의 결과는 우리들에게 많은 여가를 가져다 주고 있으며, 앞으로 문화의 진보에 정비례하여 여가가 더욱더 증대될 것만은 확실하다. 그러므로, 이러한 여가의 증대에 따른 사회적 문제는 이미 금세기 중반부터 많은 사회학자들에 의해 문제시 되어 왔다. 크라우스(R.Kraus)는 증가하는 여가에 대한 문제를 다음과 같이 언급하였다.

"...노동을 충분히 할 수 없기 때문에 오는 경제적인 문제들은 해결할 수가 있다 해도 '인간만족'이나 '개인의 가치'등에 관한 문제들은 어떻게 할 것인가? 사람이 자기의 얼마간의 시간을 바쳐 할 일이 없고 또 사회에 공헌하며, 참여할 기회를 가질 수 없다면 어떤 다른 형태로라도 그 분출구가 마련되어야 할 것이다. 유례 없이 증가하는 이 여가에 대하여 우리는 어떻게 대처해야 할 것인가? 속이 텅텅비고 부정적이며 급기야는 비도덕한 면으로 이용이 되어야 할 것인가, 아니면 신체적, 문화적 그리고 지적인 면에서 국가의 번영에 건설적으로 이바지하므로 생의 충실과 보상을 위한 여가의 이용방법을 모색할 것인가?"

6) 생활의식과 가치관의 다양성

현대는 '불확실성의 시대'라고 불리어진다. 장래에도 이 시대적 경향은 지속될 것인가? 그리고 '제3의 물결'을 대망하는 소리도 들리고 있다. 현재 무엇을 가장 본질적인 가치 있는 것으로 두는가에 대해서는 사람들 사이에 반드시 의견이 일치하지 않다. 한 사람 한 사람의 생명이 가장 중요하다고 하는 것은 일단 모든 사람들에게 공통으로 이해되는 것처럼 보이지만 현실의 사람들의 태도나 발언이나 행동 가운데는 반드시 그렇다고는 할 수 없는 분위기가 있다.

콘라드 로렌쓰(C.Roranth)는 '문명화한 인간의 8가지 대죄'(1973) 중에서 생활공간의 황폐, 인간끼리의 경쟁, 감성의 쇠멸, 유전적인 퇴폐, 전통의 파괴, 교화되기 쉬움, 그리고 핵무기 등에 대하서 기술하고, 거기서 지적했던 온갖 폐해나 황폐현상은 직접 인구과잉에 기인하는 것이라고 했다. 사람들의 수가 너무 많아져 각각의 욕구를 충족하는 물질이나 기회가 그만큼 줄어들고 있기 때문에 사람들은 자기의 생활을 방어하기 위해 인간사회집단에 있어서 본래 행동의 본연의 자세를 잊어버리고 있는 것처럼 보인다.

나. 체육의 조직 및 실천

앞에서 21세기에 변모하게 될 사회에 대해서 검토해 보았다. 이제 그 같은 21세기의 사회상황에서 체육이 그 본래의 사회적 공헌 가능성을 충분히 발휘하기 위해 어떻게 조직되고 실천되어야만 하는가에 대해 살펴 보고자 한다.

① 운동은 개인의 생애를 통해서 그 연령적 발달단계의 제 특성에 따라 적절히 실천되어야 하다.

개인의 신체적, 정신적 및 사회적 제 특성은 기본적으로는 그 양친의 유전적 특성과 일상적 생활양식의 특성에 의해 규정되는지도 모르지만, 그 수태, 출생, 성장. 발달, 유지, 쇠퇴의 모든 단계에 있어서 필요한 운동자극이 적절히 주어지도록 충분한 기회가 마련되지 않으면 안된다.

적절한 신체적 활동의 실시는 영양 및 휴식과 함께 개인생애의 전과정을 통해 항상 일상적으로 필요하다.

② 운동의 실천은, 개인의 발달단계에 있어서 각 생활시간대의 주요한 책임자(주체)에 의해 조직되고 운영되어야 한다.

0~3세의 유유아는 생활시간의 대부분을 가정 안에서 보내게 된다. 그러므로 양친이나 가정이 그 아이의 운동을 위해 돌봐 줄 필요가 있다.

3~5세는 주로 보육원 또는 유치원, 6~12세는 초등학교, 13~16세는 중학교, 16~18세는 고등학교, 그리고 19~22세는 대학이 주로 책임을 져야 할 것이다.

한편 기업이나 사업소 등에서는 각각의 경영관라자가 종업원이나 직원의 건강이나 체력육성 그리고 작업능률(力)의 향상 · 유지를 위해 합리적인 운동 프로그램을 조직하고 이것을 근무시간 내에 실시하는 기회를 마련하도록 고려되지 않으면 안된다.

지방공공단체나 국가는 헌법이나 기타 관계법규에 따라 보다 건설적으로 개인이 수준에 있어서 희망하는 적극적이고 활동적인 생활양식이 확립되도록 정책과 시책을 추진할 필요가 있다.

국제적으로는 이미 유네스코나 국제보건기구 또는 관련되는 국제학회가 각각의 기능에 따라 역할을 다하기 위해 예의 그 노력을 전개하고 있다.

③ 운동 프로그램의 내용과 실시방법은 최신의 과학적 식견에 의거하여 조직되고 실천되어야 한다.

운동의 내용과 방법의 강조점은 당연 개인의 발달에 있어서 단계적 제 특성에 따라 다른 것이 아니면 안된다. 그리고 운동의 특수한 목적에 따라 그 내용과 방법도 구체적이고 특수적으로 대응하지 않으면 안된다. 즉 운동의 종류와 양(강도 · 지속 · 빈도)은 개인의 성 · 연령 · 체력수준 및 흥미나 운동의 목적에 따라 적절하게 선택하고 처방할 필요가 있다.

④ 스포츠와 일상생활에 있어서 기회균등 및 페어 플레이(fair play)의 이념을 넣어 주어야 한다.

스포츠를 하는 것이 모든 사람들의 기본적인 권리의 하나라고 한다면 개인의 필요성에 따라 모든 사람들에 대하여 스포츠를 향수하는 기회가 마련될 필요가 있다. 또 호이징가(J. Huizinga)가 말하듯이 참된 문화는 항상 어떤 시점에서 봐도 올바른 페어 플레이를 요구하고 있다고 한다면, 문화를 존속시키고 그리고 사회의 연대를 유지하기 위해서도 일상생활에 있어서 페어 플레이의 정신을 강조하는 것이 중요하다.

다. 체육의 현재와 미래

미래의 체육을 전망하기 위해서는 현재의 체육에 대한 반성과 총괄을 해두는 것이 전제가 될 것이다. 이를 위해 키무라(木材) 교수의 발표를 통하여 요약해 살펴 보고자 한다.

1) 20세기의 체육

가) 스포츠의 국제화

19세기에 근대 스포츠가 조직화되어 20세기에 들어 외국 팀과 경기가 행해지는 이른바 스포츠의 국제화가 이루어졌다. 그 중요한 지표는 19세기말 곧 1896년에 개시된 근대 올림픽이었고, 이후 많은 국제경기를 통하여 한 나라의 스포츠가 다른 나라에 전파되는 스포츠의 보편화가 이루어지게 되었다.

이 스포츠의 국제화 과정을 통하여 스포츠맨십이나 평화사상이 일어나게 되었다.

나) 사회주의의 체육 · 스포츠의 발전

1917년 제1차대전 중간에 일어난 러시아 혁명은 1922년 소비에트 사회주의 공화국연방의 성립과 사회주의 체제를 완성시켜, 체육과 스포츠도 자본주의 체제하의 것과 다르게 발전시켜 왔다. 즉 체육과 스포츠에 국가적 의식을 심고 경기장과 체육관 등 스포츠

시설과 함께 체육최고평의회, 지방에는 체육평의회를 설치하여 체육과 스포츠의 지도와 통제를 행하고, 노동자의 체육서클을 조직하고, 각종 경기를 개최하며, 학교체육도 정과뿐만 아니라 클럽, 하계스포츠 연습장, 하계 아동집단 등 과외활동을 실시하는 국민전체의 체육 · 스포츠 활동을 육성하려고 하였다.

이것은 또한 '노동과 방위준비', 전소련연합체력검정의 제정, 소비에트 체육운동의 대중성과 조직력을 나타내기 위한 체육퍼레이드 실시, 체육 · 스포츠의 성과점검일로서 '전소체육의 날'의 실시, 뛰어난 스포츠맨에게 주는 공로 스포츠마스터의 제정이 행해지는 등 특색 있는 제도를 만들었다. 제2차대전 후에 탄생한 동구의 사회주의 국가도 이 체육 · 스포츠 제도를 도입하여 발전을 꾀했다.

제2차대전 후, 미 · 소를 중심으로 두 체제의 대립과 경쟁이 심화되고 국제경기 장면에도 그것이 반영되어 스포츠 경기에서의 우열이 사회체제의 우열을 결정하는 것과 같은 의식이 생겨났다. 이러한 사회주의 제국의 출현으로 국가가 체육과 스포츠의 진흥에 적극적으로 관여하게 된것이 20세기 체육의 중요한 특징이라 하겠다.

다) 전체주의의 체육 · 스포츠

20세기는 1929년 미국에서 일어난 경세공황을 계기로 독일, 이탈리아, 일본의 소위 '갖지 못한 국가'에 파시즘이 대두, 체육 · 스포츠를 국가의 통제하에 두고 국가의 목적을 위해 최대한 이용하려 했다.

이탈리아에서는 많은 레크리에이션 시설과 운동장을 만들어 8~18세의 청소년을 바릿라, 전위대, 이탈리아 소녀대, 이탈리아 여자청년대 등의 조직에 가입시켜 체조, 스포츠, 캠핑, 여행, 사격, 노동 봉사 등을 통해 애국심, 군사적성, 건강, 즐거움의 목적을 추구했다.

독일은 히틀러가 군인인 호스틴을 국가 스포츠 장관으로 임명하여 스포츠 단체를 재편성하여 통제했다. 오스틴은 노동자의 여가 활동조직 '환희력행단(Kraft durch Freude)'의 스포츠 부장을 겸했다. 그 스포츠, 여행, 하이킹, 휴가 등의 제공은 대중의 왕성한 체력과 나치스당에의 충성심을 확보하려는 것이었다.

교외에서의 클럽활동은 군사적 성격을 가진 체육 · 스포츠 이었다.

일본도 나치스 독일을 모방하면서 스포츠 단체의 관제화, 중앙집권화를 추진, 스포츠의 자유주의적인 분위기를 구축하고 군국주의적 요소를 강화했다. 청소년단 조직도 대일본청소년단으로 통합하고 단체훈련, 군사훈련에 집중했다. 중등학교 이상의 교우회 조직은 학교보국단과 학교보국대로 개조되어 종래의 운동부 활동이 점차 곤란하게 되고,

학교보국대는 생산 · 방위 · 수송을 위해 동원되기에 이르렀다.

이리하여 파시즘은 반주지주의적인 입장에서 언뜻 보면 체육중시 시대의 도래를 생각케 했지만 현실적으로는 개인의 자유로운 즐거움의 추구를 부정하고 합동체조, 행진 등도 포함한 집단훈련에 의한 전체주의적 교화에 귀결하였다.

라) 스포츠의 대중화

제2차대전의 종결을 사이에 둔 전 · 후반 중 문제 삼지 않으면 안되는 것은 후반에 있어서 현저하게 진전을 보인 스포츠의 대중화 현상이다.

이것은 특히 공업화를 고도로 이룩한 나라에서 현저하게 된 것이다. 서독은 1960년에 유명한 '골든 플랜'을 출발시켜 누구라도 쉽게 이용할 수 있는 시설을 진척시키는 것과 함께 '제2의 길'에 의한 누구나가 스포츠에 친숙해지고, 건강한 심신을 만들려고 하는 운동을 추진했던 것은 주지의 사실이다. 이에 이어 주목되는 것은 1965년 노르웨이가 '모두의 스포츠' 계획을 결정하고 그 구체화로서의 트림(TRIM) 운동이 1967년에 시작된 것이다. 이 트림이라는 용어는 유럽의 다른 나라에도 널리 퍼졌지만, 대체로 '모두의 스포츠(Sport for All)'의 이념이 유럽의 서방제국 사이에 확립되어 갔다. 승리지상주의 경기스포츠와는 다른 국민 대중을 위한 건강스포츠를 추진해 왔던 것이지만, 이 운동의 배경에는 공업의 고도화한 문명적 상황이 있는 것이어서 생산노동의 기계화와 자동화에 더불어 노동의 질의 변화, 즉 육체노동의 감소, 정신적 긴장의 증가 등이 있고, 똑 같이 자동차화의 진전에 따른 보행기회의 감소와 함께 운동부족이 될 조건을 만들어 내고 있는 반면에 식생활의 향상에 의한 영양섭취의 과다에서 오는 비만, 그리고 동맥경화, 고혈압 등의 증상이 나타나는 예가 많고 심각한 건강의 위기 의식이 확산되어 왔던 것이다. 그리고 또 하나로는 생산성의 향상에 의한 노동시간의 단축, 여가시간의 증가가 있고 소득수준의 향상도 있어 이 여가를 위한 활동이 진지하게 고려된 것이 관계하고 있다. 여기서 또 유럽의 사정을 생각하면 아마 동구의 사회주의 국가 체제하의 스포츠나 휴가의 상황도 충분히 의식 되어 있었다고 추측할 수 있지 않을까?

여하튼 유럽 서방제국의 '모두의 스포츠'라는 이념이 인권으로서 자각의 결정체였다는 것은 중요하다. 그 최초의 것이 1975년 유럽 평의회(Council of Europe)의 가맹국 스포츠 담당장관 회의에서 채택한 '유럽 모두의 스포츠 헌장'이다. 그 제1조 '모든 개인은 스포츠에 참가할 권리를 가진다.'는 스포츠권을 고양한 것이었다. 이것이 더욱더 1978년 유네스코 총회에서 채택된 '체육 · 스포츠 국제헌장'으로 발전했다. 이 전문은 분명히 체육 · 스포츠를 행하는 것이 인권의 행사를 위해 필요한 것으로서 제1조 1항에 '모든 사람은 인격의 전면적 발달에 있어서 없어서 안되는 스포츠에 친숙한 기본적 권리를 가진다.' 는 것을 선언하고 있다. 이렇게 하여 스포츠인권이 명확하게 된 것은 그것을 세계적으로 본 경우에 일부 선진제국에서 겨우 현실로 되었을 뿐 전반적으로는 아직 금후의 과제이다. 그렇지만 이것은 분명히 21세기에 있어서 체육 · 스포츠가 새로운 발전단계에 들어온 것을 의미하는 것으로서 중시하지 않으면 안된다.

마) 스포츠의 과학화

스포츠의 과학적인 연구는 이미 전부터 행해지고 있었지만, 그것은 선구적인 것으로 범위가 극히 한정적이었다. 금세기 후반에 들어오면서 부터 스포츠의 과학적 연구의 진전은 내셔널리즘(nationnalism)을 배경으로 경기주의 격화와 관련되어 있는 면이 있다. 각기 자국선수를 승리로 이끌기 위해 과학적인 연구를 기초로 트레이닝을 실시하게 된 것은 잘 알려진 사실이다. 이 점은 1964년 동경 올림픽대회를 계기로 국제 스포츠 과학회의가 동경에서 개최된 것에 의해 스포츠의 과학적 연구가 국제적인 협력체제하에서 진행되는 계기를 만들어 낸 것으로 주목된다.

이리하여 스포츠에 관한 생리학적 연구, 역학적 연구 등이 광범위하게 진행되어 온 것만 아니라 심리학적 연구나 사회학적 연구, 더구나 역사학적 연구 등의 면까지 이진과는 비교되지 않는 규모로 몰두하게 되었다. 단지 현상에 대해서 말할 경우 엘리트 스포츠에 관한 경기성적향상을 이루는 면에서는 어느 정도 성과를 올렸지만 건강 스포츠에 대해서는 아직 앞으로 기대되는 면이 많고 학교 체육의 기초 이론에서의 공헌은 아직도 금후의 과제로 되어 있는 것이 많다.

바) 학교체육의 스포츠화

학교체육 가운데 스포츠 교재가 취급되어진 것은 이전부터도 시작되었지만, 전체적으로 본 경우 거기에는 역시 체조중심의 사고방식, 신체수련의 색채가 강했다고 생각한다. 그것이 20세기 후반이 되어 그러한 종말의 관념이 타파되고, 스포츠의 즐거움을 추구 하는 가운데 체육의 목적을 달성하려고 하는 사고방식이 강해지고 학교체육의 교재로서 각종 스포츠를 대폭으로 도입하려고 하는 개혁이 많은 나라에서 진행되어 왔다. 그것은 특히 동서독에서 현저하게 나타났고, 체육과(Leibeserziehung)에서 스포츠과(Sportunterricht)라고 하는 교과명의 변경으로까지 이른 서독의 동향은 크게 주목되어 온 것이다.

2) 21세기 체육의 전망

앞에서 20세기 체육을 개략적으로 살펴 봤다. 이러한 것을 기초로 하여 21세기 체육을 전망하려 할 때 3가지의 전제를 두지 않으면 안된다. 첫째는 제3차세계대전이 일어나지 않는다는 것이다. 대전이 있으면 핵전쟁에 의한 파멸도 각오하지 않으면 안 되고, 겨우 파멸을 면했다고 해도 그 파괴에 의해서 현저한 후퇴를 초래하기 때문이다. 두번째로는 석유를 비롯한 에너지 자원의 공급에 큰 차질을 초래하지 않는 것이다. 석유에 대해서는 종종 비관적인 관측이 있지만, 만약 에너지 자원의 문제가 해결되지 않으면 경제활동의 저하, 사회혼란 야기, 생활수준의 추락이라는 큰 사태가 벌어지게 된다. 세번째는 정치적인 면으로 그것은 경제상태와 밀접하게 관련한 것이지만 민주주의에 대한 역류 즉 파쇼 체제의 재현이 없을 것이다. 만약 파시즘의 지배가 있다고 하면 오늘날 진행되고 있는 체육 · 스포츠 대중화의 전도에 큰 방향전환이 일어나리라고 생각되기 때문이다.

여하튼 이상의 전제하에서 역사적 입장으로부터 예측을 한다고 하면, 그것은 어디까지나 현재 싹트고 있는 것, 태동하고 있는 것을 꺼내어 그 의미를 명확하게 하는 것이 과제로 될 것이다.

그렇게 할 때 첫째는 선진공업국에서는 로봇의 채용이 확대하고 오토메이션화가 철저히 진행되어 점점 단순노동, 육체노동을 감소시켜 노동시간의 단축화, 여가시간의 증가가 일어난다고 생각된다. 운동부족은 더욱 심각하게 되고 여가활동에 대한 수요가 높아가게 되고, 스포츠권이 확립되게 될 것이다. 그에 따라 공적인 비용으로 스포츠를 즐기고, 건강이 보전되고, 인간관계를 발전시키는 기회가 보장되는 체제가 만들어져 간다. 권리로서의 체육 · 스포츠는 다른 것에 의해 '움직여지는 체육'과 스포츠가 아니고 운동하는 것의 즐거움을 기축으로 하여 스스로 '움직이는' 체육 · 스포츠이다.

남 · 녀 차별이 없고 신체장해가 있는 사람이나 없는 사람이나 유아에서 노인에 이르기까지 어떤 계층이나 직업에 종사하고 있는 모든 사람들이 스포츠를 할 수 있는 조건이 갖추어진다. 여성의 해방이 진행됨에 따라 남 · 녀 스포츠 활동의 내용은 접근해 가는 경향이 있고 또 장해자 스포츠가 발달하고 있는 면에서는 장해가 없는 자의 기량을 뛰어넘거나 양자가 즐길 수 있는 새로운 스포츠의 창조가 이루어지거나 하는 것도 예상된다.

두번째로 일상생활이 인공환경 아래서 영위되고 소프트(soft)화 하는 것과 함께 스포츠도 실내의 인공환경을 구해 행해지게 되어 전체로서 인간의 자연에 대한 적응력이 문제되는 사태가 발생한다. 동시에 모든사람의 스포츠를 위한 시설이라는 점으로도 한계가 있고, 그 때문에 여러 가지 야외활동을 시작하고 자연환경 가운데서 스포츠를 즐기는 것이 한층 중요하게 되어 체육 · 스포츠가 단지 신체를 단련하거나 기량을 겨루거나 하는 것만이 아닌 인간이 안으로 자연성을 자각하는 것과 함께 인간을 에워싼 자연에 어떻게 대처해 가면 좋은가 라는 인간적 예지를 발달시키는 것이 분명히 되어가리라고 생각된다. 그것은 틀림 없이 근대 체육사상의 원점으로 되돌아 와서 체육 · 스포츠의 의미를 묻는 것이다.

세번째로는 체육 · 스포츠의 과학적 연구의 진전에 대해 언급하고자 한다. 전술한 바와 같이 엘리트 스포츠의 경기력 향상을 위한 이론이 건강의 위기의식에 기인한 대중의 조깅 붐이 도래한 것 등을 계기로 하여 건강과학을 지향하는 움직임도 생긴 것이다. 그러나 전반적으로 말해서 스포츠 과학의 건강 스포츠로의 시도는 이제 겨우 시작된 것으로서 금후의 과제로 남아 있는 점이 많고 21세기에는 이 방면의 연구가 크게 진전할 것으로 기대되지만, 체육 · 스포츠의 과학발달 균형의 시정이 필요하다. 오늘날의 과학적 연구수준은 공평하게 봐서 자연과학적 연구분야에 있어서는 비교적 문제의 해명이 잘 되어 온데 비해 인문 · 사회과학적 연구분야에 있어서는 뒤늦은 감이 있다.

21세기의 체육 · 스포츠에 관한 과학적 연구는 스포츠권의 사상이나 생애스포츠라는 이념의 현실화에 대응하면서 유년에서 노년까지를 대상으로 해서 진행되는 것으로 새각되는데 특히 발달이나 노화 등의 관점이 중요하다. 더욱 남 · 녀의 성차의 문제나 장해자의 체육 · 스포츠의 문제도 종합적인 입장에서 연구될 것이다.

라. 학교체육의 전망

여기서는 21세기의 학교체육에 영향을 끼치게 될 한국사회의 변화요구에 대한 조망을 강신복 교수의 발표를 통하여 간추려 본다.

① 체력 증진의 요구가 증대 될 것이다.

고도산업에 의한 자동화로 신체적 노동의 감소, 도시화에 의한 공간부족으로 운동기회의 상실은 허약으로 부터 벗어나고저 하는 인간의 필수적인 체력증진의 욕구에 충족치 못하고 있어 이에 대한 요구 증대는 앞으로 증대 될 것으로 본다.

② 여가의 증가와 그 활동 참여의 요구가 증대 될 것이다.

산업의 기계화와 사무의 자동화에 의한 근무시간의 단축, 경제적 윤택으로 생산에의 투여시간 감소, 정년의 조기화로 자유시간의 증가현상은 여가시간의 격증현상을 보일 것이다. 이러한 여가시간을 건전하고 보람있게 보내기 위한 여가활동 참여에의 요구가 함께 증가하게 될 것이다.

③ 스포츠 참여의 대중화가 전망된다.

경제적 윤택에 의한 영양과다섭취로 불어난 체중을 조절하고, 건강유지의 수단 또는 인간관계 개선의 방법으로 스포츠 활동 참여가 생활화 될 것이다. 아울러 복잡한 현대사회에서 오는 스트레스, 육체적 · 정신적 업무에서 오는 피곤, 고도기계문명 속에서 인간소외에서 탈출하기 위한 방법으로 많은 사람들은 스포츠 활동에 보다 관심이 높아질 것이며, 그 참여에의 기회가 확대되어 대중화가 전망된다.

④ 운동에 대한 국민의 가치관과 변화의 변화가 일어날 것이다.

운동은 어느 특수인의 전유물이 아닌 누구나 참여할 수 있으며, 건강유지에 필수적인 수단활동임을 대부분 직접 체험하게 될 것이다.

지속적이며 자발적인 운동참여를 통하여 외면적 보상 때문에 운동에 참여하는 것이 아니라 내면적 만족을 추구하는 방향으로 체육관이 형성될 것이다. 또한, 운동참여가 습관화하고 생활화함으로써 긍정적인 방향으로 태도 개선이 이루어질 것이다.

⑤ 야외활동 교육의 요구가 확대 될 것이다.

도시화 현상은 앞으로도 지속될 것이며, 이에 따라 인구 집중현상도 뒤따르게 될 것이다. 도시화와 인구집중은 환경 오염이 심화되고, 신체활동용 공간의 제한을 가져와 도시인은 쾌적하고 넓은 야외공간을 찾고 그 곳에서 다양한 야외체육활동에 참여하고자 하는 욕구가 늘게 될 것이다.

⑥ 체육 프로그램 내용의 적절성에 대한 사회의 요구가 증가될 것이다.

체육교과 교육은 전학교 교육과정에서 그 비중이 점차 커짐에 따라 국민의 체육교육에 대한 기대와 관심이 높아질 것이다. 따라서 체육교육의 목표와 내용 등에 대한 학생들의 만족도에 대한 논란이 일 것이며, 적절성과 교육의 효과에 대한 책임성을 따지는 압력이 가중될 것으로 전망된다.

⑦ 체육 프로그램 개발의 다양화 요구가 증대 될 것이다.

운동참여자의 신체적, 사회적 계층과 요구는 다양화될 것이다. 따라서 이러한 다양화 요구에 충족키 위한 여러 프로그램의 개발요구가 증가될 것으로 전망된다.

⑧ 운동공간과 시설 · 용구 활용의 극대화와 효율화의 요구가 증대 될 것이다.

특히 대도시에서의 학교체육활동 공간면적 확보의 곤란으로 시설의 다목적 이용이 늘게 될 것이며, 학교와 지역사회 시설의 공동이용을 위한 제도적 장치의 필요성이 증가 될 것이다. 아울러 운동참여자의 특성에 맞는 다양한 체육용구의 개발이 활성화 될 것이다.

⑨ 교사의 전문성과 자질이 요청되고 증대 될 것이다.

앞으로 사회발전의 중추적 역할로서 체육교육의 채무성에 대한 사회적 요청과 아울러 체육교원의 전문성에 대한 요청은 더욱 증대 될 것으로 전망된다.

⑩ 전인교육에의 요청이 증대 될 것이다.

현행 상급학교 입시제도의 지속적인 연구와 개선으로 앞으로는 상급학교 입시위주의 주지교과위주 교육에서 탈피하여 인간교육, 특히 덕목교육과 체육교육이 강조되어 교육과정을 운영함으로써 전인적인 교육의 방향으로 나갈 것이다.

⑪ 경기의 참여 기회 균등화의 필요성이 증대 될 것이다.

성별, 년령별, 사회계층별, 직업별, 지역별 또는 체력과 운동기능 수준의 차이에 따라 차등대우를 받지 않고 운동경기에 참여할 수 있도록 운동참여에의 균등화가 이루어질 것으로 전망된다.

⑫ 교수 및 평가방법 개선의 요구가 증대 될 것이다.

체육지도를 어떻게 하며 그 결과를 어떻게 확인하느냐의 문제로 많은 논란이 일고 있다. 체육지도의 전통적인 접근방법에 대한 보완연구 이외에도 새로운 여러 교수학습이론이 연구 소개 될 것이며, 체육학습평가를 위한 다양한 모델이 개발 될 것으로 전망된다.

마. 체육의 미래를 위한 제안

앞 절에서의 부처(Bucher)의 토론과 고려의 대상으로 제시한 다음과 같은 9가지 사항을 알아 본다.

① 지도력을 강화해야 한다.

체육의 레크리에이션적 가치와 인간의 생물적 특성 때문에 미래의 사회에 체육이 더욱 그 중요성을 더하여 간다면 당연히 이를 수행할 지도자를 양성하는 것이 아주 중요하다. 체육은 잘 지도되면 훌륭한 사회성을 갖는 바람직한 인간을 기를 수 있지만, 잘못 지도하면, 아주 공격적이고, 이기적이며, 비협조적인 인간을 키울 가능성이 있는 것이다. 따라서 운동기술이 우수한 학생뿐만이 아니라 지적 호기심으로 연구능력이 있는 학생을 지도자로 만들어야 한다.

② 체육에 대한 자료가 광범위하게 조사 수집 되어야 한다.

특별한 기술, 능력, 재능이 있는 모든 사람들로 부터 자료를 수집, 분석해야 한다.

③ 체육의 전문적 논리규범이 발달 · 강화되어야 한다.

전문분야로 인정을 받는다는 것은 바람직한 행동규범을 지키려는 구성원을 가지고 있는 것을 의미한다. 체육에 대한 그러한 규범이 있을 때 학생, 구성원 그리고 일반사회인과의 관계가 구체화된다. 또한 그것은 체육지도자들의 기본적인 의무와 그들의 봉사역할이 규정되어 일반 대상의 신임을 얻게 된다.

④ 진보적이며 발전적 사고를 하는 기구를 창설해야 한다.

체육이 미래에 발전을 하기 위해서는 경험이 많고, 훌륭한 지도자들의 지식과 경험을 종합개발할 필요가 있다. 따라서 체육지도자들이 의견을 서로 토론하며, 견해와 지식을 교환하며, 당면하는 문제를 해결할 수 있는 방법을 고안하여 실제에 활용할 수 있도록 하는 기구를 만들 필요가 있다.

⑤ 새로운 체육이 발달하여야 한다.

과학적인 사고과정을 통한 새로운 체육은, 우선 현재의 교과과정을 체육의 기본개념에 맞게 과학적인 방법으로 연구 검토되어야 한다.

⑥ 체육의 가치에 의해 기대되는 주장을 상설하는 기구가 설치되어야 한다.

완전한 연구결과에 의하여 실증된 주장만을 상설하여야 한다. 더욱 의미 있는 연구를 실시하며 필요한 연구를 재정지원하고 연구결과를 널리 알리며, 이러한 결과를 정리 · 저장하여 언제 어디서나 필요할 때는 언제든지 보내줄 수 있는 역할을 하는 국가적인 기구가 설치되어야 한다.

⑦ 전문적인 의견을 필요로 하는 논쟁적인 문제에 대하여 전문적인 지식을 근거로 한 강력한 주장을 세울 기반이 있어야 한다.

스포츠, 체력, 기술지도, 성장발달에 대한 신체활동의 관계, 이에 대한 훈련과 실험에 직접적으로 관계되는 분야에서 전문가임을 자타로부터 공인 받아야 한다.

⑧ 포괄적인 선전활동 계획을 세워야 한다.

일반대중들은 체육에 대하여 인식을 잘못 하고 있는 점이 많다. 그들의 도움과 지지를 받기 위해 체육의 의의와 사회적 기능 등에 대해 이해할 수 있도록 알리는 것이 중요하다.

⑨ 고교와 대학 체육을 더욱 강화하여야 한다.

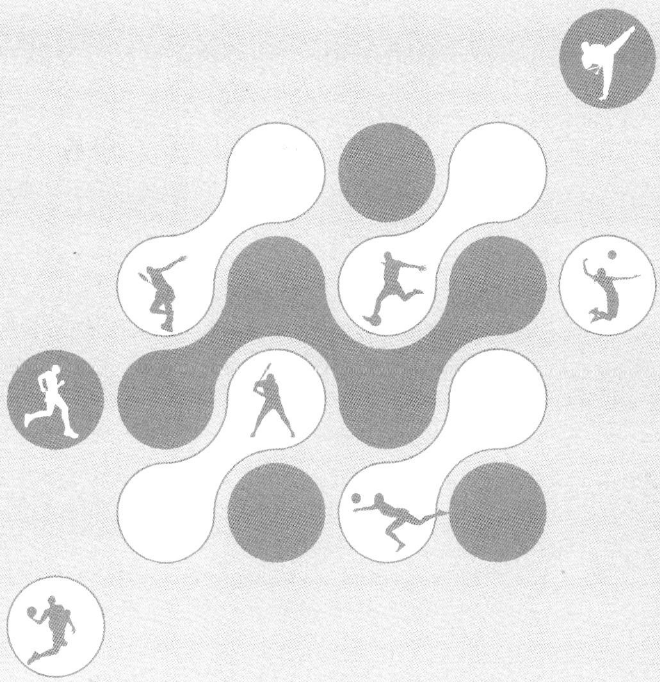

제2장 체육관리

1. 일반적인 체육관리
2. 체육 시설 및 용구 관리
3. 체육행사 · 계획 · 관리
4. 건강 관리
5. 안전과 구급법

1 일반적인 체육관리

가. 체육관리의 개념

관리(management, administration)라는 말은 우리 생활 주변에서 쓰이는 경영관리 · 학교관리 · 행정관리 · 공장이나 농장관리 등 여러 가지의 용어로 쓰이고 있으며 실제적인 내용은 다르지만 맡은 사물을 처리하고 다스리며 지도한다는 형태로서는 공통적이다.

관리의 본 뜻은 두 사람 이상의 집단생활에서 공통적 목적을 달성하기 위한 합리적 행위의 선택에 있다.

오늘날 체육분야의 관리가 협동적 행위의 분야로 적게는 가정 · 학교 · 기업체 · 회사 등 공공단체에 이르기까지 없어서는 안 될 중요한 위치를 차지하고 있으며 그 구성원이나 시설 · 용구 등 투자하는 예산도 적지 않기 때문에 목적을 달성하기 위해서는 합리적이고 기술적인 운영을 할 수 있도록 관리를 해야만이 되는 것이다.

체육관리는 체육목적을 달성하기 위한 기본요소로서 협동적으로 지도 감독하는 활동이다.

체육관리의 효과는 체육활동에 있어서 기술적인 업무처리가 얼마나 능률적이고 경제적으로 수행되었느냐에 따라 평가된다.

미국의 일반 관리 학자 테리(Terry:G. R)「관리란 최소의 노력으로 최대의 효과를 얻도록 계획하고 이에 필요한 명령을 내리는 과정이다.」라고 하였다. 미국의 체육학자 윌리암스(Williams)는「체육에 있어서의 관리기능은 체육활동을 효율적으로 하는데 있다」고 하였다.

체육 관리의 공통된 내용을 들어 보면

① 계획의 수립과 결정

② 선수의 지휘 감독

③ 업무의 정리와 집행

④ 시설 용구의 보관 보수 처리

⑤ 직무의 할당과 위임

⑥ 각자의 노력 및 성과에 대한 조정 등으로서 체육집단의 협동적 활동에 의하여 원만하

게 추진되고 수행될 때 체육관리의 목적이 달성되는 것이다. 합리적인 체육관리는 일반관리의 경제원칙을 적용하여 최소의 노력과 경비 및 시간으로 최대의 성과를 거두도록 합리적으로 실현하는 것이 중요하다. 특히 체육을 목적으로 하는 사업을 운영함에 있어서는 조직체의 구성원이 성과에 크게 영향을 주기 때문에 모든 임무나 직책에 대하여 적합하고 유능한 담당자로서 체육업무를 과학적으로 체계를 세워 관계자가 각자의 능력을 최고로 발휘할 수 있는 관리 조직을 짜는 일이 체육 사업을 운영하는데 결정적으로 중요한 원인이 되는 것이다.

나. 체육관리의 특성

1) 기술성

체육관리는 그 자체가 체육의 목적이 아니라 목적을 달성하기 위한 수단이다. 크고 복잡한 내용을 가진 체육의 과업을 완수하려면 체육이 목적하는 바를 달성할 때까지 많은 노력을 효과적이며 협동적인 행위로 집중 인도하는 합리적인 방법이 필요하다.

이 합리적인 방법이 바로 기술의 문제가 된다. 즉 체육 사업을 계획하는 데는 계획을 세우는 기술이 필요하고 조직을 하는 데는 조직의 기술, 통제를 하는 데는 통제의 기술이 필요하다. 과거에는 제도보다 운영을 잘하여야 한다고 하였지만 조직기술이 발달한 오늘날에는 계획과 조직이 완전하면 일정한 경험과 식견을 가지고 있을 경우 체육관리를 할 수 있게 되었다. 따라서 체육관리의 각 분야는 모두 합리적 기술 분야라고 할 수 있다.

체육관리를 계획 · 실시 · 통제 3단계로 나누어 본다면 실시는 일정한 계획에 따라 자동적으로 관리기술을 적용시키면 되므로 다른 부면에 비하면 용이하다고 볼 수 있겠으나 계획과 통제의 면에 있어서 그것이 전체에 미치는 영향이 매우 큰 까닭에 관리자는 체육관리 능력을 갖추어야 할 것이며, 체육관리는 능력에는 다만 기술적인 것에만 그치지 않고 그 조직 전체에 관하여 전반적으로 통찰하고 이에 입각하여 계획을 세울 수 있는 계획능력과 또 조직전체가 질서정연하게 협동적인 활동을 할 수 있도록 지도하는 능력도 포함되어 있다. 그러므로 체육관리는 체육의 기술성을 적용한다는 점에서 볼 때 체육기술의 체계가 되지만 과학적인 원리를 적용한다는 점에서 볼 때는 체육관리의 체계가 된다. 따라서 체육관리는 기술과 이론의 이중적 성질을 지니고 있어 과학적 체육관리라는 말로 강조되고 있다.

2) 재량성

체육관리는 과학적인 체육이론에 의하여 법칙화되어야 하지만 모든 체육행위에 있어서 일률적으로 법칙화된다는 것은 아니다.즉 법칙화에는 한계가 있으므로 과학적인 법칙이 적용될 수 없는 영역이 있다. 따라서 이런 영역에서는 일정한 영역과 주어진 권한과 책임을 벗어나지 않는 범위안에서 여러 가지 수단과 방법 중에서 가장 타당하다고 생각되는 것을 선택하거나 변경하는 것을 재량적 행위라고 한다.

만일 이러한 재량적 행위가 허용되지 않는다면 그에게서 창의성을 발견할 수 없을 뿐더러 자기 행위에 대한 열의와 책임감이 희박해져 자기가 가지고 있는 과학적 체육지식이나 체육기술도 제대로 발휘하지 못할 것이다.

그러므로 재량적 행위는 관리자로 하여금 적극적인 참여와 능력을 최대한 발휘하게 하는 요소이다.

이를테면 스포츠 코치법에 관한 연구에서 스포츠 코치의 원칙을 세우는 것은 이론적으로 스포츠 코치의 원리원칙을 연구하여 법칙화하는 것으로서 이 경우는 과학적인 코치가 되는 것이며 실제로 스포츠 코치로서 역량을 갖추는 것은 구체적인 행동 요령을 추구하는 것이므로 기술인 동시에 재량적인 행위에 속하는 것이다.

3) 책임성

재량적 행위에는 책임적 요소가 따른다. 이것은 마치 권리가 인정되는 반면에 책임이 요구되는 것과 같다. 만일 재량적 행위만 인정되고 이에 대한 책임이 없다면 체육관리의 무질서로서 횡포를 나타내게 되고 반대로 책임만 무겁고 자유재량의 권한이 없으면 체육활동에 있어서 창의적 노력을 하지 않을 것이다.

책임은 다음과 같이 나눌 수 있다.

① 합리적 책임 : 재량적 행위로서 주어진 권한 범위 내에서 관리하였으나 합리적 기준으로 판단하여 과오가 발생했을 때

② 법적 책임 : 규정이 정해져 있는 데도 이에 따르지 않고 자의로 수단 방법을 선택하였을 때 그 결과 여하를 막론하고 행위의 위법성에 관한 책임

③ 회계적 책임 : 체육 예산집행에 있어서 계산상의 과오로 손해를 가져 오는 경우 등이 있다.

다. 체육관리의 방법

1) 과학적 관리 방법

체육관리를 하나의 기술로서 인식하여 일정하고 명확한 과학적 법칙에 의거한 조직을 통하여 운영하는 것으로서 경험이나 관리자의 인격에 일임하는 방식을 배격하며 항상 체육에 필요한 새로운 과학을 적용하여 체육관리 방법을 개선해 나간다. 이 방법은 다음 기본 원리를 충족시키는 것이라야 한다.

① 진실하고 과학적인 체육을 발전시킬 것.
② 구성원을 과학적으로 선택할 것.
③ 구성원을 과학적으로 교육하여 발전시킬 것.
④ 관리자와 피교육자가 친밀한 관계 하에서 서로 도우며 협력할 것.

2) 전통적 체육관리 방법

과거 체육운영에 있어서 관례 · 관습이나 전통에 따라 관리하는 것으로서 체육관리의 능률화 · 합리화 · 기술화를 생각지 않고 종전대로 해나가는 방식이므로 무사주의에 흐르고 전례 관습에 의한 안전성만 유지하려는 경향이 있어 새로운 체육발전을 바랄 수 없다.

3) 추종적 관리 방법

다른 학교나 단체, 혹은 국가에서 행하는 문제 해결방식을 참고로 하여 그것을 그대로 적용하는 것으로 모방주의에 입각한 것이다. 잘 응용하면 안전성이 있다는 장점을 가지는 반면 자칫 잘못하면 모방과 맹종으로 실패를 가져올 우려가 있다.

4) 제도적 관리 방법

운영의 여러 절차를 고정적으로 제도화하고 체계화한 방법이다. 장기간 관리에 안전성을 가질 수 있다는 특색은 있으나 시대의 변천과 더불어 현실에 맞지 않는 비능률적 관리가 되기 쉽다.

라. 체육관리의 형태

체육관리는 성격에 따라 그 단체 특유의 체육관리 형태가 있지만 그것은 사적 관리와 공적관리 그리고 영리적 사회체육의 관리와 비영리적 사회체육의 관리로 크게 나눌 수 있다.

1) 사적 체육관리

사기업의 경우처럼 법률상의 인가를 요하는 경우 이외에는 일반적인 관례나 규정 · 법칙에 따라 활동하고 운영된다. 사적 체육 관리의 구성원은 그 조직체의 내규에 의하여 규율이 유지되며 공동 통제를 받는 경우 이외는 외부의 간섭을 받지 않는다. 그리고 비교적 규모가 작기 때문에 자율적 성격이 강하며 관리의 영향력과 범위가 한정되어 있고 경제적이고 영리적이며 사회적 변동에 예민한 경향이 있다.

2) 공적 체육관리

공공기관 또는 공적 조직체에는 학교를 비롯하여 지방자치단체, 입법부에 의하여 설치되거나 법령으로 승인된 독립기관, 각종 행정위원회, 정부의 산하단체, 대한체육회 등이 있다. 이러한 기관들은 보통 법규에 따라 운영되고 국가의 지시와 감독을 받으며 그 직원은 공무원 또는 준공무원의 자격으로 법의 범위 안에서 합법적으로 행동하고 법인의 규제와 감독을 받는다. 따라서 총체적으로 법규에 의한 관리라고 볼 수 있다.

사단법인인 대한체육회도 국가 또는 공공단체가 출자자가 되어 경영의 책임을 담당하기 때문에 관리면에서 볼 때 여러 가지 법제적인 구속을 받는다.

일반적으로 공적 관리는 관리의 영향력이 크고 관료적인 경향이 농후하다는 것이 특색이다.

그러나 공적 관리와 사적 관리는 그 관리의 조직체는 다르나 목적에 봉사하는 방법 즉 능률 향상의 문제에 대해서는 똑같은 관심을 갖는 것이며 관리면에서 충분한 기능의 발휘가 요청된다.

마. 체육관리의 요소

체육관리 활동을 전개하는 데는 아래의 7요소를 결합시켜서 6하 원칙(언제 · 어디서 · 누가 · 무엇을 · 어떻게 · 왜)에 의하여 활동을 전개하여야 한다.

① 인원 : 필요한 인력을 제공할 수 있는 대상자(관리자 및 종업원)

② 자료 : 부서의 목적이나 기능에 따라 다르다.

③ 용기구 : 사무용품, 체력 측정기, 각종의 운동기구 및 용구 등.

④ 방법 : 제도의 방법 및 선택

⑤ 금전 : 기본 요소로서 뒷받침되어야 한다.

⑥ 시간 : 계획수립 및 실시과정에서 통제의 시기 · 평가 시기 · 기타의 시간계획

⑦ 장소 : 어떠한 지역 · 장소

〈표 1〉 체육관리 기능

계 획	어떤 목적으로 누가 무엇을 수행할 것인가? 언제, 어디서, 어떻게	인원 · 자료 · 시간 · 장소 · 방법
조 직	누가 무엇을 할 것인가? 얼마만큼의 권한과 책임으로 어떤 여건 밑에서?	인원 · 방법 · 장소
지도 또는 실시	직원으로 하여금 맡은 바 일을 자발적으로 또 열성적으로 협동심을 가지고 수행하도록 지도하고 조정한다.	인원 · 방법 · 자료 · 용기구 · 시간
통 제	계획된 조건과 작업이 적절히 잘 수행되고 있는가? 만일 그렇지 않으면 이에 대한 시정 정책과 교정수단을 취해야 한다.	인원 · 용기구 · 장소 · 시기

바. 체육관리의 과정

1) 체육관리의 기능

체육 사업체의 여하를 불문하고 공통적인 면이 있다. 즉 체육회의 관리자, 선수촌의 관리자, 체육행정 담당자, 각급 체육 관리자를 막론하고 각각 맡아서 하는 체육관리 업무의 수행에 있어서 공통되는 기능이 있다.

이것은 체육 관리의 기본기능이라고 한다. 이 관리기능을 살펴보면 영리적 단체이거나 비영리적 단체이거나 거기에는 공통적으로 기간이 되는 관리업무가 존재한다. 그것은 조직 · 인사 · 예산집행에 관한 세 가지 면이다.

가) 조직관리

조직은 하나의 체육단체가 어떠한 체육활동을 효과적으로 수행하기 위해서 필요한 요건이다. 조직은 구성원의 직무와 직무의 상호 관계를 규정하는 기본적 작업이며 체육은 목적달성을 위하여 필요한 질서의 확립인 것이다. 체육단체의 모든 조직체는 규모의 대소를 막론하고 그 목적에 적합한 조직이 필요하다.

나) 인사관리

어떠한 체육관리든 조직체는 사람을 배치하므로서 의의가 생기며 다수인의 협동체가 체육관리의 기본이 된다.

다) 예산집행관리

예산과 회계를 중심으로 하는 부문으로서 조직체의 구성원에게 적절한 임무를 부여하고 그 직무 수행에 필요한 물적 요소를 충족시켜 주어야 한다.

2) 체육관리의 순환 과정

체육관리의 기능은 관리가 이루어지는 과정에 입각하여 분석하는 방법이다. 패욜(Fayol. H)은 일반관리의 과정에서 "관리는 계획 · 조직 · 명령 · 조정 · 통제하는 것"이라고 하였다. 마찬가지로 체육의 사업 목적을 능률적이고 효과적으로 달성할 수 있도록 조직체의 활동을 계획 · 조직 · 지도 · 통제 · 조정하는 것이 체육관리 과정이라고 할 수 있다. 또한 체육관리를 수행하는데 있어서 순환적 과정은 다음 3단계로 분석할 수 있다.

① 체육 사업의 규모를 정하여 기초를 세워서 활동하기 전에 그 활동 목표에 대한 계획을 수립하는 일
② 수립된 목표의 실현에 있어서 경영 활동의 실시를 지도 조정하는 일
③ 이렇게 하여 실시한 계획적인 체육사업의 결과를 판정 · 평가하는 일 등이다.

체육 관리의 활동은 일시적이 아니고 계속적인 순환 과정을 밟는 것이다. 경제는 생산→소비→생산이라는 순환구조를 이루고 있으며 기업은 생산→판매→생산이라는 반복적

과정을 가진다. 이와 같이 체육 관리에도 총체적 운동과정으로 고찰한 순환구조가 있다. 이것을 management cycle이라고 한다.

이 순환구조는 다음의 3단계로 나눌 수 있다.

가) 제1단계 – 계획화

① 우선 도달할 목표를 수립하고 ② 그 목표에 도달하려면 어떻게 할 것인가 방침을 결정하고 ③ 계획에 필요한 순서도 결정한다.

나) 제2단계 – 시행

① 계획 실시를 위한 조직을 만들어 직무를 분할하고 각자에게 권한을 위임한다.
② 리더십을 발휘할 수 있도록 한다.
③ 업무수행 과정을 조정하고 통제하여 운영한다.

다) 제3단계 – 평가

① 수행한 실적의 차이를 분석한다.
② 결과에 대한 평가를 목표와 비교한다.
③ 차기 향상을 위한 개선책을 발견한다.

3) 체육관리의 지도와 조정

가) 지 도

지도란 계획과 조직으로 마련된 업무의 집행에 필요한 여러 가지 필수조건을 활동화하는 것이라고 말할 수 있다.

따라서 지도는 학습자들에게 활동할 의욕을 일으켜 주는 일인 동시에 감독 기술의 일면이기도 하다. 지도라는 말 대신에 동기화 또는 사기의 조성이란 말로 표현하는 이유도 이 때문이다. 계획과 조직 및 인원 배치에 이어 업무수행의 단계에 필요한 지시가 완전하기 위해서는 다음과 같은 요건이 구비되어야 한다.

① 세밀한 계획성
② 6하 원칙에 의한 명확성
③ 실천 가능성
④ 실효성 등

그리고 지시의 방법에는 다음과 같은 것이 있다.

① 명령식 : 지시자의 일방적 요구(특별한 경우 이외는 피하는 것이 좋다.)
② 의뢰식 : 지시받는 직원의 상태나 재량을 허용하는 것이다(어느 정도 직원의 자진성 있는 실행을 기대할 수 있다).
③ 제의식 : 직원으로 하여금 어떤 일을 실행하여 줄 것을 암시하는 방식이며 소극적인 지시 방법이다.
④ 자원식 : 이것은 자발적인 희망에 일임하는 방식으로 지시로서는 가장 소극적인 방법이다.

나) 조 정

조정이란 조직단위 사이의 대립이나 업무상의 충돌 또는 진행정도의 차이 등을 조화시키고 절충시켜 협조와 연락에 의하여 업무수행의 균형을 유지하는 과정이다. 조정은 상급 관리층의 임무이며 체육관리의 기본적 기능의 하나이다. 조정의 구체적인 방법은 감독 · 명령 · 협조 · 의뢰 · 회의 · 위원회 · 조직 등이 있지만 업무 수행에 대한 상호 협조에 의해서만 조정의 실제 목적을 달성할 수 있다.

4) 체육관리의 통제

통제는 체육 관리의 기본적 기능으로서 체육목적 달성을 위한 업무 수행이 예정대로 진행되고 있는가를 검토하고 평가하는 것을 말한다.

따라서 체육 관리에서 통제의 과정은 체육활동의 성과를 기록하고 업무 표준의 설정을 도와주며 현재의 업무능률을 설정한 표준과 비교하고 그 차이에 대한 원인을 분석하며 표준과 실제를 일치시키기 위한 대책을 마련하는 것이다. 통제의 본질은 체육 사업이나 활동에 조직체를 성장시켜 주는 것이며 결코 조직체를 억제하거나 구속하는 것이 아니다. 즉 통제는 체육단체를 퇴보시키는 것이 아니라 안전성과 자신을 가지고 체육 사업 분야를 발전시키는 방법인 것이다.

통제의 단계는 1단계 표준의 설정→실속의 측정→비교분석→개선의 4단계를 거쳐야 한다.

통제를 실시함에 있어서 4개의 원칙이 적용되어야 하는데 그것은 다음과 같다.

① 일치의 원칙 : 통제를 위한 모든 숫자와 보고서는 그 체육단체 자체의 조직 기구와 결부된 것이라야 하며 기록된 숫자는 체육단체에 속한 그 부서의 권한과 책임을 대표하는 것이라야 한다.

② 비교의 원칙 : 통제를 위한 숫자와 보고서는 예정된 표준 또는 과거의 표준과 비교되어야 한다(목표와 실적과의 차이).

③ 효용의 원칙 : 목표달성 기간에 관한 원칙으로 통제를 위한 숫자나 보고서는 기간내 즉 시기에 이용가치가 있어야 한다.

④ 예외의 원칙 : 최고 관리자에게 제출되는 보고서는 전반을 요약한 비교 검토표만으로 하여야 한다.

5) 체육관리의 조직

조직이란 원하는 체육목적을 가장 효과적으로 달성하기 위하여 물적 요소 및 인적 요소를 적절히 결합하여 상호간에 적절한 연관관계를 유지하고 발전시켜 나가는 과정이다. 다시 말하면 직무와 직원의 조화된 상호관계가 곧 조직인 것이다. 여기서 말하는 조직은 그 기본요소인 인간과 조직의 근본 대상인 직무화의 관계를 뜻하는 것이며 조직체의 개념과는 구별된다.

따라서 관리자의 조직 업무는 ① 체육사업의 업무배정 ② 인원의 배치 ③ 권한의 위임 ④ 상호 연관성에 입각한 직무 분담 등으로 나누어진다.

조직은 계획 기능의 다음에 따를 관리의 기본적 기능이며 전체적 의미에 있어서는 관리의 핵심적 기능이라고 할 수 있다. 체육관리가 체육사업 목적에 봉사하는 것임에 비하여 조직은 체육 관리에 봉사하는 것이다.

과학적 일반 관리법의 창시자인 Taylor F.W는 "조직과 생산설비를 비교하여 볼 때 빈약한 생산설비에도 불구하고 우수한 조직을 갖추고 있는 경우가 빈약한 조직과 우수한 생산 설비를 갖추고 있을 경우에 비하여 훨씬 훌륭한 성과를 올린다"고 하였다.

가) 조직의 원칙

조직은 관리의기초가 되는 것이며 조직의 승패에 큰 영향을 준다. 조직을 합리적으로 마련하고 조직 기구를 효과적으로 운영하는 데는 다음과 같은 원칙을 준수하여야 한다.

(1) 목적의 원칙

모든 조직 단위는 일정하고 명확한 목적을 가지고 있어야 한다. 목적 없는 조직이란 무의미하고 활동을 집중화할 수 없으며 목적이 애매한 조직은 질서를 가지지 못한다. 따라서 목적 없는 집단은 조직체라고 할 수 없다.

(2) 전문화의 원칙(기능 집중의 원칙)

같은 종류의 기능을 분산하지 않고 기능별로 부분화하는 것이 가장 효과적이다. 즉 하나의 계통으로 집중시켜 일정한 작업 단위로 묶어서 한 사람이 담당하게 하는 것이 능률을 올린다. 이것이 기능집중화에 의한 전문화이다. 업무를 전담하게 되고 전문적인 지식과 기능을 발휘하여 경영활동의 능률을 증진시킬 수 있다.

(3) 책임과 권한의 위임 원칙

권한은 하부층에까지 분할 위임함으로서 업무의 효과적 수행이 가능하다. 일명 기능분화의 원칙이라고도 하며 근대적 조직에 있어서 가장 중요한 원칙의 하나로 되어 있다.

(4) 권한과 책임 대등의 원칙

구성원에 대한 상호 관계를 명확히 하는 것으로서 각자에게 그 소속의 조직·단위에 있어서 각각 맡은 바 직무가 있으며 그 직무 수행을 위한 권한을 가지는 동시에 그에 대한 책임이 있는 것이다.

① 권한과 책임은 명확하게 규정되어야 한다.(명확성의 원칙)
② 권한과 책임이 대등하여야 한다.(대등 또는 대응의 원칙)
③ 각 직위 사이에 권한·책임·한계가 명확하여야 한다.

(5) 조정의 원칙

전문화의 원칙에 의하여 한 곳으로 기능이 집중되는 경우 한 조직 단위는 다른 계통에 발휘하는 기능과 때로는 대립되고 또 마찰이 생길 수도 있다 이러한 부작용을 방지하고 조직 전체의 각 기능을 가장 유효하게 발휘할 수 있도록 상호간의 관계를 조정하고 종합할 필요가 생긴다.

이것은 조정 또는 조화의 원칙이라 한다.

(6) 내부견제의 원칙

어떠한 일이 한 사람 또는 한 기관에서 독점 처리되지 않고 관련되는 업무에 대하여 중간 또는 최종단계에서 서로 대사 검증이 자동적으로 행하여져 부정이 방지되고 업무활동의 정확성이 확보되어야 한다. 특히 물품 관리나 경리 업무에서 중요시되고 있다.

(7) 관리한계의 원칙

조직의 인사 배치에 관한 원칙으로서 한 사람이 담당할 수 있는 업무 범위 또는 한 사람이 지휘 감독할 수 있는 부하의 수에는 한계가 있다.

이것을 관리의 한계 또는 관리의 폭이라고 하며 그 폭이 과대하거나 과소하지 않도록 적절히 제한 조절하는 원칙으로서 통솔 범위 한정의 원칙이라고도 한다.

나) 조직의 종류

조직의 종류에는 기본 조직과 부수 조직으로 분류하는데 다시 기본조직은 직계 조직과 기능 조직으로 나눌 수 있다.

(1) 기본 조직

(가) 직계 조직

이 조직은 상부 계층으로부터 하부 계층으로 의사 명령이 직선적으로 전달되는 것이며 직속의 상사에 대해서만 책임을 갖는 조직 형태로서 지휘명령의 종속 관계와 같다 하여 군대식 조직이라고도 한다(명령식 조직).

〈장점〉

① 조직구조가 단순하다.
② 책임과 권한이 분명하다.
③ 명령이 단일하고 명확하여 통솔력이 강하다.
④ 결정이 신속하다.

〈단점〉

① 관리자가 모든 사항을 관장하게 되므로 관리 활동이 기능별로 전문화되지 않아 분업적 효과를 기대하기 어렵다.
② 각 부문 사이의 유기적인 조정 협조가 곤란하고 업무상의 충돌이 생기기 쉽다.
③ 관리자의 양성이 곤란하다.
④ 관리자의 독단적 처사에 의한 폐단이 생길 우려가 있다.

직계 조직의 장점은 “책임과 권한”의 원칙에 입각한 것이고 그 단점은 “예외의 원칙”과 “전문화의 원칙”을 경시한 것이다.

따라서 직계 조직은 규모가 작고 업무내용이 단순한 사업체에 적당하다.

(나) 기능 조직

이 조직은 직계 조직의 결함을 시정하기 위하여 과학적 관리법의 창안자인 Taylor. F.W가 제창한 형태로서 관리자가 담당하는 일을 전문화하고 전문 부문마다 다른 관리자를 두어 작업자를 전문적으로 지휘 감독하도록 하는 것이다.(수평적 조직)

〈장점〉

① 기능의 분화에 의하여 각 지시자의 전문적 능력을 충분히 발휘할 수 있으므로 능률적인 관리를 기할 수 있다.
② 지시자는 전문직능에만 전념할 수 있으므로 기술의 진보와 간부의 양성이 용이하다.
③ 제일선 감독자 및 종업원에게 표준 과업이 설정되므로 적정한 보수를 결정할 수 있고 따라서 사기를 복돋울 수 있다.

〈단점〉

① 전문 기능의 합리적 분할은 용이한 일이 아니며 또 관리자 상호간에 권한의 대립 충돌 또는 책임 회피가 생기기 쉽다.
② 전체의 조정이 곤란하고 한 사람이 다수의 상사로부터 지시를 받게 되므로 혼란을 일으키기 쉽다.
③ 통제력이 약하고 돌발적인 사건을 즉각적으로 처리하기 어렵다.
④ 각 관리자의 전문적 분화에 따라 간접적인 관리비가 많이 소요된다.

(2) 부수조직

(가) 참모제

이 조직은 테일러의 협력자인 에머슨(Emerson. H)에 의하여 고안된 방법으로 직계식 조직에서 관리자의 강력한 지휘 통제의 장점을 살리고 전문 사항에 관한 관리자의 조언기관으로서 별도로 참모 부분을 설치하여 직계식의 결함을 보충하려는 것이다. 이 조직을 막료식 조직이라고도 한다.

〈장점〉

① 통솔력이 강하다.
② 책임과 권한의 소재가 명확하다.
③ 전문가의 이용과 양성이 용이하다.
④ 각 방면의 의견이 조정될 수 있다.

〈단점〉

① 관리자는 의뢰심이 생겨 자주성을 잃기 쉽다.

② 관리비가 증대한다.

③ 횡적(수평적) 연락면에 개선된 점이 없다.

(나) 위원회제

이것은 관리자가 각종 위원회를 설치하여 사업 계획을 심의 조정하게 하는 제도이다(회의식 제도) 이 조직은 다수인의 의견을 사전에 통합함으로써 기능식 조직의 각 전문 지휘자 또는 부문간에 일어나기 쉬운 불화나 마찰을 방지하는데 목적을 둔다. 이것은 관리의 민주적 측면을 살리는 형태이며 관리자에 대한 일종의 집단적 자문 기관이라는데 특색이 있다.

〈장점〉

① 많은 사람의 의견과 지식을 종합할 수 있다.

② 최선의 정책이 각 부서 상호간의 협의에 의하여 결정되므로 관리 수행이 원활하다.

〈단점〉

① 업무 수행을 신속히 하지 못한다.(시간의 낭비)

② 책임의 소재가 명확하지 못하다.

③ 위원층 유력자 2, 3인의 의견에 지배되어 전 위원의 참다운 총의가 아닌 경우가 생긴다.

6) 체육관리자의 자격과 태도

현대체육사업의 운영은 합리적인 조직에 의존하며 그 조직 단위로 충분한 기능을 발휘할 수 있는 관리자가 무엇보다도 중요할 것이다. 체육 관리자는 체육 관리상 지도적 위치에서 그 맡은 바 임무를 수행하기 위하여 지식과 기술적 역량과 덕성, 그리고 체력을 구비하여야 할 것이다.

여기서 관리자 요건을 기능의 관점에서 생각하면 기술적 기능(technical skill) · 인간적 기능(human skill) · 종합적 기능(comprehensive skill)으로 분류할 수 있다.

① 기술적 기능 : 체육 분야의 전문적 지식과 경험을 쌓아서 습득할 수 있는 기능을 말한다. 이를테면 운동선수의 지도에 필요한 제반 기술이라든지 어린이의 건강에 필요한 응급 처치의 기술과 같은 것이다.

② 인간적 기능 : 인간으로서의 자기형성이며 자기개발(self-development)이 다. 유능한 체육 관리자는 항상 자기 자신의 결함을 교정하면서 자기의 능력을 신장시키는 동시에 인간적으로도 성장하려는 노력을 하여야 한다.

③ 종합적 기능 : 사물을 종합적 전체적 시야에서 다룰 수 있는 기능으로 체육분야의 지식이나 경험뿐만 아니라 인간적인 폭이 있고 부딪히는 문제를 항상 전체와 관련시켜서 원만히 해결해 내는 능력을 말한다.

이것이 관리자의 특징이며 특정 업무 또는 전문적인 지도 기술을 가진 자와 다른 점이다. 유능한 체육관리자는 체육 분야에 있어서 위의 3가지 기능을 고루 갖춘 사람이라고 할 수 있을 것이다. 또 기술적 기능면에 있어서도 제일선의 지도자가 담당하는 체육지도 기술이나 사무처리 기술과는 달리 관리적인 기술이 더욱 중요시된다. 왜냐하면 체육 관리자는 체육 관리자의 원칙 내지 기능을 충분히 발휘하는 것이 그 본분이기 때문이다.

그리고 체육 관리자는 체육지도로서 일반 선수 및 학생과는 다른 여러 가지 덕성과 역량을 갖추지 않으면 안될 것이다.

2 체육 시설 및 용구 관리

가. 시설 계획

체육 시설과 용구는 체육활동의 효과를 올리고 목적달성을 위한 조건으로서 학습자로 하여금 전인적인 발달을 간접적으로 조장시켜 주며 의욕을 촉진시키는데 큰 역할을 하게 되므로 체육시설 및 용구의 설치와 적당량을 확보하여 손쉽게 사용할 수 있도록 보관하고 정비를 하여 분실이나 손상을 줄여야 하며 필요에 따라 수리 보충하는 것이 중요하다. 따라서 다음 사항에 유의하여 적합한 시설을 계획하고 실천에 옮기도록 해야 한다.

① 교육과정에 부합하여야 한다.
② 교육기관의 대소에 따라 계획되어야 한다.
③ 관리가 용이하도록 계획되어야 한다.
④ 시설이 균형 있게 계획되어야 한다.
⑤ 자연을 최대로 이용하여 주위의 환경에 조화를 이룰 수 있도록 계획하여야 한다.

나. 시설관리

관리시 유의사항은 다음과 같다.

① 시설과 용구를 아끼도록 하고 파손부분의 발견과 수리에 힘쓴다.
② 관리 책임자를 정하고 관리를 위한 조직과 계획을 수립한다.
③ 사용규정을 만들어 관리의 철저를 기한다.
④ Ball은 사용후 흙과 물기를 제거하고 기름이나 방청액을 발라 보관한다.
⑤ 출납 대장을 만들어 누가 언제 무슨 용구를 가져 갔다가 반환했는지를 기록해 분실을 방지한다.
⑥ 운동구 창고를 만들고 보관에 철저를 기한다.

다. 운동장관리

1) 시설요건

운동장은 건물을 배경으로 하여 남쪽에 위치하는 것이 좋다. 크기는 인원수에 따라 그 기준이 정해져 있는데 그 내용을 보면 인원수 1,000~1,500명에 대해 고등학교의 경우

종 150m 횡 100m로 15,000㎡(약 5,000평)이며 300m의 track이 설치되어야 하고 대학의 경우는 종 200m 횡 150m로 30,000㎡(약 9,200평)이며 400m의 track을 설치할 수 있어야 한다.

대략적으로 운동장을 설계하는 데는 아래와 같은 설치 요건을 충족시키면 효과적이다.

① 도시 운동장은 가까워야 한다.(도보로 10~15분)
② 운동장은 교내에 설치되어야 한다.
③ 석양이 맞보지 않는 곳이어야 한다.
④ 건물보다 낮은 택지를 이용하여야 관리 및 운영상 좋다.
⑤ 수목(그늘)을 최대한 이용하여야 한다.
⑥ 배수 시설, 조명 시설, 관람 시설 등.

2) 운동장의 요건

운동장은 학습자가 학습하는 환경 중에서 가장 큰 역할을 한다. 그러므로 교육상 운동장의 관리 및 환경의 조성은 효과적인 방법에 의하여 수행되어야 한다. 일반적으로 이상적인 운동장은 ① 배수가 잘 된다. ② 먼지가 일지 않는다. ③ 심한 서리에 견딘다. ④ 안전성이 강하여야 한다. ⑤ 주위의 수목이 그늘을 만들어 주고 신선한 환경을 조성해 주는 곳이어야 한다.

3) track의 설계법

Track의 설계는 여러 가지가 있으나 직선거리 80m의 단심원 track이 국제 공인경기장으로 가장 많이 사용되고 있다. 이 단심원 track의 장점은 주자가 달리기에 편리하고 공사 설계 및 유지가 편리하며 쉽게 다른 구장으로도 사용할 수가 있다.

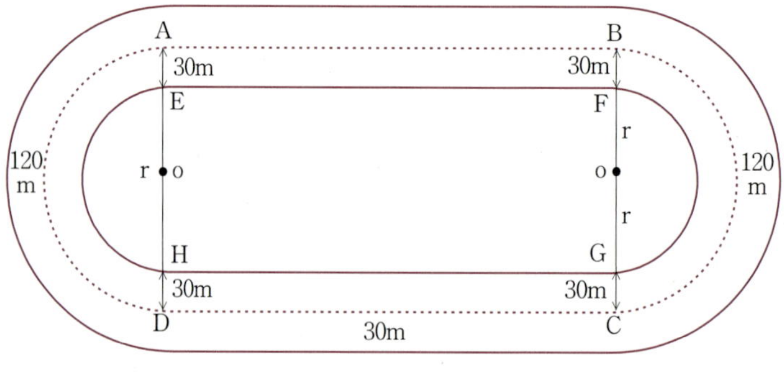

※ 실선 : 표시선　　점선 : 계측선

〈그림 1〉 400m Track 계측법

가) Track

AB=80(m)

AB+CD=80×2=160(m) ······································ 직선부 합계

400−160=240(m) ·· 곡선부 합계

240÷3.1416=76.394(m) ······························ 곡선부(계측선) 직경

76.394−0.3×2=75.79(m)=2r ························ 곡선부(표시선) 합계

75.79×3.1416=238.101(m) ························ 곡선부(표시선) 합계

∴ EFGHO 160+238.101≒398.1(m) ·············· 표시선 track 합계

나) Course

각 주로의 직경을 계산해 보면 〈표 2〉와 같다.(course의 폭=1.25m)

〈표 2〉 주로 직경 계산방법

주 로	계측선직경	계 산 방 법
1	76.39(m)	
2	78.69	1 course와 2 course 계측선간의 거리 =1.25 0.3+0.2=1.15(m) ∴ 76.39+1.15×
3	81.19	78.69+1.25×2=81.19
4	83.69	81.19+1.25×2=83.69
5	86.19	83.69+1.25×2=86.19
6	88.69	86.19+1.25×2=88.69
7	91.19	88.69+1.25×2=91.19
8	93.69	91.19+1.25×2=93.69

여기서 각 주로를 1회전하는 거리를 계산하면 〈표 3〉과 같다.

〈표 3〉 주로 계산방법

주 로	거 리	계 산 방 법
1	400(m)	76.39×3.1416+160=400(m)
2	407.23	400+1.15×2×3.1416=407.23
3	415.08	407.23+1.25×2×3.1416=415.08
4	422.93	415.08+1.25×2×3.1416=422.93
5	430.78	422.93+1.25×2×3.1416=430.78
6	438.63	430.78+1.25×2×3.1416=438.63
7	446.48	438.63+1.25×2×3.1416=446.48
8	454.33	446.48+1.25×2×3.1416=454.33

3 체육행사 · 계획 · 관리

가. 체육계획

체육행사라면 주로 체육대회를 뜻하며 다음과 같은 사항을 결정해야 한다.

① 대회의 성격은 어떠한가 즉 대회의 내용 · 조직 · 운영관리 · 참가자의 인원과 대상 등을 종합적으로 판단하여 대회규모를 결정해야 한다.

② 대회의 명칭으로서 국민전체를 대상으로 할 때는 국민체위 향상을 염두에 두고 대회명칭을 고려해야 하며 고로 전국체육대회라든지 국민체육대회의 명칭을 붙혀 직접적 참가(선수)와 간접적 참가(관중)를 고려해야 한다.

③ 대회의 준비는 위의 2가지가 결정된 다음 그 성격에 따라 범위내에서 준비를 해야 한다. 예를 들면 국제 올림픽에 있어서 조직위원회(OOC)는 개최국이 세부 조직을 주최하게 되는데 개최권을 획득하면 4년전부터 위원회를 만들어 대회 전반적인 것을 기획 검토하여 준비하게 된다.

나. 대내경기

대내에서 행하여지는 경기를 말하며 시합의 경험을 통하여 다음과 같은 효과를 얻을 수 있다.

① 건강과 활동력을 증진한다.

② sports의 기술을 높힌다.

③ sports의 thrill과 멋을 즐기며 취미를 기른다.

④ 선수발견의 기회가 된다.

⑤ sports 정신을 배양한다.

1) 경기 종목 및 운영

대내경기는 모든 학습자들의 자발적인 활동으로 학습자가 주체가 되어야 한다. 그러나 정과교육의 연장이라는 의미에서 교육적인 지도자가 반드시 수반되어야 하며 운영에 있어서는 다음과 같은 방침 아래 지도되어야 한다.

① 전체 인원의 참가를 원칙으로 한다.
② 정과교육과 관련된 종목을 선택한다.
③ 참가자들의 신체발달 정도에 따라 경기규칙을 실정에 맞게 규정하는 것이 좋다.
④ 계획과 대회운영은 학습자에 의해 추진되도록 한다.
⑤ 장래 생활(여가 활동)과 도움이 되도록 한다.
⑥ 성별 · 계절별 · 지역사회 등의 특수성을 고려하여야 한다.
⑦ 사회적 정신적 함양을 강조하여 정정당당히 경기에 임하여야 한다.
⑧ 시설과 용구를 고려하여야 한다.

다. 대외경기

정과교육이나 대내경기에서 달성하기 어려운 것을 해결할 수 있는 기회가 된다. 즉 보다 고도한 sports의 기술을 추구하고 나아가 체력적 효과와 집단연습에서 얻은 귀중한 체험 등을 줄 수 있으나 지도관리의 부실로 과격한 경기훈련을 통한 신체 건강상의 상해, 승부 제일주의의 폐습, 의전적 상업적인 부정 등의 폐단을 초래하여서는 안된다.

라. 체육계획 작성

체육 행사 계획을 작성하는데는 확실성 · 실천성 · 타당성 구성 등을 충분히 검토한 후 작성되어야 한다.

첫째, 확실성이란 계획내용에 대해서 시험해 보고 승인이 되고 정확하게 제시되어야 한다.

둘째는 실천성으로서 실천 가능한 계획임을 보증하기 위해 다음의 제요소를 고려하여야 한다.

① 부대의 필요

체육훈련은 관련된 부대의 형태 · 연령 · 신체조건 · 훈련단계 및 기타 요소에 따라 상이함을 필요로 한다.

② 가용한 시간

행사를 위하여 할당한 시간내에 목표달성을 위한 명확한 계획인가

③ 운동시설 및 운동장비

훈련을 위한 장소와 시설 운동 기구의 활용 정도

④ 지역과 기후

지형과 그 지방의 기후 형태는 체육계획을 위한 활동 선정에 지배적인 요소이다. 기후의 변동이 혹심한 지역에 있어서는 악천후시 훈련계획을 고려하여 작성하여야 한다.

셋째로 타당성은 부대 전원에 대한 신체의 도움을 주고 목표달성에 이바지하고 그리고 요망되는 개인 및 단체의 특징을 위해서 기회를 주도록 적당한 내용이 포함되어야 하며 초과 및 진행에 중요한 원칙을 고려한 건전한 기준에 입각해서 계획이 수립되어야 한다.

넷째는 구성(편성)으로서 계획의 성공요소를 보장하기 위해서 다음 구성 요소를 포함시켜야 한다.

① 계획의 작성 : 부대 임무 국지 목표활동의 선정 시간 계획 문제의 예상에 대해서 관심을 가진 사전 계획 수립은 실질적으로 기회에 도움을 준다.
② 시간계획 : 정확한 시간계획은 적시 적절한 계획으로부터 결과를 맺게 한다.
③ 교육 : 무경험자 또는 부적합자를 위한 교육을 위하여 체육 훈련계획 및 체육활동전에 계획이 수립되어야 한다.
④ 평가 : 부대에 대한 체육활동의 발전을 분석 · 평가함으로써 그 부대의 적정수준과 신체적 적응에 의해서 부대원의 진로를 파악 결정할 수 있다.

마. 경기방법

경기방법에는 여러 가지의 종류가 있다. 경기의 성격 또는 여러 가지의 여건에 맞추어 적당한 경기방법을 선택해야 한다.

특히 교내경기에 있어서는 경기를 통해서 기능과 태도를 배우고 익히게 되는 것이므로 약한 팀이라도 1회전에 끝나지 않고 몇 차례 경기를 하는 방법이 좋다. 그러나 경기의 횟수 또는 시간이 많이 소요되는 경향이 있으므로 이와같은 제한점을 해결해 주고 보완해 줄 수 있는 방법을 택하여 실시하면 효과적인 경기를 진행할 수 있다.

1) League 전

참가 팀 모두 다른 팀과 한 번씩 경기를 하여 그 승률에 따라 순위를 결정짓는 방법으로서 각 팀의 실력을 공정하게 평가할 수 있는 장점은 있지만 참가 팀이 많을 경우 시합

수가 많아져 시간이 많이 소요되는 단점이 있다. 경기일정 및 시설 · 용구의 여유가 있거나 참가 팀이 적은 경우에 알맞은 방법이다.

League 전에서 전체 시합 수는 다음과 같은 공식에 의해 산출된다.

참가 팀 수를 N이라고 하면

전 경기 수는… $\frac{N(N-1)}{2}$ 이다.

예들 들면 6팀이 참가했을 때 전 경기수는 $\frac{6(6-1)}{2}$ = 15이다.

2회전 이후의 조편성을 할 때는 어느 하나의 팀을 고정시켜 놓고 다른 팀을 반대 방향으로 〈표 4〉와 같이 하나씩 이동시킨다.

만약 7개 팀이 참가시에는 하나를 늘려 8개 팀으로 가정하여 상기 요령으로 이동하되 8과 대전하게 되는 시합은 전부 부전으로 한다.

〈표 4〉 League전 방법

제1회전	제2회전	제3회전	제4회전	제5회전
→ A : F ↓ B : E C : D	A : E F : D B : C	A : D E : C F : B	A : C D : B E : F	A : B C : F D : E

또한 참가 팀이 많을 경우 사용하는 league 대진표는 다음과 같이 작성한다.

〈표 5〉에서 A B C는 참가 팀 명이고 1 2 3의 숫자는 회전을 나타낸다. 6개팀인 경우 1회에 3번 경기가 있으며 어느 팀이고 다른 5개팀과 대전하므로 5회전까지 할 수 있다. 가로난의 A에 오른쪽에서 1에서 5까지의 숫자를 넣는다. A는 제1회에서 B와 제2회에서 C… 제5회에서 F와 대전하게 된다. 세로의 C D E는 F의 기둥을 제외하고 가로 A 난의 숫자를 하나씩 많이 해서 5까지 가면 다시 하나로 내려간다.

예로서 E의 기둥에는 가로 A의 선에서 이미 4가 있으므로 그 아래에 5를 다음에는 1, 2를 넣는다. 세로 F의 기둥은 최대수 5의 홀수가 가장 위로 가고 그 밑에 짝수의 가장 작은 수 즉 2 다음에 또 짝수의 4를 넣으며 다음에는 짝수가 없으므로 홀수를 작은 수에서 1, 3으로 넣는다.

참가 팀 수가 홀수일 때는 가공의 부전 팀 1을 보태어 팀 수를 짝수로 하여 앞과 같이 배열하고 부전 팀에 대한 경기는 부전승으로 한다.

〈표 5〉 League 전 대진표

· 짝수인 경우(6개팀 참가)

	A	B	C	D	E	F
A		1	2	3	4	5
B			3	4	5	2
C				5	1	4
D					2	1
E						3
F						

· 홀수인 경우(7개팀 참가)

A	B	C	D	E	F	G	부
A	1	2	3	4	5	6	7
B		3	4	5	6	7	2
C			5	6	7	1	4
D				7	1	2	6
E					2	3	1
F						4	3
G							5
부							

※ 팀 수가 홀수인 경우에 짝수와 동일한 요령으로 하면 매 회전마다 시합수가 달라지므로 짝수팀인 경우와 구분하여 작성

2) tournament 전

가장 많이 사용되고 있으며 1 : 1 경기 즉 경기회란 말이 된다.

League 전은 영어로 round robin이고, tournament식은 elimination이라 한다. 육상 경기나 수영과 같이 많은 사람이 경기에 나가서 한 번에 승자를 결정하는 경기를 meet라고 한다. 올림픽 대회와 같이 tournament식과 meet식 경기가 포함되어 있을 때를 games라고 하는데 예를 들면 olympic games가 바로 그것이다. 이 tournament 방법은 제한된 시간과 장소에서 많은 팀이 참가할 수 있는 장점은 있으나 우승전에 진출할 수 있는 팀도 1회전에서 탈락되는 단점이 있다.

〈예〉 11개팀이 참가했을 경우 대진표

① 경기 총수는 참가팀에서 1을 뺀 수와 같다. 한 번 경기에서 패하게 되면 제외되므로 한 시합에서 한 팀씩 제외된다. 그러므로 한 번도 패하지 않은 팀은 우승팀뿐이므로 참가팀에서 1을 빼면 경기의 총수가 된다.

② 부전승 팀수의 계산은 참가한 수가 2의 누승수 즉 2 · 4 · 8 · 16 · 32이라면 〈표 6〉과 같이 간단하다. 그러나 참가 팀이 홀수 또는 2의 누승수에 중간수 같으면 부전승 팀을 만들어야 한다. 부전승 팀의 수는 참가팀 수를 그 바로 위의 2로 곱한 수에서 뺀

수와 같다.

예를 들면 참가자 수가 11일 때 가까우면서도 바로 그 위의 2로 곱한 수는 16이며 16−11=5가 부전승 팀이다.

③ 부전승 5개팀이 결정되면 나머지는 1회전에서 경기를 〈표 7〉과 같이 해야 한다.

〈표 6〉 Tournament Ⅰ

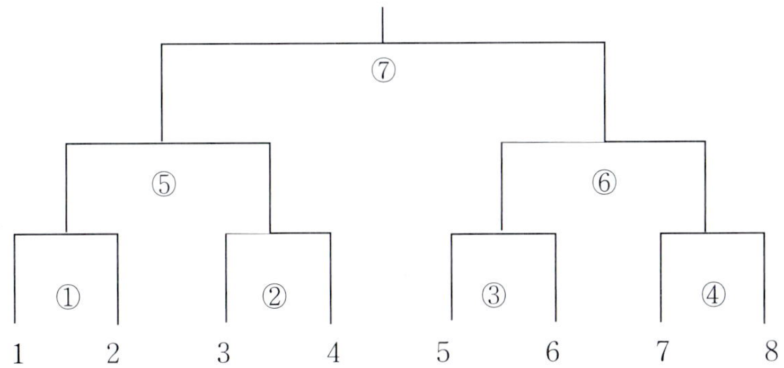

〈표 7〉 Tournament Ⅱ

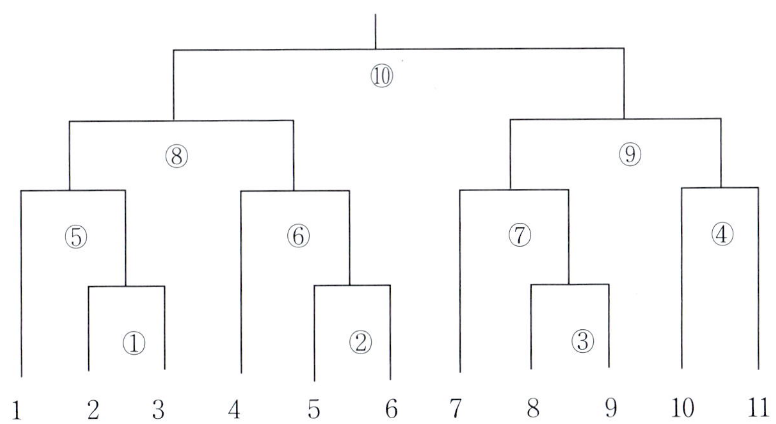

3) 위안법

제1회전의 패자끼리 다시 경기를 하는 경우 패자끼리 토너먼트전을 해서 패자 중의 우승자를 정할 때까지 하는 경우가 있다.

〈표 8〉 위안법 대진표

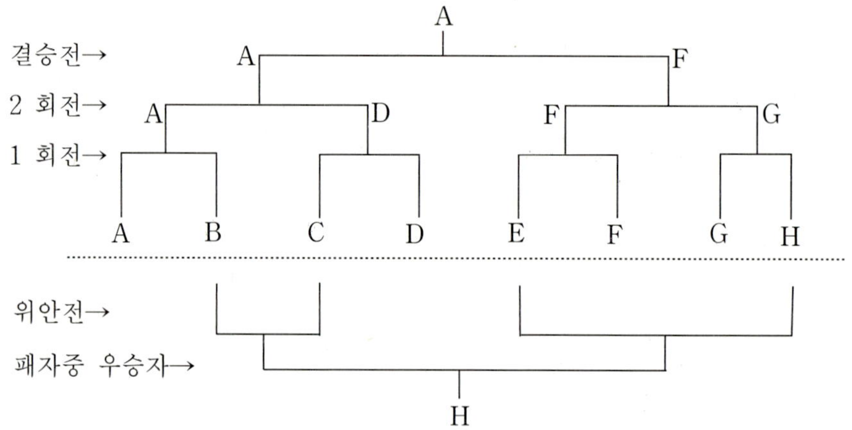

4) 패자 부활 전법

tournament식의 단점을 보완하기 위하여 고안한 것으로서 제1회전에서 패한 팀을 제거하지 않고 패한 팀끼리 시합을 하여 이긴 팀에게 다시 대전의 기회를 부여하게 되므로 1회전에서 패한 팀도 우승의 기회가 있으며 최소 2회의 시합 기회를 갖게 된다.

〈표 9〉 패자 부활전 대진표

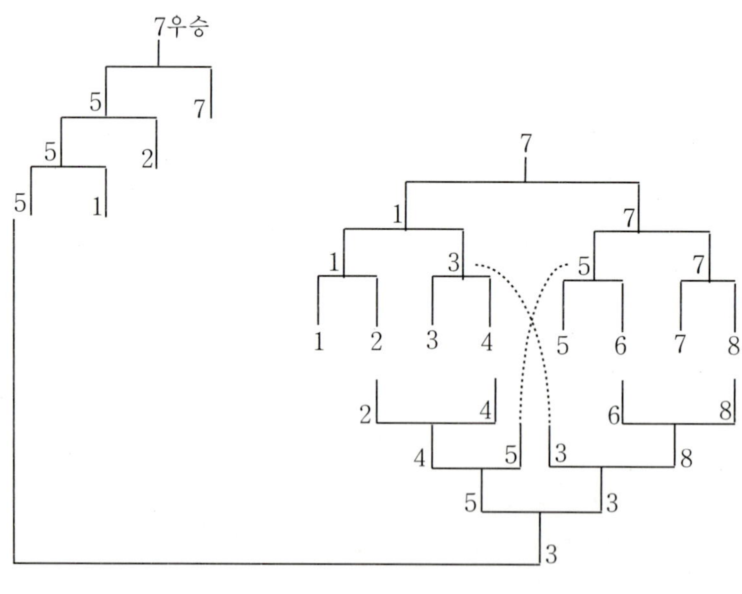

4 건강관리

오늘날 건강에 대한 문제는 날로 심각하게 느껴지고 있으며 그 저해요인 역시 날로 팽배하고 있다. 예로서 문명의 발달로 인한 활동의 부족, 도시 인구의 과밀화, 공업 발전에 수반되는 공해문제, 의약품의 남용과 그 피해, 새로운 질병의 계속적인 발생, 주변의 환경 및 직업, 그리고 해마다 증가하고 있는 사고 또한 인간의 천성적인 게으름 등에 의하여 건강관리를 제대로 하지 못하는 까닭에 우리의 생존권을 향유한다는 일이 매우 어려운 문제임을 누구나 직감하면서도 실천에 옮기지 못하는 것이다. 그러면서도 인간의 몸은 개인이 가지고 있는 요인과 그 개인의 행동 및 살고 있는 생활환경 등 여러 가지 인자에 의해서 복잡 미묘하게 변화를 일으키면서도 개체로서의 건강상태를 부단히 유지할 수 있는 생리적 기능을 다하고 있다.

이를 우리는 항상적 유지라고 한다.

그런데 질병이라든지 그 밖에 허다한 건강장해는 항상성을 유지하지 못하고 건강을 저해하는 상태이므로 이에 대한 요인을 제거하는 건강관리의 기술이 어디에서든 강조되지 않으면 안된다. 건강관리란 집단을 구성하고 있는 개개인의 건강을 유지하고 증진시키고자 하는 타율적인 지원활동을 총칭하는 것이다. 여기에는 건강의 인식과 올바른 건강지식의 이해를 통하여 자율적인 건강활동을 유발할 수 있는 건강교육이 기반이 될 때에 건강이 확보될 수가 있다는 것을 말해주고 있다. 대개 건강한 육체는 건전하나 정신이 불건전하여 개인이나 가족, 사회에 불행을 초래하는 일이 없도록 해야 한다.

이러한 면에서 정신적인 면을 소홀히 해서는 안되며 개인이 사회를 구성하는 일원으로서 국가나 사회에 복지를 이룩하는데 집단건강이 중요하다는 것을 항상 인식하여야 한다.

가. 건강의 정의

WHO 헌장에 규정된 건강의 정의는 구체적으로 다음과 같이 신변의 상태를 통하여 잘 이해할 수 있다.

① 신체에 아무런 이상도 느끼지 않으며 정신도 상쾌하고, 부모와 자식 · 친구관계 등도

양호하며, 더구나 잘 정비되어 있는 환경 밑에서 생활을 잘 하고 있다.

② 신장 및 체중과 흉위 등의 형태와 운동능력도 순조롭게 발육 · 발달을 이루고 현재도 컨디션(condition)이 좋다.

③ 기온 및 습도 · 기압 · 일광 등 물리적 화학적 환경의 자극에도 저항력이 높으며 또 적응력도강하다. 그래서 여름철의 해변 · 고산활동과 겨울철의 스키이 · 스케이트 등에 적극적으로 활동할 수 있다.

④ 나이가 많아도 생활력이 왕성하며, 더구나 일의 능률이 높고 사회에 공헌하고 있다.

따라서 이것들의 상태에 많이 해당할수록 건강 수준이 높다고 말할 수 있겠다.

※ 세계보건기구(WHO)

세계보건기구(World Health Organization)란 국제 연합의 직무중에서 보건 위생 분야를 담당하고 있는 전문분야 기관으로서 WHO의 목적은 "모든 인간의 건강은 세계평화와 안전을 달성하는 기초이다"란 신념 아래 세계 각국이 힘을 합하여 노력하고 있다.

WHO 헌장의 내용은 다음과 같이 규정하고 있다. 「다만 육체적 정신적으로 심신이 건강하더라도 그것이 생활체인 사회에 공헌이 없으면 건강이란 자체의 가치가 없다. 왜냐하면 개인과 사회에 유기적인 근대 사회에 있어서 개인은 사회를 구성하는 한 분자를 이루기 때문에 사람은 인종 · 종교 · 경제 · 사회적 지위가 어떠한 상태에 놓여 있더라도 가능한 최대한도의 건강을 향락할 수 있는 권리가 있다」고 하였다. 그 헌장을 설명하면 다음과 같다.

※ W.H.O의 보건헌장 전문

세계보건기구는 국제연합헌장에 따라 다음의 여러 원칙이 모든 인간의 행복과 원만한 관계이며 인간의 기초임을 선언한다.

① 건강이란 신체적 · 정신적 및 사회적으로 완전히 양호한 상태에 있는 것을 말한 것이며, 단순히 병이 없다거나 허약하지 않는다는 것을 말한 것은 아니다(Health is a state of complete physical, mental and social wellbeing and not merely the absence of disease or infirmity).

② 인간은 인종 · 종교 · 신앙 · 정치적 · 경제적 또는 사회적 조건의 차별없이 모두가 가질 수 있는 기본 권리의 하나이다.

③ 모든 국민의 건강은 평화와 안전을 달성하는 기초가 되는 것이며 이것은 개인과 국

가와의 완전한 협력에 의하여 이루어지며 건강의 증진과 보호를 달성하는 것은 모든 국가에 이익을 준다.

④ 건강의 증진과 질병 특히 전염병의 예방은 각국이 다같이 발달시키지 않으면 안된다.

⑤ 아동이 건강하게 성장하여 환경의 변화에 조화하고 이에 적응할 수 있는 능력이 발달하도록 하는 것이 필수 요건이다.

⑥ 의학 · 심리학 및 이와 관련하는 지식에 의하여 받은 이익을 모든 국민에게 미치게 한다는 것은 건강의 육성과 보호유지에 없어서는 안된다.

⑦ 대중의 충분한 이해와 적극적인 협력은 국민을 건강하게 하는데 가장 중요한 것이다.

그러나 일반적으로 한 인간으로서 건강한 상태라 하면 신체 및 체내의 각 기관이 정상적으로 활동하는, 즉 의학적 견지에서는 종합적 진단에 의하여 생명의 존속에 관한 내외제기관이 순조로운 상태를 말한다.

즉 건강인이란 ① 몸과 마음에 병이 없고 순조롭게 발육, 발달되고 있으며 ② 항상 원기 있고 명랑하며 학습이나 일의 능률이 잘 오르고 ③ 사회를 위하여 보람 있는 일을 하면서 오래 생존하는 사람을 말한다.

나. 건강상태와 유의점

① 활동의욕이 왕성하고 활동에 의하여 피로하다가도 휴식수면으로 완전히 원기가 회복되며,

② 수면이 충분하며 식욕이 있어서 충분한 양을 섭취할 수 있고,

③ 환경에 적응성을 가지고 일과에 있어서 능률적으로 사업을 수행할 수 있으며,

④ 배설이 순조롭고 기력과 활동력이 왕성하여 능률이 향상되며,

⑤ 발육이 순조롭고 성장기를 통하여 신장 체중이 조화적으로 증가하며,

⑥ 자세가 항상 바르게 유지되어야 하며,

⑦ 치료해야 할 병이 있어도 고통과 불평이 없는 상태 등이다.

위와 같은 제조건을 완전히 갖춤으로서 우리는 바른 자세와 좋은 습성을 육성할 수 있고 의식적인 외부활동을 통해서 항시 명랑한 기분을 가질 수 있으며 또한 건강한 자손을 기대할 수 있는 것이다. 반대로 불건강한 상태는 기분이 우울하고 타인의 흥미진진한 활동을 보고도 활동의 의욕이 생기지 않으며 의지가 약하고 신경질이 많고 염세적이며 비관적이다.

전술한 건강을 유지하려면 다음 세 가지에 유의하여야 한다.

① 보호(Protection)

각종 질병의 보호를 기도하여 불비한 위생적 설비를 개량하고 불건전한 신체향상을 예방한다. 한편 수시로 회충제거 · 충치 · 안질 · 피부병 발생에 항상 주의해야 한다.

② 교정(Correction)

학교 · 가정 및 사회생활 중 불결한 환경과 부주의에서 발생하는 불량한 신체의 자세를 교정한다.

③ 예방(Prevention)

외부적인 장해를 미연에 방지하고 적당한 신체적 활동을 통하여 강인한 신체로 개조하여 건강진단을 수시 받는다.

다. 건강교육의 목적

건강교육의 목적은 인격완성은 물론 일상생활을 건전하게 영위할 수 있는 능력을 양성하고 건강생활에 필요한 실천력을 길러주기 위한 것이다.

즉 건강생활에 필요한 습관과 지식을 개발하며 올바른 태도를 함양하는데 있는 것이다.

단계별 목표를 보면

① 1단계(초등학교)는 건강생활의 태도와 습관을 양성한다.

② 2단계(중, 고등학교)는 건강생활에 대한 이해와 관심을 갖게 하고 이를 실천토록 하며 건강생활에 대한 책임감을 양성한다.

③ 3단계(대학 및 일반)는 건강생활의 의의와 공중보건에 대한 지식을 개발하며 올바른 태도를 기른다는 여러 가지 목표를 정하고 힘써야 한다.

따라서 중점적으로 교육해야 할 것은

첫째, 건강생활에 필요한 지식, 즉 인체생리 및 위생에 대하여 교육할 것이며,

둘째, 건강생활에 대한 습관을 함양할 것이다.

이를테면 일상생활을 과학적으로 또는 합리적인 생활을 하도록 지도한다. 그리고 연령 · 학력 · 남녀 · 성별 등을 고려하여 이해하기 쉽게 가르치며 손쉽게 실천할 수 있도록 지도한다.

라. 건강의 상징

복잡한 사람의 생리현상이 원만하게 운영되고 있는가 하는 것을 엄격한 과학적인 근거 위에서 판단한다는 것은 매우 어려운 일이다. 그러나 일상생활의 경험에 비추어 어느 정도는 건강을 진단할 수 있는 것이다.

건강의 징후로서 다음과 같은 것을 들 수 있다.

① 식욕이 왕성하고 통변이 규칙적이며 순조롭다.
② 기분이 좋고 잘 피로하지 않는다.
③ 숙면할 수 있고 피로 회복이 잘 된다.
④ 저항력이 강하고, 병에 걸리지 않는다.
⑤ 자세가 바르고 체격에 균형이 잡혀져 있다.
⑥ 발육이 순조롭고 잘 자란다.

마. 건강의 성립 조건

건강생활을 원만하게 유지하기 위해서는 심신의 건강이 기본적인 것은 물론이며 이와 함께 여러 가지 환경조건이 좋아야 하고 생활행동이 건실해야만 한다. 이 양자가 조화적인 상태로 충족될 때 비로소 건강생활이 보장되는 것이다.

1) 주체요건(심신상태)

심신이 함께 건강하다는 것은 건강생활의 기본적 조건이다. 주체가 건강을 유지하는데 있어 가장 중요한 기구는 생명유지 기구인데 이를 4가지의 기능으로서 나눌 수 있다. 가령 혈액을 예로서 들어 보면 첫째로 생체의 항상성을 유지하는 기능이다. 혈액성분은 신진대사에 의하여 항상 새로운 재료로 대치되고 있으나 혈액 전체로서의 조성과 성상은 항상 상태에 있다.

둘째로 변화에 적응하는 기능이다. 운동을 하면 그만큼 산소가 필요하므로 혈액의 순환량과 속도가 늦게 되어 생체의 운동에 대한 적응상태를 만들어 낸다.

셋째로 자연치료의 기능이다. 출혈시에는 혈액의 응고능력에 의하여 다량으로 출혈하는 것을 막는 동시에 저장혈이 출혈분을 보충하려고 한다. 다시금 부족할 때는 조혈기능이 항진하여 전혈량을 본 상태로 되돌리려고 한다.

넷째로 자동조절의 기능이다.

위에서 말한 일련의 기능은 신경과 내분비 등을 중계로 하여 자동적으로 조절되고 있는 것이다. 건강한 신체를 유지하기 위해서는 이것들의 모든 생리기능이 순조로운 동시에 내외의 환경변동에 대해서도 극복해 나갈 수 있는 충분한 여유가 있어야 한다. 스포츠 트레이닝은 생체를 둘러싸는 내외의 여러 환경을 스스로 변동시킴으로써 그 변동에 대한 적응능력을 기르는데 그 의의가 있다.

한편 정신적으로는 정신력 또는 기력이 충분히 있고 활동성이 많으며 창조성이 있어서 어떤 일에도 적극적이고 정신적 통일력을 가지고 있는 것이 건강의 조건이다. 이에 통일력이란 지 · 정 · 의 등의 인격적 통일성, 지식내용의 윤리적 통일성을 예로써 들 수 있다.

따라서 심신 양면의 관계를 보면 신체와 정신의 관련은 밀접하며 건강하기 위해서는 양자가 서로 관계를 가지고 조화적으로 기능을 다하지 않으면 안된다.

2) 환경조건

환경조건은 인간의 건강에 커다란 영향을 끼치고 있다.

첫째로 자연환경으로서 기상조건(기온 · 습도 · 바람 · 비 · 눈 등), 물리화학적 조건(빛 · 소리 · 공기 · 먼지 등), 지리적 조건(평야 · 산악 · 해양 · 하천 · 호수 등)이 있으며, 이것들은 건강생활에 직접적 · 간접적으로 영향을 미치고 있다.

둘째는 인적 환경으로서 이를테면 가족관계 · 우인관계 · 직장의 인간관계 · 친족관계 등이 있다. 이와 같은 인적 환경은 특히 정신적 건강에 크게 영향을 미친다.

셋째는 생물적 환경으로서 식물 및 동물이 이에 해당한다.

넷째는 사회적 · 문화적 환경이다. 이것에는 풍습 · 습관 · 교육 · 사회조직 · 정치 · 산업 · 직업 · 의료 · 주거 · 교통 등을 들 수 있다. 오늘날과 같이 복잡한 사회에 있어서는 이러한 환경이 건강에 미치는 영향은 상당히 크다.

이상과 같이 환경을 네 종류로 크게 나누었으나, 이러한 환경인자는 부단히 복합적으로 인간의 건강에 영향을 미치고 있다. 더구나 환경의 좋음과 나쁨에는 관계없이 모르는 동안에 서서히 영향을 받는 일이 많다.

3) 행동조건

생활행동을 주체의 행동으로 본다면, 첫째는 인간관계의 장으로서 볼 수 있다. 즉 주체와 부모와의 관계에서의 생활행동, 주체와 동포(형제), 주체와 배우자, 주체와 상사 및 동료와의 관계 등에서의 생활 활동이 있다. 이런 관계에 있어 친구를 사랑하며, 창조적으로 일하고, 협동하고, 이성과 객관성을 발달시켜, 자기의 행동경험에 의한 가치 있는 행위가 인간 전체 또는 환경 전반의 복지와 보전에 이바지하게 될 때 그 생활 행동은 건강하다고 평가할 수 있다.

둘째는 좁은 범위에서의 생활 활동을 보면, 수면에 의한 피로의 회복과 영양섭취에 의한 내일에의 에너지 축적, 심신의 상태 등에 주의함으로써 일상생활 행동의 기차고 되는 요소를 소중히 하는 일이다. 수면부족 · 편식 · 자기마음대로의 행동 등은 불건강의 요소이므로 삼가지 않으면 안되는 것이다.

그런데 이상의 세 가지 조건(주체 · 환경 · 행동)중 어느 하나만 정상적으로 구비되었다 하여 건강이 성립되는 것은 아니며, 세 가지 건강이 모두 정상적으로 구비되어 서로 관련을 갖게 될 때 비로소 건강이 바람직하게 성립되는 것이다.

바. 건강에 불합리한 식품

건강에 바람직하지 못한 식품으로는 백미 및 백빵, 백설탕과 식품에 첨가된 색소와 육류 등을 들 수 있다.

1) 백미 외 기타 식품

① 현미 즉 배아(씨눈)가 포함되어 있는 쌀이나 종자는 생명이 있는 것이며 그것을 제거해 버린 백미나 백빵을 좋은 식품이라고 말할 수 없다. 우리들이 건강한 몸으로 생명을 연장하기 위해서는 이 생명이 있는 것을 섭취해야 하는데 곡물 중에서 가장 좋은 것이 현미라고 한다.

② 백설탕은 내장의 여러 기관의 조직을 느슨하게 하고 그 작용을 둔하게 한다. 특히 변비를 일으키고 혈액을 더럽히고 인내나 끈기가 없는 지치기 쉬운 몸을 만드는 것이다. 또한 알레르기성 질환과 허약체질 · 소아마비 · 노이로제(Neurose : 신경증) 등은 백설탕과 크게 관계되었다고 한다. 이러한 설탕을 대신하는 것으로 벌꿀 · 흑설탕 등이 있다.

③ 식품에 첨가된 색소는 청색 · 녹색 · 적색 · 자색 등이 있으며 이러한 것들은 화학물질의 첨가물로서 유해물질이 함유되어 있는 식품이 상당히 많으므로 주의하지 않으면 안된다.

④ 육식은 혈액을 산독화하여 이것이 발암의 소지를 만든다고 한다. 육식을 하면 단백질은 많이 섭취되나 묵은 찌꺼기는 해가 있어 간장과 신장에 상당한 영향을 가져온다. 그러므로 건강을 바람직하게 유지하기 위해서는 현미 · 채소 · 해초 · 조개류 등 인간 본래의 음식물을 섭취함으로써 깨끗한 혈액, 건강한 육체, 건전한 정신을 보전할 수 있는 것이다.

2) 담 배

원래 담배는 미국의 원주민 Indian들에 의해서 시작되었다고 알려져 있다. 우리나라도 20세 이상 남자는 대부분이 담배를 피우고 있는데 그들이 1년간 피우는 담배의 개수는 1인 평균 약 3,000개나 된다고 한다. 담배로부터 흡수되는 유독성분인 니코틴의 양은 종류와 사용법에 따라서 다르지만 코담배(snuff)가 가장 흡수율이 크고 씹는 담배(chewing), 끽연(smoking)의 순위이다. smoking에 있어서 pipe · cigar · 궐련(cigarette) 등이 있으며 가장 많은 것이 궐련이다.

가) 담배의 유해성분

담배의 위생상 해독으로서는 니코틴 · 일산화탄소 · 타르 및 기타의 유해성분이 있다. 가령 호흡하는 공기 속에 일산화탄소(Co)량은 담배를 피우지 않는 경우 3-7ppm인데 비해서 담배를 피우는 사람인 경우는 20-40ppm으로서 환경 기준의 10ppm을 훨씬 능가하고 있는 실정이다. 이 니코틴이나 타르가 구강내 점막 · 인후두 · 기관지 · 폐포내에 흡입될 때 물리적 화학적 장해를 주게 되는 것이다.

① 니코틴(nicotine)

니코틴은 무색의 유성이며 독성이 강한 속효성 독물로 알려져 있으며 교감신경 및 부교감신경을 처음에는 흥분시키는 정도이나 나중에는 마비시키는 경우도 있다. 또한 0.2mg 정도의 니코틴을 정맥에 주사하면 심한 박동의 속도를 지연시키고 혈압의 상승과 피부온도의 강하를 가져온다. 한 개비의 담배에 포함되어 있는 니코틴의 양(0.2mg)을 혈관에 주사하면 2명의 성인을 죽인다고 한다. 담배를 피우면 심장 말초 혈관 신경계통에 작용하여 말초 혈관을 수축시키고 지방산을 동원하고 혈액 응고의 영향을 끼친다.

② 타르(tar)

일본의 산극과 시천 두 교수는 1914년 집토끼의 귀에다 콜타르를 발라 암을 발생시키는 데 성공했다. 이것이 인공암을 최초로 성공시킨 예이다.

타르는 기도의 점막을 자극할 뿐만 아니라 폐포내에서 화학적 물리적 자극을 주게 된다. 담배를 피우는 사람의 폐가 변색되어 보이는 것은 담배 연기, 타르가 원인이 되는 것이다.

③ 일산화탄소

흡연에 의한 일산화탄소의 영향은 대기오염에 따르는 일산화탄소보다 훨씬 농도가 짙다. 헤모글로빈과 결합되어 일산화 헤모글로빈을 형성하면 헤모글리빈이 가지고 있는 산소운반 능력을 저하 시키고 내부 조직에 가벼운 질식을 일으키게 한다. 또한 다량이면 운동신경을 범하므로 수족의 마비를 가져 오기도 하는데 이러한 증세가 나타나기 전에는 두통이나 불쾌 · 구토증이 따른다.

나) 흡연이 건강에 미치는 영향

담배는 인체에 과다한 영향을 끼친다. 흡연자는 비흡연자보다 사망률이 30%나 높고 암의 발생률도 훨씬 많다고 발표되고 있다. 담배를 많이 피우는 사람일수록 폐암에 의한 사망률이 커지고 있으며 비흡연자들에 있어서는 인구 10만명에 사망률이 5~6명인데 비하여 1일 9개피를 피우는 사람이 15명이며, 19개피를 피우는 사람이 32명으로 발표되고 있다

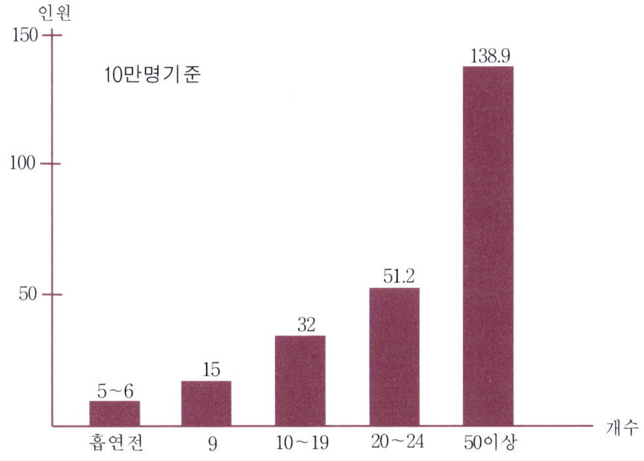

〈그림 2〉 폐암 사망률과 개피수의 관계

이와 같은 담배에 의한 피해에 대해서 각국의 저명한 학자들은 계속 연구를 하기도 했고 미성년자의 흡연을 제재하고 있다.

.

① 소화기에 미치는 영향

흡연이 소화기능을 촉진시킨다는 설도 있지만 소화불량 · 변비증, 때로는 만성장염을 유발시킨다는 설도 있다. 어떤 흡연자는 식사후 편안감과 만족감을 주는 경우도 있다고 하나 반면 다량의 흡연은 다양한 만성기관지 · 소화불량을 유발한다고 보고 있으며, 몇몇 연구 보고는 위궤양이 5배, 십이지궤양이 2배 정도로 흡연자가 비흡연자보다 많이 나타난다고 발표하고 있다.

② 호흡기에 미치는 영향

담배 연기는 호흡기의 점막에 자극물질이 들어 있어 지나치게 흡연할 경우 기침 · 목쉼 · 기관지염 등의 증세를 유발시킨다. 또한 폐포의 벽을 두껍게 해서 탄력을 잃게 하고 이산화탄소가 많이 생성하여 헤모글로빈과 산소와의 결합을 방해하므로 산소운반 능력을 저하시킨다.

③ 순환기계의 질환

일반적으로 심장부위의 고통, 심장박동의 불규칙성, 심장 손상이 문제되며, 때로는 극적으로 나타나기도 한다. 담배를 피우면 처음에는 맥박의 속도가 느리게 되나 점차 증가되고 혈압이 상승된다. 이러한 현상은 비상습자에게 뿐만 아니라, 상습자에 있어서도 볼 수 있다. 결국 정량의 담배라 할지라도 심장의 기능을 저하시킨다는 것이 결론이다. 미국 뉴욕의 Wright와 Moffat는 1개의 궐련담배가 손가락과 발가락의 온도를 평균 5.3℉ 저하시키며 최대 15.5℉를 저하시킨다고 보고했다. 모세혈관의 혈류를 느리게 하거나 중단시키기도 하며, 중독성 증상이나 심한 체온변화를 일으킨다는 것도 밝혔다. 더욱이 니코틴은 수족의 모세혈관 수축을 가져와 심장 박동을 빠르게 할 뿐만 아니라 산소 수요량을 증가시키고, 따라서 관상동맥의 부담도 크게 한다.

④ 흡연과 수명

2015년 세계보건기구(WHO) 발표에 의하면, 연간 평균 730만명이 흡연 때문에 사망하는데 그 중의 150만명은 암으로 죽고, 450만명은 심장과 순환기의 질병으로 죽으며, 200만명은 만성기관지염 · 폐기종 · 위궤양 등으로 죽는다고 한다.

수명의 단축에 못지않게 심각하게 생각해야 할 것은 흡연으로 인한 질병과 신체의 무능화이다. 흔히, 심한 흡연자 중에 장수한 사람이 있다는 경우를 들어서 담배의 피해를 부인하고 싶어 하는 사람이 있으나 그런 현상은 어떤 개인의 특별한 체질(susceptibility) 때문인 것으로 그런 경우는 흔하지 않다는 것을 명심해야 한다.

Hammond는 25세 이상 되는 사람들이 담배를 피움으로써 평균수명이 몇 배나 단축이 되는가를 계산하였던 바 30세 되는 사람이 하루 15개피의 담배를 피우는 경우에는 생명이 5.5년 단축된다고 하였다.

⑤ 흡연과 피로

담배가 일시적으로 자극제가 되고 피로를 회복시킨다는 데에는 이유가 있다. 즉 니코틴이 부신을 자극하여 피로를 회복시킨다는 것이다. 그러나 그 지속기간이 짧고 이 기간이 경과된 후에는 종전보다 더 큰 피로가 온다는 것이 알려졌고, 담배를 많이 피우는 날에는 심한 피로가 온다는 보고가 허다하다. Segal은 피로가 주증상인 환자에게 담배 피우는 것을 중지시켰더니 피로가 없어졌다는 연구 결과를 보고하고 있다.

⑥ 흡연과 정신효능

정신효능에 미치는 영향에 관해서는 이견이 많다. 독서나 집필에 유효하다는 설도 있고 지능을 저하시킨다는 설도 있다. 버몬트(Vermont) 대학의 브쉬(Bush)는 대학생을 대상으로 한 결과 표현력 · 지각현상이 다같이 10%가 저하한다고 보고했고 Antioch 대학의 Earp 교수는 담배피우는 학생이 장학금을 받는 비율이 낮다고 지적했다.

다) 예방대책 및 실천사항

사람들은 담배를 피움으로써 한적감과 근심걱정 · 초조감 등 정신적인 불안감을 덜어줄 뿐 아니라 사교면에 있이시도 큰 도움이 되기 때문에 지금끼지 흡연지의 수는 세계적으로 증가일로에 있었다. 그런데 이것은 흡연으로 인한 건강상의 피해를 전혀 고려하지 않았기 때문이며, 비록 흡연의 위해를 알고 있더라도 자신이 희생자가 되리라고는 생각하지 않기 때문이다. 그러나 흡연으로 인한 건강장애는 특정한 사람에게만 생기는 것이 아니므로 다음과 같은 예방대책을 늘 명심해야 한다.

① 신문 · 잡지 또는 방송을 통하여 일반인에게 담배의 위해를 알려 담배를 피우지 않도록 한다.
② 년소자에게 담배를 팔지 못하게 규제한다.
③ 공공기관, 즉 일반 교통기관 · 오락장 · 작업장 또는 사무실 내에서의 흡연을 금한다.
④ 외국에서와 같이 생명보험의 불입금을 비흡연자의 경우 감해 주고, 담배값이나 광고에 담배의 위해를 경고하도록 한다.
⑤ 파이프 담배나 잎담배를 피우면 궐련을 피우는 것보다 피해가 적다.
⑥ 흡연방법에 의하여 건강피해의 정도가 크게 다르므로, 담배를 끊지 못하는 경우에는 Waring이나 Wynder의 흡연법을 권장한다.

이와 같이 흡연이 미치는 영향은 막대한 바가 있으나 그렇다고 금연을 단행하기란 용이한 일이 아님에 비추어 소위 건강을 위한 흡연법이라는 것이 제창되고 있다. 다음에는 두 학자가 추천하는 흡연법을 소개하고자 한다.

※ 와링(Waring)의 흡연법

① 21세가 될 때까지 금연할 것.
② 흡연 개수는 5개 이하로 할 것.
③ 연기를 깊이 들여 마시지 말 것.
④ 식사 후에 담배를 피울 것.
⑤ 1년중 1개월 이상은 흡연을 중단할 것.
⑥ 정기적으로 신체검사를 받을 것.

※ 윈더(Wynder)의 흡연법

① 흡연 개수를 가능한 최소로 할 것.
② 필터가 달리고 타르(Tar)와 니코틴 함유량이 적은 담배를 피울 것.
③ 궐련의 반 이상은 피우지 말 것(후반부에는 전반부보다 니코틴과 타르가 더 많이 있기 때문이다).
④ 자주 담배 연기를 빨지 말 것. 한번 빨고 다음 빨 때까지의 시간이 길면 길수록 좋다.
⑤ 담배 연기를 깊이 들여 마시지 말 것.

이상과 같이 흡연에 의한 여러 가지 상태를 알아보았듯이 우리 인체에 미치는 영향이 크다고 볼 수 있다. 그렇다는 것을 알면서도 끊을 수 없는 기호품으로 되었기 때문에 다소 그 피해를 줄이고자 흡연법을 제시한 것이다.

3) 술(Alcohol)

술에 포함되어 있는 알콜은 위와 소장을 통하여 체내로 흡수되며 약 30분이면 이 과정이 완료된다. 소량의 경우에는 신장이나 폐에 의해서 제거되지만 대부분의 알콜이 특히 폐에서 일산화탄소와 물로 산화된다. 술은 기분전환 · 식욕증진 · 일시적 건강제 · 스트레스 해소와 같은 것에 효과를 낼 수 있는 것이기는 하지만 잇점보다는 피해가 놀라울 만큼 크기 때문에 절제를 해야 한다. 술의 유효성분은 주로 에틸 알콜로서 그 강도는 이 에틸 알콜의 함유량에 따라 결정된다.

가) 음주의 이해

술은 옛날부터 인류의 생활과 밀접한 관계가 있으며 문화의 정도에 관계없이 인간이 살고 있는 곳에는 반드시 술이 있다. 음주는 인류의 특권으로서, 문명에 비례하여 그 이용량이 늘어나고 있다고 한다. 우리나라에서의 음주자 수도 근래에 늘어나고 있으며, 이와 함께 여성의 음주자도 점차 늘어나고 있는 실정이다.

이와 같이 인류의 생활과 술의 관계가 깊어짐에 따라 그 이해득실에 대해서는 지금까지 많은 사람들에 의해서 논의되어 왔다. 먼저 술을 찬성하는 사람들의 감상담 몇 가지를 들어 보면 다음과 같다.

① 술은 백약 가운데서 가장 좋은 약이다(동양 격언).
② 근로는 나날을 풍요하게 하고, 술은 일요일을 행복하게 한다(보오들레에르).
③ 술을 마시지 않는 인간으로부터는 사리분별을 기대하지 말라(시세로).
④ 술이 없는 곳에 사랑은 있을 수 없다(에우리피데스).
⑤ 술이 들어가면 지혜가 나온다(허버트).
⑥ 술은 입을 경쾌하게 한다. 술은 또 다시 마음을 털어 놓게 한다. 이리하여 술은 하나의 도덕적 성질 즉 마음이 솔직함을 운반하는 물질이다(칸트).
⑦ 근심을 없애는 데는 술보다 나은 것이 없다(동방삭전).
⑧ 좋은 술은 피를 만든다(적당한 술은 심로를 풀어주며, 숙면을 가지며, 건강을 촉진하여 장수의 원인이라고도 일컬어진다(영국 격언).

이 밖에도 동서고금의 문인들이 시가 · 극 · 소설 등에서 술을 예찬한 작품은 헤아리기 어려울 정도로 많다.

그러나, 반면에 술의 해독을 주장하고 반대하는 사람들도 상당히 많다.

① 술은 범죄의 아비요, 더러운 것들의 어미다(잉거솔).
② 술은 평화와 질서의 적이요, 부인의 공포요, 귀여운 어린이 얼굴의 구름이다(그레이디).
③ 전쟁 · 흉년 · 전염병, 이 세 가지를 쳐도 술이 끼치는 손해와 비교할 수 없다(글래드스턴).
④ 사람이 술을 마시고, 술이 술을 마시고, 술이 사람을 마신다(법화경초).
⑤ 술이란 사람을 취하게 만드는 독약이다(팔만대장경).
⑥ 두 번 아이가 되는 것은 노인만이 아니고 취한 사람도 마찬가지다(플라톤).
⑦ 술이 들어가면 혀가 나오고, 혀가 나오면 말을 실수하고, 말을 실수하면 몸을 버린다(유 향).
⑧ 주석이 길면 수명은 짧다(프랑스 격언).

이 밖에도 술로 말미암아 입은 손실은 실사회에 상당히 많다.

이렇듯 술의 이해득실에 대해서는 옛날부터 오늘날까지 활발하게 논의 · 검토되고 있으나, 아직 판가름이 나지 않고 있으며 음주문제는 항상 논쟁의 대상이 되고 있다.

나) 음주와 질병

습관적으로 많은 술을 마시면 신체에 여러 가지 장애가 생기게 되며 많은 질병과 관련이 된다.

① 신경과민증

근육이 불완전하게 되고 혀와 손이 떨린다. 정신력이 둔하게 되고 단기건망증 · 도덕관념의 상실 · 판단착오 등이 생기게 되며 종래에는 정신박약이 된다.

② 간질(epilepsy)과 신경염(meuritis)

③ 위에의 영향

위염 · 식욕감퇴 · 편비증이 오고 대주가는 아침에 위가 쓰려서 다시 음주를 하게 된다.

④ 간경화증(liver cirrhosis)

간에 서서히 변화가 일어나며 결국 경화증세가 나타난다. 대주가에 있어서는 경화증이 오기 전에 간이 커지고 위약하게 되며 비장이 커지기도 한다. 신장, 심장 동맥 등에 퇴행성 변화가 온다.

다) 알콜 중독

알콜 중독 원인은 일반적으로 다음과 같이 분류할 수 있다.

① 성격에는 이상이 없는데, 술을 지나치게 자주 마셨기 때문에.

② 일반적으로 욕구불만, 열등감, 근심걱정, 공포감, 자존심이 약한 사람, 늘 우울한 사람 등 성격 이상자들이 알콜을 정신 안정제 대신 습관성으로 자주 마시기 때문이다.

여러 나라의 집계에 의하면 알콜 중독자 치료원에 입원된 자는 정신적으로 비정상적인 자이다. 이러한 견지에서 정신 보건 문제는 무엇보다도 중요하다고 생각된다.

라) 음주의 폐해

한번에 많은 분량의 술을 마시면 급성중독을 일으키나, 습관성 음주로 말미암아 만성중독이 되어 심신의 장애를 일으키는 일도 있다. 또 알콜을 중단하면 금단증상에 고민하는 일 조차 있다.

〈표 10〉 술에 취한 때의 여러 가지 상태

혈중알코올 농도	취 한 상 태
1mg 이하	의식이 확실하며, 얼굴이 조금 붉어진다.
1~2mg	거나하게 취하여 좋은 기분이며, 잘 지껄이게 된다.
2~3mg	갈지자걸음을 하고, 혀가 잘 돌아가지 않으며, 주정을 부린다.
3~4mg	쓰러질 듯하며 겨우 걷고, 토하거나 싸움도 한다.
4~5mg	걷는 것은 무리하고, 서는 것도 무리하며, 아무 것도 기억하지 못한다.
5mg 이상	정신을 차리지 못한다. 호흡과 맥박이 문란해진다.

보통 사람들이 술에 취했을 때의 심신의 상태를 살펴보면 대개 다음과 같다. 〈표 10〉에서 보는 바와 같이 술을 마셨을 때에는 대개 정신의 집중력이 없어지고 사고는 산만하고 분별력 · 판단력도 감퇴한다. 행동도 불안정하게 되며, 교통사고를 비롯하여 여러 가지 사고를 일으키기 쉽다.

성인이 된 이후로는 피로회복 · 기분전환을 위해 적당히 마시는 것은 괜찮으나, 발육기가 끝날 때까지 엄격히 금할 필요가 있다.

왜냐하면 음주의 습관이나 알콜의 중독이 되는 것을 막는다는 것뿐만 아니라, 음주의 장소나 양이 문제가 되며, 더구나 취해서 하는 행동이 심신의 건강에 나쁜 영향을 줄 염려가 있기 때문이다.

마) 음주의 이점

과음은 사회의 병폐를 초래하지만 적량의 음주는 다음과 같은 이점이 있다.

① 적량의 음주는 신진대사를 촉진시킨다.
② 음주의 정량이면 식욕을 증진시킨다.
③ 적당량의 음주는 기분을 유쾌하게 해주며, 환락을 주기도 한다.

이러한 목적으로 가장 좋은 술은 알콜함양이 7~10%인 포도주나 정종 1, 2홉, 맥주 1병 정도의 소량이 심신을 들어 주는데 있어서 효과적이다.

바) 알콜 중독의 예방

예방에 있어서 무엇보다도 중요한 점은 알콜 중독의 이해와 각자가 음주를 삼가는 것이 중요하다. 아울러 중독에 대한 초기 치료가 후에 진전될 수 있는 심한 중독을 예방하는 최선의 방법으로 알려져 있다.

Terhume은 음주시 몇 가지 안전수칙을 제시하였다.

① 음주할 필요가 있다고 생각될 때 천천히 음주를 할 것.
② 정신적 · 육체적 불쾌감을 해소하기 위한 음주를 하지 말 것.
③ 알콜 함량이 높은 증류수를 그대로 마시지 않는다.
④ 숙취나 위가 쓰릴 때 아침 해장술을 마시지 말 것.
⑤ 빈속에 음주하지 말 것.
⑥ 술은 병째 마시지 말고 반드시 잔에 따라 부어 마실 것.
⑦ 언제, 어떤 술을, 어떻게 마셔야 할 것인지 계획을 세울 것.
⑧ 알콜을 보약 또는 치료약으로 생각하지 않는다.
⑨ 얼음을 넣어 희석해 마실 것.

5 안전과 구급법

우리의 생활 주변에는 불의의 사고로 인하여 사망 또는 불구의 몸으로 일생을 한 많고 불행하게 보내는 사례는 너무나 허다하다.

예로서 도시 증대에 따른 공해, 자동차에 의한 교통사고, 가스 및 식물중독, 전기 기구 또는 기타에 의한 화재, 수영 미숙에서 오는 익사사고 등이다. 따라서 우리는 사고를 미연에 방지하고 방법을 연구하여 이에 적절히 대처 하고저 안전에 대한 기초 지식과 기술을 익혀서 사고를 미연에 방지하고 불행스러운 일이 생기지 않도록 노력하여야 하겠다.

가. 사고의 원인

사고의 원인은 사고의 종류에 따라 다르지만 대개가 안전에 대한 지식의 부족, 개인의 부주의, 환경의 변화, 불량한 시설, 무리한 일, 과음 · 과식, 기술의 부족 등이 있다. 우리는 이러한 원인의 제거와 개개인의 주의로서 사회 생활에 협력하며 안전한 생활을 하므로써 사고를 미연에 방지할 것이다.

나. 사고의 예방

사고를 예방하려면 먼저 사고의 원인을 제거하여야 한다. 그러자면 사고 원인 제거의 지식을 넓히고 안전생활의 방법을 연구하여 이를 습관화 하여야 되겠으며 항시 위험을 피할 수 있는 정신적 자세와 기회의 포착으로써 자기 자신에 대한 안전에 주의를 기울여야 하겠다.

다. 신체의 기능과 안전

신체의 기능은 안전의 적극적인 방법이다. 이 기능의 발달은 자기도 모르게 반사적인 작용이 따르게 되는 것으로서 즉 무의식중에 몸의 중심을 잃고 넘어질 경우 자신도 모르게 낙법이나 안전한 몸가짐으로서 대처하게 된다. 예로서 우리가 수영 기술을 배워 자유자재로 수영을 할 수 있다면, 물에 대한 지식과 적응력으로서 안전을 기할 수 있으며 씨름이나 유도, 레스링 같은 운동은 낙법을 익히므로써 부상의 위험을 막을 수 있고 기계체조의 여러 운동은 교치성 · 민첩성 · 유연성 · 속력 · 체력 등을 향상 시키므로써 자기 자신을 자유롭게 움직일 수 있도록 한다. 이와같이 운동에 의한 신체의 기능은 생명 안전을 위한 적극성을 띄게 되며 간접적으로 안전에 크게 도움이 된다.

라. 구급 처치(First aid)

인간생활에 있어서 불의의 사고를 항시 예측할 수 없으므로 사고가 발생했을 때의 생명은 분초를 다투게 된다. 이러한 상황 속에서 의사가 도착할 때까지 비상 수단을 강구하여야 하는데 이때 필요한 것이 구급처치인 것이다. 우리는 이러한 구급처치에 대한 지식과 기능을 익혀서 위기를 모면하고 귀중한 생명을 구하는데 노력하여야 할 것이다.

1) 인공호흡법

인공호흡법은 익수 · 질식 · 중독 · 외상 등의 재화에 의하여 자연 호흡이 일시 정지해서 가사의 상태로 되었을 때 인공적으로 폐의 기능을 소생케 하여 생활작용을 계속시켜서 생명을 구하는 것이다.

가) 인공호흡의 일반적 원칙

① 시간이 가장 중요하다. 분초를 다투어 즉시 개시하여야 한다.

② 환자의 구강내에 손가락을 빨리 넣어 침이나 찌꺼기를 후벼내고 환자의 혀를 앞으로 끌어 내라.

③ 기도를 유지하도록 환자를 적절한 자세로 놓아라. 환자의 머리를 가능한 뒤로 재치고 턱을 앞으로 내민 위치로 하여 턱이 밑으로 떨어지게 하지 말 것.

④ 인공호흡을 개시하면 환자가 자연스러운 호흡을 할 때까지 쉬지 말고 계속하여 실시할 것.

⑤ 사고현장에 인공호흡기를 운반해 오거나 기기의 사용법을 읽거나 배우는데 시간을 허비하지 말라. 지체하지 말고 인공호흡을 시작할 것이며 교육을 받은 술자가 온 후 인공호흡기를 사용할 것.

⑥ 환자가 자기 스스로 호흡을 시작하면 인공호흡의 주기를 조정하라. 환자 자신의 호흡을 저해하지 말고 환자자신의 호흡과 일치시켜야 한다.

⑦ 환자가 자기 스스로 호흡을 시작하면 다른 도움을 줄 수 있게 환자의 옷이 젖어 있는가를 살펴 만일 옷이 젖었으면 벗기고 환자의 보온이 되어 있는가, 또 쇼크에 대한 치료를 해야 할 것인가를 살펴야 한다. 그러나 이러한 치료를 하기 위하여 인공호흡을 중단해서는 안된다.

나) 불어 넣기 인공호흡법(Mouth to mouth method)

① 입안을 조사, 이물이 있으면 손가락에 헝겊을 감아 이물질을 다 닦아내고 혓바닥을 눌러 앞으로 당긴다.

② 얼굴을 밑으로 하여 거꾸로 엎어서 한 손으로 등을 쳐서 기관에 막혔던 이물이 나오게 한다.

③ 환자를 바로 눕히고 가운데 손가락으로 턱을 치켜 올려서 입과 기관의 공기통로를 직선으로 한다.

④ 입 또는 코(어린이의 경우에는 입과 코)를 자기의 입으로 덮어 부드럽게 입김을 불어넣는나. 이 때 또 한 손으로는 환자의 배를 눌러 준다. 이것은 공기가 식도니 위에 들어가는 것을 막을 수 있다.

⑤ 불어넣은 공기로 말미암아 가슴이 부풀어 오르게 한 다음 입을 떼서 저절로 들어 갔던 공기가 나오도록 한다. 가슴이 가라 앉으면 다시 공기를 불어 넣는다.

⑥ 이상의 동작을 1분간 약 12회(어린아이의 경우에는 약 20회) 정도의 속도로 반복되도록 하고 때때로 불어 넣는 사람이 큰 숨을 쉬도록 하므로써 용이하게 불어 넣어 줄 수 있다. 이러한 동작을 2시간~3시간까지 계속할 것이다.

〈불어넣기 인공호흡법〉

다) 등 누르고 팔 들기 인공호흡법(Back pressure-arm lift method)

① 환자의 옷을 벗기거나 늦추고 엎드려 눕힌 다음 팔을 굽혀 앞으로 모으고 얼굴을 옆으로 향하게 한다.

② 술자는 환자의 머리가 놓여 있는 편에 무릎을 꿇고 양손을 환자의 양쪽 겨드랑이 아래편 등에 놓는다.

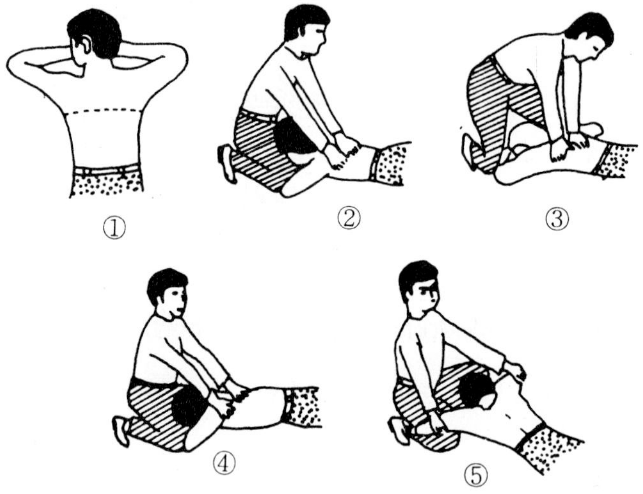

〈등 누르고 팔 들기 인공호흡법〉

③ 이때 양쪽 손목이 직선한 선 위에 일치하게 하고 손바닥을 "8자"로 벌려 짚는다. 손가락을 벌려 양쪽 엄지가 서로 닿게 될 정도로 놓고 다음 ④~⑦과 같은 순서로 인공호흡을 시킨다.

④ 양쪽 손을 가볍게 환자의 등을 짚고 손과 손가락의 위치는 위 설명과 같다.

⑤ 술자는 팔을 펴서 팔이 거의 수직이 되게 몸을 앞으로 내밀어 체중을 환자의 가슴에 실리게 한다.

⑥ 술자는 상체를 일으키면서 가만히 손을 뗀다. 그리고 환자 팔뚝의 겨드랑이쪽을 잡는다.

⑦ 술자의 상체를 더욱 뒤로 젖히면서 환자의 양팔이 저항을 느끼게 될 정도까지 잡아당긴다.

이렇게 인공호흡을 리드미컬하게 계속한다. 호흡회수는 1분간 대개 12회쯤(1회 5초간)하면 된다. 환자의 심장이 조금이라도 움직이고 있는 한 즉 죽음이 확인되지 않는 한 2~3시간 생사간의 결정이 끝날 때까지 계속할 필요가 있다.

라) 심폐소생법(Cardiopulmonary Resusctation)

심장마비, 전기충격, 대출혈, 익수, 질식, 기타 호흡정지 등으로 혈액순환이 정지되면 사람의 기능도 마비되므로 이런 때는 인공적으로 순환작용을 계속시켜 소생시키지 않으면 사람은 죽게 된다.

심장은 흉골과 척추를 덮고 있는 조직 사이와 흉곽의 중앙에 위치하므로 외심장을 압박하여 인공적인 혈액순환을 효과적으로 이룰 수 있다. 즉 흉골 하부를 압박하면 흉골양옆에 있는 늑골의 연골부가 아래쪽으로 구부러져 우심실과 좌심실이 압박되어 혈액이 폐동맥과 대동맥으로 밀려나게 되어 전신으로 순환된다.

① 실시요령

환자는 반드시 수평위치로 하여 뇌로 가는 혈루가 많도록 해야 한다. 단 효과적인 압박을 위하여는 환자를 땅바닥이나 마루바닥과 같이 딱딱한 곳에 눕히는 것이 좋다. 구조자는 환자의 가슴 가까이에서 흉골 하반부 손목을 포개어 누른다. 이 때 구조자의 어깨는 환자의 흉골부위에서 직각으로 상방에 위치하게 하고 두 팔은 곧게 펴서 흉골 하반부가 1~2인치 정도 들어가게 누른다. 압박 후에는 압박시와 같은 시간 동안 힘을 뺌으로서 흉골이 원래의 위치로 돌아가게 한다. 인공순환은 항상 인공호흡과 동반되어야 하므로 두 사람의 구조자에 의하여 실시된다.

② 실시속도

흉부압박은 규칙적이고 고르게 1분간 60회 정도의 속도로 끊임없이 실시하여야 한다. 인공호흡과 동시에 실시할 경우 매 5회의 흉곽압박시 1회의 인공호흡을 하여(5 : 1 비율) 적절한 호흡과 순환을 이룰 수 있다. 만약 한사람의 구조자만 있을 때에는 흉곽압박과 인공호흡은 15 : 2의 비율로 한다. 즉 15회의 흉곽압박후 매우 빠른 속도로 2회의 인공호흡을 하고 다시 흉곽압박의 순으로 계속 반복한다.

한사람이 인공호흡을 하는 동안 흉곽압박은 중지하게 되므로 1분간 80회 정도의 빠른 흉부압박이 필요하다.

어린아이는 흉골의 중간 부분을 압박하는데 영아는 1/2~3/4인치만 누르고 어린이는 3/4~1/2인치 정도로 누른다.

압박회수는 1분간 80~100회로 하고 인공호흡도 5 : 1의 비율로 빨리 해야 한다.

③ 심폐소생법 실시중의 확인

인공호흡 및 흉곽압박을 하는 동안 일정한 시간마다 동공반사를 확인하여야 한다. 불빛에 대하여 동공이 수축되면 뇌로 적당량의 혈루와 산소가 공급됨을 의미하여 수축되지 않고 열려 있으면서 불빛에 반응이 없으면 뇌에 심한 손상이 박두했거나 이미 일어났음을 의미한다. 그러나 심폐소생법을 시작하기 전에 심장정지 여부를 조사해서는 절대로 안된다. 이는 불확실할 뿐만 아니라 효과적인 처치를 지연시키는 것 밖에 안되기 때문이다.

마. 사고의 종류

1) 충 격(shock)

가) 원 인

외상 · 타박상 · 신경과로 · 흥분 · 공포 등에 의한다.

나) 증세

두부에 심한 빈혈을 일으키며 안색은 창백해진다. 맥박이 순조롭지 못하여 숨이 거칠어진다. 이마에 식은 땀이 난다. 의식은 있으나 말도 못한다. 눈은 응시하면 동공은 확대된다.

다) 구급법

① 체온을 따뜻하게 하고 머리를 낮게 하며 환자를 안정시킨다.
② 의식이 회복된 후에는 따뜻한 커피 · 차 · 밀크를 약간 먹인다.
③ 충격으로 인하여 부상을 입었으면 응급조치하고 다량의 출혈이면 의사를 불러 치료를 받아야 한다.

2) 뇌손상(Cerebral Concussion)

가) 원 인

외력에 의하여 두부에 강한 타격을 받아 뇌가 이상상태로 흔들렸을 때 일어난다. 곧 타박 · 충돌 · 전도 등이 원인이다.

나) 증 세

별안간 안색창백 · 현기증 · 수족이 싸늘해진다. 기억상실 · 호흡천박 맥박이 불규칙하며 의식불명이 되고 심하면 사망하게 된다.

다) 구급법

① 반듯하게 눕힌 뒤 머리를 식힌다.
② 수족을 덮게 하는 한편 의식이 돌아오기를 기다린다.
③ 광선이나 음향에 의한 자극을 피하게 한다.

④ 관장과 도뇨를 시킨다.
⑤ 심할 때는 반드시 의사의 치료를 받아야 한다.

3) 일사병(Sun storck)

가) 원 인

날씨가 무덥고 바람이 없을 때 일광을 장시간 받으면서 심하게 일하거나 긴 시간동안, 보행하거나 서서 있을 때 발생하기 쉬우며 특히 배가 고프거나 잠을 잘못 잤거나 설사 음식물의 섭취가 부족했을 때 일어나기 쉽다. 이는 강한 열에 의하여 뇌규면이 더워져서 급성뇌출혈을 일으키기 때문이다.

나) 증 세

땀을 많이 흘리고 머리가 아프다. 또한 심한 열이 생기므로 목이 마르고 현기증이 나타나면서 갑자기 의식불명이 된다. 안색은 검붉은 빛을 띠면서 눈동자는 위로 올라가 호흡은 아주 얕아진다. 맥박은 약하고 느리게 체온이 40~41℃까지 상승하여 심한 경련을 일으키고 심할 때는 사망하게 된다.

다) 구급법

① 환자는 시원한 그늘이나 또는 통풍이 잘되는 방에 눕히고 부채로 시원한 바람을 일으켜 부친다.
② 머리와 상체를 높이고 하체와 다리를 낮추어 준 다음 찬 냉수를 전신에 부어준다.
③ 소금물을 먹인다.
④ 경련이 일어나면 주물러 주고 혀를 깨물지 않도록 탈지면이나 손수건을 입에 물린다. 호흡이 끊어지면 인공호흡을 실시한다.
⑤ 회복이 되면 커피를 약간 먹인다.
⑥ 의식이 회복되었다가도 또 잠들 때에는 위험하므로 잠들지 못하도록 늘 환자를 깨운다.

4) 동 상(Frost bite)

가) 원 인

몸이 냉기에 의하여 체표일부에 변화를 초래하거나 또는 전신의 기능을 잃게 되는 것을 말한다. 즉 날씨가 매우 추울 때 외온에 노출로 접촉이 심한 곳이 얼어서(세포파괴)

동상이 된다. 겨울철에 지나친 굶주림, 지나친 음주 · 수면부족으로 전신 동상을 일으켜 동사에 빠지기 쉽다.

나) 증 세

① 일도동상–홍반성동상 : 암적색으로 부어 오른다. 주로 노출부인 얼굴과 손 발
② 이도동상–수포성동상 : 암흑색으로 되어 수포를 만든다.
③ 삼도동상–양저성동상 : 흑갈색으로 변하고 때로는 감각이 마비되어 조직이 문들어 진다.

다) 구급법

(1) 예 방

① 동상국소를 갑자기 덥게 하지 말 것
② 마찰을 하여 혈행을 정상적으로 하고 서서히 덥게 만들 것
③ 장갑 · 양말 등에 땀이 찼을 때 깨끗이 습기가 없게 할 것
④ 손 · 발을 매일 깨끗이 씻고 물기를 잘 닦을 것

(2) 구급법

① 1도동상에는 0.5% 크레졸 용액(kresol solution)을 38℃로 하여 이 속에 5~10분 담구었다가 바세린(vaselin)을 바른다. 매일 2~3회 반복한다.
② 2도동상에는 일도 동상의 처치를 한 뒤 수포 속의 물을 뽑아낸 다음 동상연고를 바르고 붕대를 한다.
③ 3도동상에는 소독한 붕대를 감고 의사의 치료를 받아야 한다.

5) 가스중독(gas intoxication)

가) 원 인

독이 있는 CO 및 CO2를 마셔서 심한 중독을 일으키고 때로는 질식사한다. 등용가스가 샐 때 통풍이 잘 되지 않는 방에 숯불을 피웠을 때 온돌방 바닥이 상한데 연탄을 피웠을 때 굴속 · 탄광 · 못쓰게 된 샘속에 원인이 있다.

나) 증 세

두통 · 현기증이 나타나면 가슴이 답답하고 이명증상이 생긴다. 안색이 붉어지고 눈

이 충혈되며 호흡과 맥박은 약하게 된다. 따라서 잠이 오며 가사상태로 되었다가 즉사케 된다.

다) 구급법

(1) 구호자

① 창문을 열고 환자 주위의 환기를 시킨 다음에야 환자곁으로 간다.
② 크게 숨을 쉰 다음 방에 들어가 좀 일을 하고 다시 창 밖으로 나온다. 또 크게 심호흡을 하고 방에 들어 간다.

(2) 환 자

① 공기가 잘 통하는 곳에 운반한다.
② 옷을 풀어 늦추고 인공호흡을 실시한다.
③ 심장은 차게 하고 몸을 문질러 준다.
④ 냄새가 몹시 나는 약을 코 근처에 대고 잠을 깨우도록 한다.

6) 출혈상(Bleeding)

응급처치중 가장 중요한 것은 출혈방지이다. 계속적인 출혈은 쇼크를 일으키고 나중에는 귀중한 생명을 빼앗는다. 혈액은 인체의 7%를 구성하고 있는데 그 2/5 이상이 급격히 실혈될 때 사람은 사망하게 된다.

가) 출혈상의 종류

① 동맥출혈(Arterial bleeding)
적은 동맥출혈이라도 그냥 두고서 지혈시키게 하는 것은 어려우며, 이것을 그냥두면 출혈로서 죽게 되는 것이다. 동맥출혈은 선홍색으로 맥박과 같이 박동성으로 나온다.
② 정맥출혈(Venous bleeding) : 암흑색 피가 계속적으로 나온다.
③ 모세혈관혈(Capillary bleeding) : 가장 경미한 피가 나며 지혈될 수 있다.

나) 구급법

출혈상을 지혈시키는 방법으로 안정(rest) · 고격(elevation) · 냉각(Cooling) · 압박(pressure) 등이 있다.

(1) 직접압박(direct pressure)

피가 출혈되는 곳은 소독한 거어즈(gauze)로 힘있게 누르는 것이다. 적은 출혈에 효과가 크다. 이와 같이 혈관을 압박하면 상처부위의 혈액저류시키는데 도움을 준다. 대개 5~10분 후에는 손이나 팔로 누르던 압박을 붕대로 대치시키는 것이 좋다.

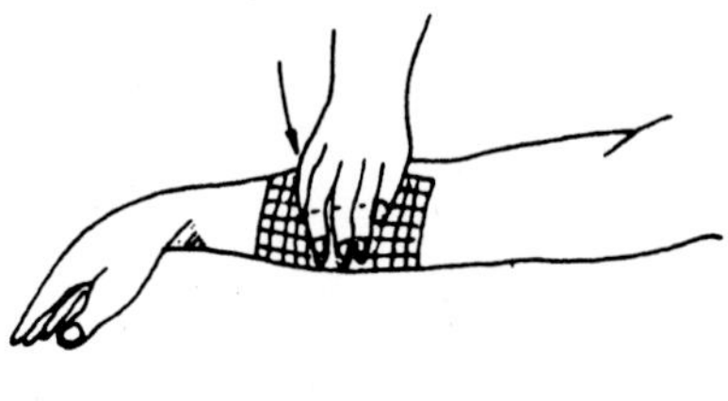

〈직접압박법〉

(2) 간접압박(Indirect pressure)

이 지혈법은 피가 출혈하는 상처보다 심장에 가까운 곳의 중맥을 누르는 것인데 그 요령은

① 지압법-모지로 동맥관 위에다 대고 강하게 골에 대하여 압박한다.

② 지혈기 지압법-굵은 고무판 또는 나무로 만든 띠로서 힘있게 혈관을 묶고 압박한다.

③ 가성지혈법 압박법-삼각 보자기 · 허리띠 · 수건 등으로 강하게 묶는 방법으로서 지혈대를 넣어 더욱 강하게 압박시키는 방법이다. 대개 이 방법은 사지에 심한 출혈이 있을 때 불가피 사용하게 되며 상처에는 소독약을 쓰지 않는 것이 보통이다. 가아제를 덮어 큰 상처를 보호하고 혈괴가 패로 되어 서로 작용하게 되므로 될수록 혈괴가 형성될 때까지 움직이지 않아서 상처의 치유를 빨리 하는 것이 좋다. 지혈대는 30분마다 늦추어(풀어서) 주고 여하한 경우라도 손끝으로 직접 상처에 닿게 하여 피를 지혈시켜서는 안된다. 여기에 주의할 점은 간접압박으로 2시간 이상 계속하면 상처부위가 괴사(Necrosis)가 된다는 사실을 알아야 한다.

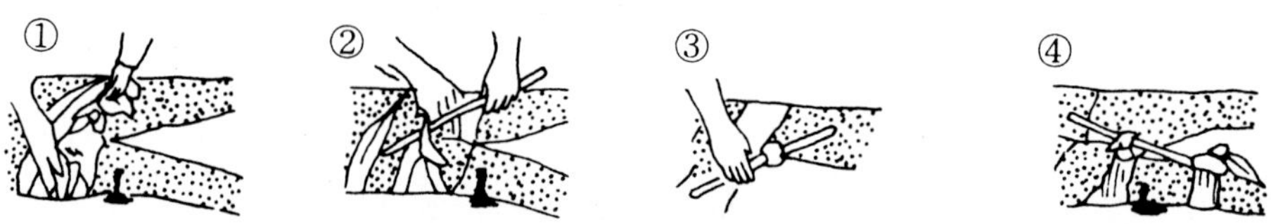

① 매듭이 하지에 오게 할 것

② 막대기를 매듭 밑으로 넣어라

③ 지혈대를 되도록 충분히 죄어라

④ 지혈대가 풀리지 않도록 하지에 끝을 매라

〈지혈대를 매는 법〉

7) 절골상(Fracture)

가) 원 인

급격한 외력 때문에 골이 균열 또는 부러졌을 때를 말한다. 골절은 전골 · 조골 · 사지골에 일으키기 쉽다.

나) 증 세

상처의 겉모양이 변한다. 절골된 부위에 압통을 심히 느끼며 움직이면 손상부위가 아프다. 부상자가 의식이 있으면 손상부위에 통증을 느껴 움직일 수 없게 된다. 근육이 수축되거나 이완되어 부자연한 형태(심히 붓는다)를 하게 된다. 또한 부어 오른 상처의 색깔이 변한다.

다) 구급법

① 탈의 또는 가위로 절골부위의 옷을 자른다.
② 움직이면 절골상의 이동으로 근육 · 신경 · 혈관을 손상시키게 된다. 따라서 골절시는 절대 안정해야 한다.
③ 골절부위에 부목을 사용하여 고정시키고 의사의 치료를 받아야 한다.
④ 척주골절시에는 어떠한 일이 있더라도 움직여서는 안된다. 물을 먹일 때도 머리를 쳐들어서는 안된다.
⑤ 골절치료 후에 관절 또는 근육이 굳어 있으므로 마사지 온욕 · 적당한 유연운동을 시켜 풀어 주어야 한다.

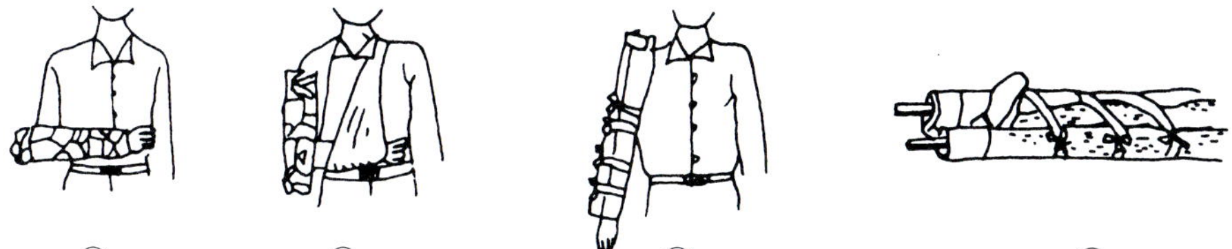

① 팔목이나 상완부 절골시의 부목

② 팔골절시의 부목

③ 팔꿈치를 구부릴 수 없을 때 팔꿈치주의 절골시의 단순직선부목

④ 골절된 하지무릎 혹은 발목에 하는 부목

〈골절에 대한 부목〉

8) 탈 구(Dislocation)

가) 원 인

관절부가 돌연 강한 외력을 받고 관절의 운동범위외로 골두가 움직이면 관절을 싸고 있는 관절낭이 찢어져 골두가 빠져 나온다.

나) 증 세

출혈과 주위의 부기는 골절과는 다르나 대단히 아프며 통증으로 인하여 움직일 수 없게 된다. 관절탈구된 쪽이 짧아지고 몹시 붓는다.

다) 구급법

① 원상태로 정복시킨다.
② 안정과 냉찜질을 한다.
③ 상처에 부목을 대고 빈 틈에 솜 또는 베를 채워 접골원 또는 외과원에서 치료를 받아야 한다.
④ 3개월간은 운동을 중지하고 6개월후부터 운동을 하게 한다.

9) 타박상(Bruise)

가) 원 인

타박으로 인하여 피부 밑에 출혈이 되어 부어 오른다.

나) 증 상

증상부위가 심하게 부어 오르고 통증이 심하다.

다) 구급법

① 손상부위를 안정하게 하여 아픈 곳의 피부 위로, 차가운 냉찜질을 한다.
② 20%의 붕산수를 거어즈에 축여 적당히 짜서 대어 준다.
③ 경한 때는 요드-팅크(Jod-tinc) 및 파스를 바른다.
④ 한방으로 침을 맞는다.

10) 염 좌(distorsion)

가) 원 인

사지의 관절이 과도하게 혹은 무리한 운동으로 인하여 관절면 또는 관절 인대에 손상이 일어나는 것이다.

나) 증 세

관절이 부어 오르고 통증이 대단히 심하여 활동장애를 준다.

다) 구급성

① 국부를 높이고 요드-팅크(Jod-tinc)를 발라 안정시킨다.
② 운동을 금하고 냉찜질을 한다.
③ Achilles 건이 끊어졌을 때는 운동을 금하고 의사의 외과적 치료를 받아야 한다.
④ 한방으로 찜질이 효과적이다.

11) 삼각건(triangular cloth)

삼각건은 상처난 곳에 소독한 가아제나 약품이 움직이지 않도록 고정하여 병원체의 침입을 막는 동시에 출혈을 막고 다친 부분을 안정시키는데 사용하게 된다.

12) 환자의 운반법

환자는 될 수 있는대로 빨리 안전한 장소로 적절히 운반하여 처치를 요할 때는 신속히 이를 행하여 들것이나 자동차 등으로 운반한다. 차마의 편의가 용이치 않을 때는 등에 업거나 또는 가슴에 안거나 하여 운반을 한다. 한 사람은 부족하니 두 셋이 협력하여 나르도록 한다. 환자를 고정시키는 부목은 나무쪽, 대막대 등을 사용하여도 좋으나 바쁠 때는 지팡이, 양산 등을 임시로 사용토록 한다. 들것이 없을 때는 문짝 같은 것이나 의자, 가마니, 양복저고리에 봉을 대서 들 것을 만들어 사용하여야 한다.

제3장 운동생리

1. 개요
2. 인체의 구조와 기능
3. 운동과 생리

1 개 요

운동생리학이란 생리학의 일분야로서 신체운동의 분석 및 운동시에 신체기능의 생리적인 현상과 생리적인 적응 과정을 추구하는 학문이다.

생리학(Physiology)이란 생물체의 생명현상(Life phenomenon)을 연구하는 학문으로서 생명현상을 규명하기 위하여 그 기능을 연구하는데, 생체가 갖고 있는 각 기관·조직·세포의 기능은 그들의 형태 및 구조와 유기적인 관계를 맺고 있으므로 생리학을 연구함에 있어서 인체의 형태 및 구조를 연구하는 학문인 해부학의 지식이 절대적으로 필요하게 된다.

체육교육은 신체운동시에 나타나는 생체기능의 변화에 대한 명확한 지식을 필요로 한다. 또한 체육의 목적이 개인의 활동능력을 증진하고 사회성을 증대시키는 데 있는 바 개체의 활동력을 좌우하는 신체적인 요소를 파악해야 하며, 운동을 할 때는 근육 뿐만 아니라 여러 조직과 기관 그리고 세포들도 각 각 그들의 기능을 발휘한다는 것이 확실하게 나타났으므로, 이들 기능의 생리적 변화와 적응과정을 연구하는 학문인 체육생리학을 통하여 환경이나 자극에 대해 인체가 위험없이 항상성을 유지해 나갈 수 있도록 해야 할 것이다. 특히 체육 지도자는 피교육자의 연령·성별 및 체질에 대한 신체기능의 특징을 충분히 이해해야 하므로 체육학을 연구하는데 있어서 생리학 및 해부학의 지식이 절대적으로 필요하다고 본다.

2 인체의 구조와 기능

가. 골격계

인체에는 206개의 뼈가 서로 연결되어 인체의 기본적인 고형구조를 이루고 있는데, 이를 골격계라고 한다.

골격은 뼈(bone)·연골(cartilage) 및 인대(ligament) 등으로 구성되며 이들 뼈 및 연골들은 관절(joint)이라는 형태로서 서로 연결되어 있고 인대가 이들 관절을 보강하고 있으므로 골격의 일정한 구성을 지탱하여 준다.

골격의 기능은 인체의 기본적인 고형구조를 이루어 인체의 연한 부분을 지탱하는 기둥의 역할을 하며 또한 골격으로 단단한 벽을 이룸으로써 뇌·내장기관 등과 같은 신체의 내부장기를 보호한다.

이외에 뼈는 조혈기관으로 골수(bone marrow)에서 혈구를 만들어 내는 일을 하며, 칼슘(Ca)·인산(H3PO4) 등과 같은 무기질 대사에 큰 역할을 하는 조직으로 뼈 안에 칼슘과 인산염을 저장하였다가 신체의 요구에 따라 다시 체내에 공급하는 저장창고의 구실을 한다. 또한 골격은 근육이 부착하는 곳을 제공하여 근육에 대한 지렛대의 역할도 한다.

이상과 같이 골격의 기능은 모든 뼈가 다 갖고 있는 것이 아니고 뼈에 따라 기능의 차이가 있다.

1) 골격의 구조

가) 골 질

골질은 두 종류의 골조직 즉 치밀질(compact substance)과 해선질(spongy substance)로 되어 있는데, 외부에 있는 치밀질은 골세포와 기질로 조밀하게 구성되어 있고 내부에 있는 해면질은 마치 스폰지와 같이 구멍이 많이 뚫려 있는 구조로 되어 있다. 그러므로 치밀질은 견고하며, 그 속에는 혈관이나 신경이 통하는 관계통이(canal system)이 있는데 이것을 헤버어즈관(haversian canal)이라고 한다.

나) 골 막

골막은 연골로 덮인 뼈의 관절단 표면을 싸는 강한 결합조직(connective tissue)의 막으로 혈관과 신경이 많이 분포되어 뼈에 영양을 공급하고 또 뼈를 보호함으로써 뼈의 재생에 중요한 역할을 한다.

다) 골 수

골수는 세포조직으로 2가지가 있는데, 그 하나는 혈관이 많이 있는 적색골수와 지방이 많이 있는 황색골수이다. 어렸을 때 소년기의 골수는 모두 적색골수이다.

① 적색골수–이 적색골수는 적혈구 · 백혈구 및 혈소판을 만드는 기관이므로 조혈이라고 할 수 있다.

② 황색골수–성인이 되면 황색골수가 더 많아 지는데, 성인에게서 장골의 골간은 거의 지방조직으로 바뀌어서 황색골수로 되어 있다.

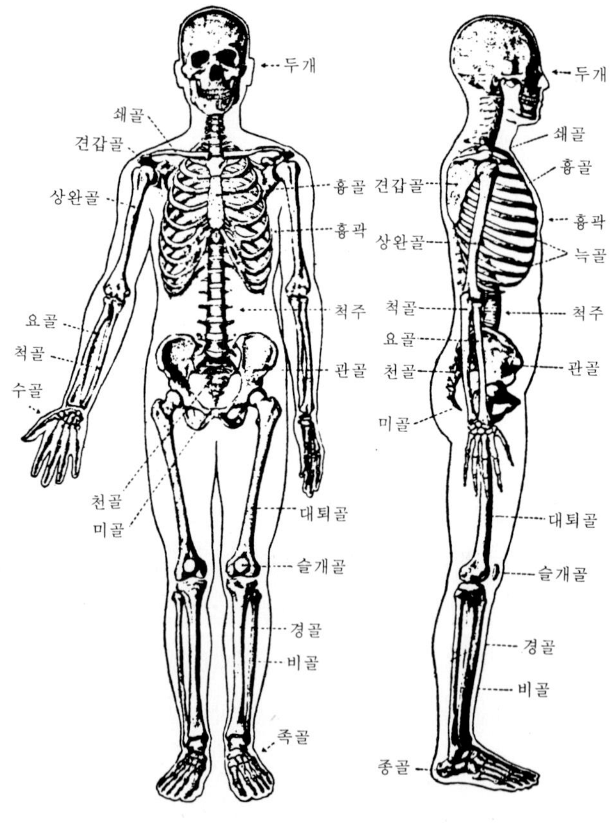

〈그림 1〉 골격의 명칭

라) 연골질

이것은 뼈의 관절선과 성장선에서 볼 수 있는데 전자는 관절부의 탄성의 완충대를 형성하기 때문에 이것을 관절연골이라고 하고, 후자는 뼈의 장축방향 쪽의 성장을 영위하기 때문에 관절상에 있어서는 이것을 골단연골이라고 한다.

2) 관절구조와 종류

가) 관절의 구조

관절을 형성하는 두 개의 골단(epiphysis)은 보통 한쪽이 볼록하고 다른 쪽은 오목한데, 볼록한 것을 관절두(joint caput)라 하고 오목한 것을 관절와(joint fossa)라 한다. 이들 골단들은 아래 그림에서 보는 바와같이 관절연골로 덮여 있어 매끈하기 때문에 운동이 자유로우며 충돌하지 않는다. 더욱 이들 두 골단은 관절포(articular capsule)로 싸여져 있어 두 골단과 관절포에 의하여 관절공(joint cavity)이 형성되는데 그 속이 활액으로 차 있으므로 골단들이 서로 충돌하지 않게 떨어져 있고 관절면의 마찰은 골액에 의하여 상당히 감소된다.

관절의 외측에는 강한 결합조직으로 된 인대가 양쪽 뼈에 붙어 있어 관절을 보호하고 관절의 과도한 신전을 방지하는 역할을 한다.

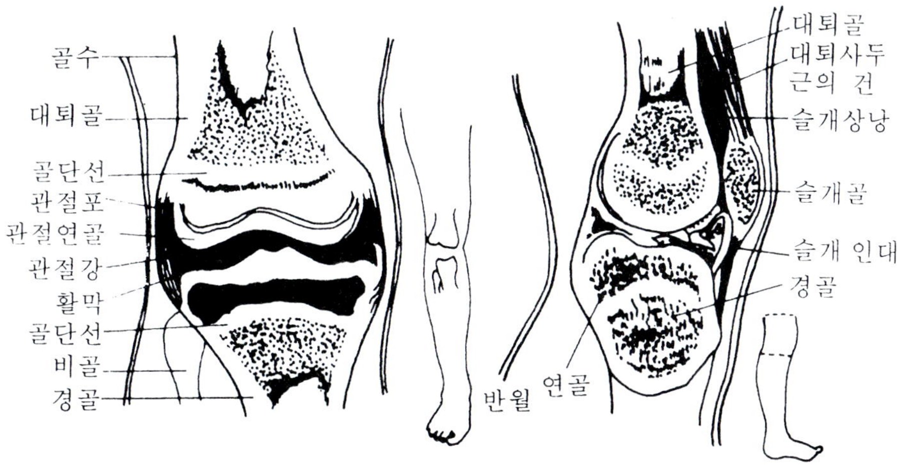

〈그림 2〉 골액 관절의 모양

나) 관절의 종류

관절은 관절두와 관절와의 모양에 따라 그 관절의 운동 범위가 정해지므로 관절은 관절을 구성하는 뼈의 수, 운동축(axis) 그리고 뼈의 모양 등에 따라 다음과 같이 구분된다.

(1) 뼈의 수에 의한 구분

① 단관절(simple articulation) : 두 뼈로 된 관절(견관절 · 고관절)
② 복관절(compound articulation) : 세 뼈로 또는 그 이상의 뼈로 이루어진 관절(주관절 · 요골수근관절)

(2) 운동축의 수에 의한 구분

① 일축성 관절(uniaxial joint) : 관절 운동이 한 축으로 이루어지는 관절(중수지절관절)
② 이축성 관절(diaxial joint) : 관절 운동이 두 개의 축으로 이루어지는 관절(요골수근관절)
③ 다축성 관절(polyaxial joint) : 여러 개의 축으로 이루어진 관절(견관절)

(3) 관절의 모양에 따른 구분

① 구관절(spheroid joint) : 견관절, 고관절
② 안관절(saddle joint) : 제일수근, 중수관절
③ 경첩관절(hinge joint) : 슬관절, 주관절
④ 자축관절(trochoid joint) : 경추관절, 요척관절
⑤ 과상관절(condyloid joint) : 악관절, 중수지절관절
⑥ 타원관절(ellipsoid joint) : 요골수근관절
⑦ 평면관절(plane joint) : 수근간관절, 족근간관절

3) 부위에 따른 뼈의 분류

가) 두개골

두개골은 15종 23개의 독립된 뼈로 구성되어 있는 머리와 얼굴의 뼈를 말한다. 하악골(mandible)을 제외한 21개의 뼈들은 대부분이 봉합의 형태로 관절하고 있으며, 성인에서는 완전히 골화되어 서로 움직이지 않는 단일골처럼 굳어져 있다. 이 외에도 좌우 중이(middle ear) 안에 있는 3개씩의 이소골과 턱밑에 있는 하나의 설골(hyoid bone)을 여기에 추가시킬 수 있다.

두개골중 14개의 뼈는 얼굴을 구성하는 안면골이고, 나머지 8개의 넓적한 뼈들은 두개를 이루고 있다.

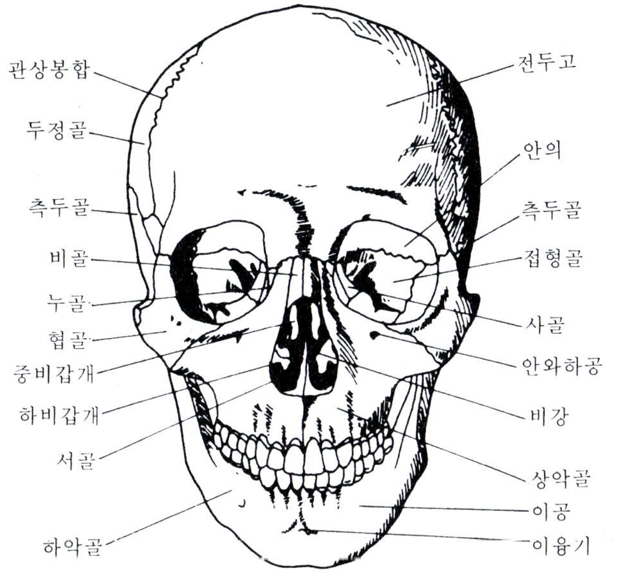

〈그림 3〉 두개골 전면

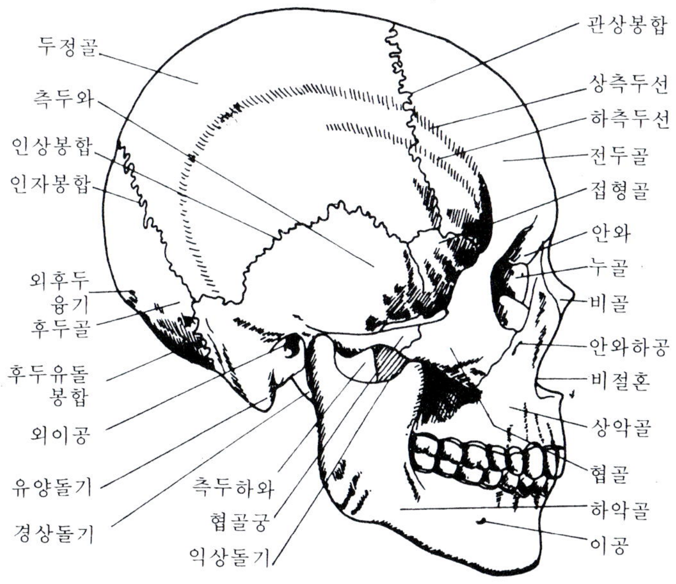

〈그림 3〉 두개골 측면

두개골은 중추 신경인 뇌수(brain)와 그에 부속되는 시각 · 청각 · 미각 · 후각 등의 감각 기관들을 간직 보호하고 있을 뿐만 아니라 호흡기와 소화기의 일부도 간직하고 있는 매우 중요한 부위이다. 두개골을 구성하고 있는 뼈들은 그림에서 보는 바와 같다.

나) 척 주

척주는 척추골과 이들 사이사이에 들어 있는 추간원반(intervertebral disc.) 및 이들의 연결을 보강하는 인대로 구성되어 있는 기둥 모양의 구조물로서, 몸의 구간부와 목을 지탱하는 지주 역할을 하며, 중추신경의 일부인 척수(spinal cord)를 그 안에 간직하고 있다. 전체 척주 길이의 3/4은 척추골, 나머지 1/4은 추간원반이 차지하고 있는데, 척추골은 그 부위에 따라 다음과 같이 다섯 종류로 구분된다.

① 경추(cervical vertebrae) : 7개
② 흉추(thoracic vertebrae) : 12개
③ 요추(lumbar vertebrae) : 5개
④ 선추(sacral vertebrae) : 5개
⑤ 미추(coccygeal vertebrae) : 4개

청년기 이전까지는 모두 33개를 가지고 있으나 성년이 되면 5개의 선추는 하나의 선골로, 4개의 미추는 미골로 불린다.

선추보다 위에 있는 24개의 척추골들은 일생동안 분리된 채로 남아 있어 이들을 진성 척추골이라 하고, 9개의 선추골과 미추골을 가성 척추골이라 부른다.

척주는 정 · 후면에서 보면 수직을 이루고 있으나, 좌우측면에서 보면 몇 개의 만곡(cur vature)을 이루고 있다.

즉, 경추는 전방으로 흉추는 후방으로 나타내고, 요추는 다시 전방으로, 선골과 미골은 후방으로 볼록한 만곡을 보이는데 이러한 만곡은 생후 18개월이 지나면서 비로소 뚜렷해진다.

생후 3개월이 되면서 경부의 만곡이 생기고 그

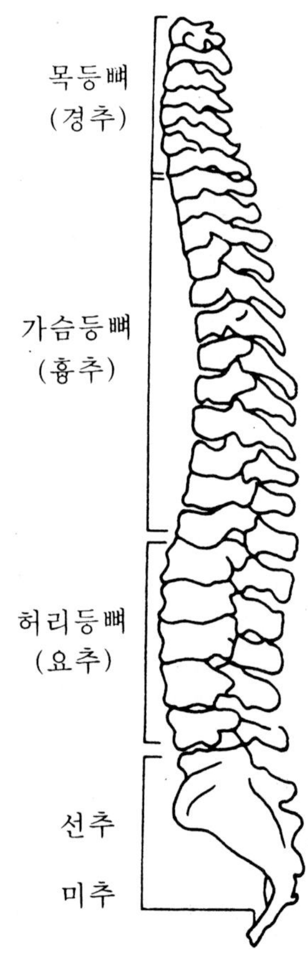

〈그림 4〉 척 주

이전에는 경부 · 흉부 · 요부의 구별이 없이 전체가 후방으로 볼록하게 보인다. 그러나, 생후 18개월이 지나면 요부 만곡이 차츰 나타나 성인의 만곡에 가까워진다. 그리고 선천적인 흉부와 선골부의 만곡을 1차만곡이라 하고 생후에 형성된 경부와 요부의 만곡을 2차만곡이라 한다.

다) 흉곽(thorox)

흉곽은 12개의 흉추, 12쌍의 늑골 및 늑연골 그리고 1개의 흉골로 구성된 상하가 뚫린 바켓스 모양을 하고 있는데, 흉곽내의 장기들, 즉 허파와 염통 및 큰 혈관들의 보호 역할을 하며, 또한 흉곽에 부착된 근육들의 도움을 받아 호흡운동을 하는 중대한 역할을 맡고 있다. 전체적으로 보아 흉곽은 위가 좁고 아래가 넓은 원추 모양을 하고 있다.

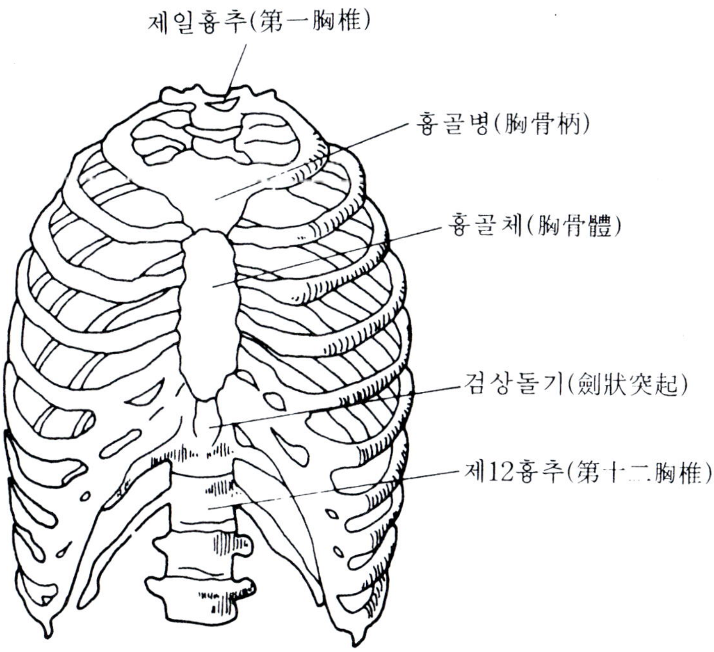

〈그림 5〉 흉 곽

라) 상지골 및 하지골

(1) 상지골

상지골에 속하는 뼈들은 그 부위에 따라 다음과 같이 분류한다.

- 상지 대골 (bones of shoulder girdle)
  - 쇄골(clavicle)
  - 견갑골(scapula)
- 자유 상지골 (bones of free upper limb
  - 상완(upper arm) 상완골(humerus)
  - 전완(fore arm)
    - 척골(ulna)
    - 요골(radius)
  - 수(hand)
    - 수근골(carpal bones)
    - 중수골(metacarpal bones)
    - 지골(phalauges)

(2) 하지골

하지골은 상지골과 마찬가지로 그 부위에 따라 다음과 같이 분류한다.

- 하지대골:관골(hip bone) (bones of pelvic girdle)
  - 장골(ilium)
  - 좌골(ischium)
  - 치골(pubis)
- 자유 하지골 (bones of free lower limb)
  - 대퇴(thigh) : 대퇴골(femur)
  - 하퇴(leg) : 경골(tibia), 비골(fibula)
  - 족(foot)
    - 족근골(tarsal bone)
    - 중족골(metatarsal bone)
    - 지골(phalanges)

나. 근육계

근육은 체중의 36~40%를 차지하고 있으며, 인체를 구성하고 있는 골격근만 하더라도 300종, 650근이 있다. 인간이 의지 활동에 따라서 수의적인 동작을 행할 수 있는 것은 관절을 중심으로 양측의 골격을 연결시키는 골격근의 움직임 때문이다. 이와같이 의지한 대로 수축되는 골격근을 수의근이라 부르며, 소화관과 그 외의 내장의 여러 기관을 이루고 있는 근들 즉 우리 인간들의 의지활동과 관계없이 움직이는 내장근을 불수의근이라고 부른다. 수의근은 조직학적으로 볼 때 횡문이 있는 횡문근과 횡문이 없는 평활근으로 나눈다.

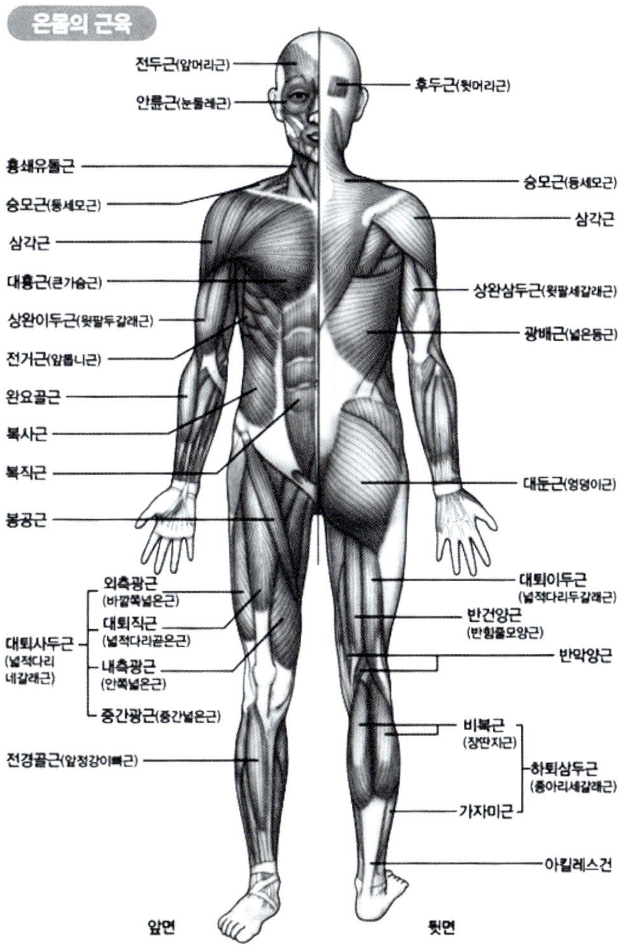

〈그림 6〉 인체의 골격근

그러나 끊임없이 자율적으로 활동을 계속하고 있는 심장의 근은 불수의근이지만 조직학적으로 골격근과 같이 횡문이 있다. 그러므로 조직학적으로는 골격근과 동류이지만 기능적으로는 내장과 같은 불수의근이다.

1) 골격근의 구조

골격근은 무수한 근섬유로 형성되어 있으며 수백 내지 수천개의 근원섬유와 육장이라고 불리는 반유동성 내용물로 되어 있다. 근원섬유와 육장의 주위는 근섬유초라 불리는 종합조직으로 된 엷은 막이 둘러 싸여 있으며 이 근원 섬유초에는 다수의 핵이 있다.

한편 근원섬유는 평행으로 된 400~2500개의 근절로서 구성되며 하나의 근섬유는 100만개 이상의 근절로 되어 있다. 이 근절은 일명 미세섬유라고도 불리며, 단백질의 일종인 actin과 myosin으로 되어 있는데 등질대 또는 I 대라고 불리는 밝은 부분과 불등질대 혹은 A대라고 불리는 어두운 부분으로 구분되어 있어 이것이 횡문을 나타낸다. 근절에서 A대에 해당하는 부분의 굵은 줄이 미오신 필라멘트(myosin filament or thick filament)이고 양쪽의 Z선에서 시작하여 H대까지 연장되는 가는 줄이 액틴필라멘트(actin filament)이다.

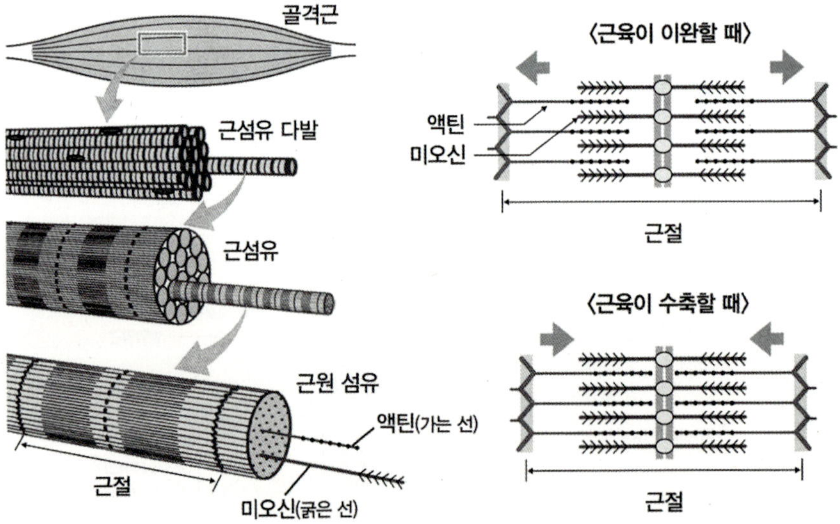

〈그림 7〉 근섬유의 구조

2) 근육의 조성 및 혈액공급

근육의 화학적 조성은 수분이 75%이고 고형성분은 25%로 되어 있다. 고형성분은 유기질(23.7%)과 무기질(1.3%)로 되어 있고, 유기질에는 단백질(20%), 함질소물질(1.7%), 탄수화물(1%), 지방(0.1%) 등이 포함되어 있으며, 무기질에는 아주 소량의 Na, K, Fe, Ca, Mg, P, S 등이 포함되어 있다.

한편 근육의 혈액공급은 근섬유로 둘러싼 결합조직 중에 분포되어 있는 모세혈관에 의존하는데 모세혈관의 분포는 근육의 단면적 1㎟ 당 4,000개가 있으나 안정시에는 이중 일부만 열려 있다.

3) 근육의 기능

골격근은 수축하면 길이가 짧아진다. 그러나 용적은 변하지 않기 때문에 짧아지는 동시에 두터워진다. 근이 수축할 때의 모양은 근육의 가느다란 섬유가 두터운 섬유 사이로 헤치고 들어 간다. 즉 근섬유를 구성하는 actin과 myosin이라는 단백질이 반응해서, myosin 사이를 actin이 활주해 가므로써 수축이 일어나는 것이다. 근육의 수축에는 cnergy가 필요하지만, 그 cnorgy는 근세포 속에 있는 아데노신 3인산(ATP)이라는 물질로서 저장된다. 이 물질이 분해할 때, 다량의 energy를 방출한다. ATP는 포도당이 분해할 때 병행해서 만들어진다.

4) 근육의 운동과 화학 변화

근수축 때의 energy 원이 되는 ATP는 충분한 산소의 공급을 받으면, 산소가 전혀 없는 경우 보다 17배나 많이 만들어진다. 게다가 포도당인 분해산물인 유산의 발생은 적고, 포도당은 완전히 물(H2O)과 이산화탄소(CO2)로 분해된다. 따라서 힘든 운동을 행한 경우는 산소의 공급량이 문제가 된다.

포도당과 산소는 혈액에 의해서 근육에 운반된다. 운동중 산소의 공급을 충분히 하기 위해서는, 혈액중의 산소농도를 높임과 함께 근의 혈액순환량을 많게 해야 한다. 이 때문에 호흡운동은 격해지고, 심박수가 증가하며 근육의 휴지모세혈관도 열려서 근육에 다량의 혈액이 흐르도록 해준다. 근육의 수축이 계속되면, 점차로 근력이 약해지고 수축량도 감소한다. 이것을 근피로라고 한다. 이 원인은 유산 등의 피로물질이 근육 내에 축적되기 때문이라고 생각한다.

이 피로물질이 축적되면, 근육이 산성으로 기울어져 여러 가지 화학반응이 순조롭게 행해지지 않게 된다. 피로물질은 산소공급이 충분하지 않을 때에, 포도당의 분해산물로서 다량으로 발생한다. 일반적으로 피로라고 할 때는, 신경에서 근육으로 생명이 전달될 즈음, 뇌내의 신경피로도 포함된다. 이 때문에 근육 자체는 피로하지 않은데 움직임이 나빠지기도 하고, 피로감을 느끼는 일이 있다. 그러나 이같은 경우도 혈액중에 유산이나 CO2 같은 산이 증가하는데 기인한 것이 많다.

다. 인체의 각 기관

1) 소화기계

소화기계는 음식을 섭취하고 그것을 소화흡수해서, 신체의 성분 또는 정력원을 공급한다. 구강 · 위 · 십이지장 · 맹장 · 결장 · 직장을 거쳐 항문에 이르지만, 그 경과 중에 간장 · 장 등으로부터 소화액의 분비를 받는다.

2) 호흡기계

외비 · 비강 · 인두 · 후두 · 기관 · 기관지 · 폐를 호흡기계라고 한다. 외계로부터 산소를 취하여 조직으로 공급하고, 조직으로부터 탄산가스를 밖으로 내보낸다. 호흡의 회수는 성인이 매분 평균 16~19회이고, 호흡 1회에 맥박은 4회가 보통이다. 1회의 공기량은 약 500cc로서 외호흡과 내호흡이 있다.

3) 순환기계

순환기계는 영양물을 체내의 각 조직에 보내고, 대사산물을 조직으로부터 운반한다.

심장 · 혈관 · 림프선 및 림프관이 있다. 이 순환의 원동력은 심장의 수축에 의해 주어진다. 심장은 횡경막의 위에서 좌우 폐 사이에 위치하고, 심낭으로 싸인 중벽에 의해 좌우로 나뉘어진다. 좌심실에서 대동맥, 우심실에서 폐동맥으로 연결되어 있고, 소동맥에서 모세혈관으로 되며, 각 기관조직 속에 들어가서 나누어진 모세혈관은 점차 집합해서 대동맥으로 된다. 패동맥은 폐로 들어가고, 대동맥처럼 분리되어 모세혈관으로 되며, 다음에 모여서 폐정맥이 되고 좌심방으로 연결되어 진다. 혈액이 전체를 한 바퀴 도는데는 약 1분정도 걸린다.

소화기관 구조

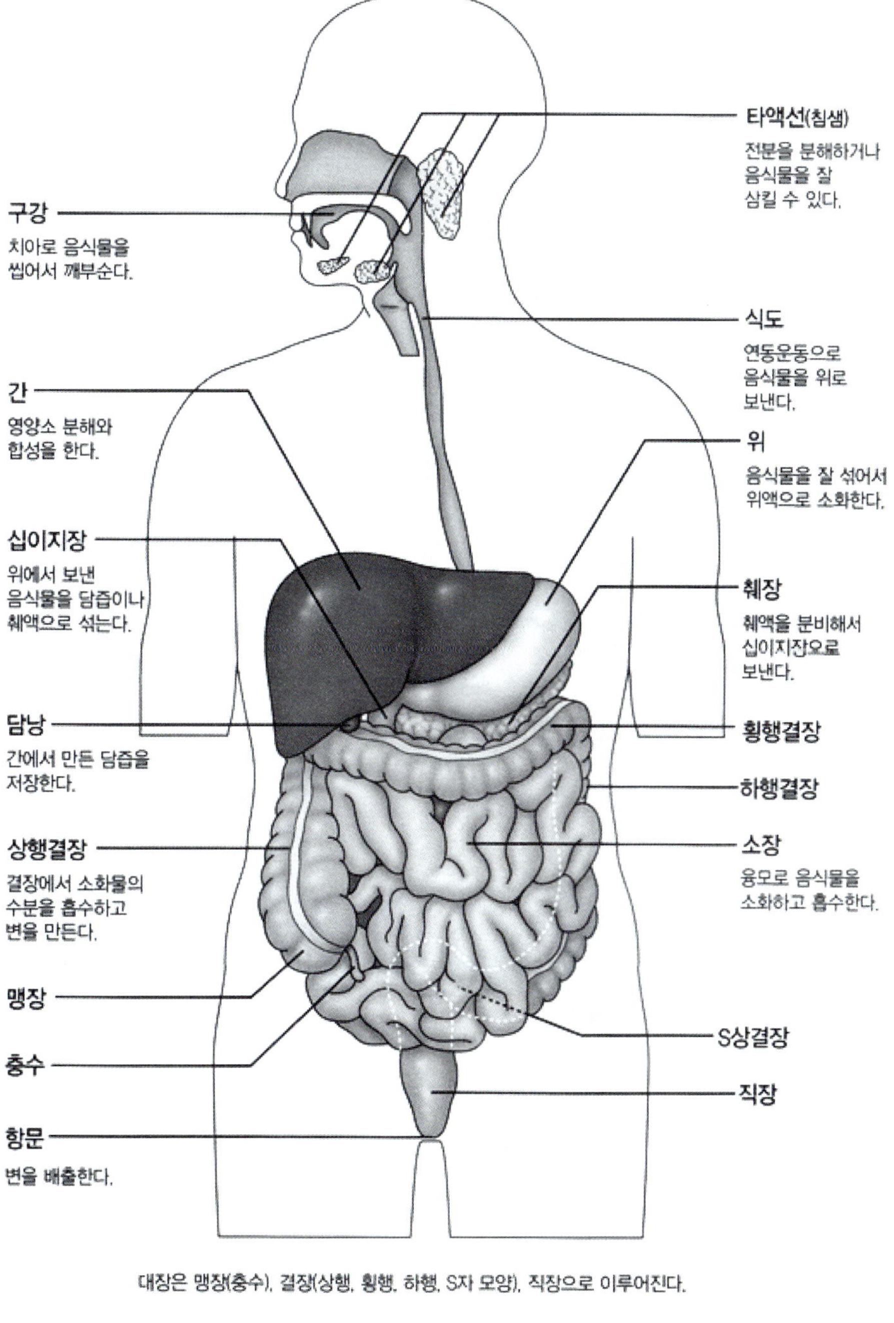

〈그림 8〉 소화기관 구조

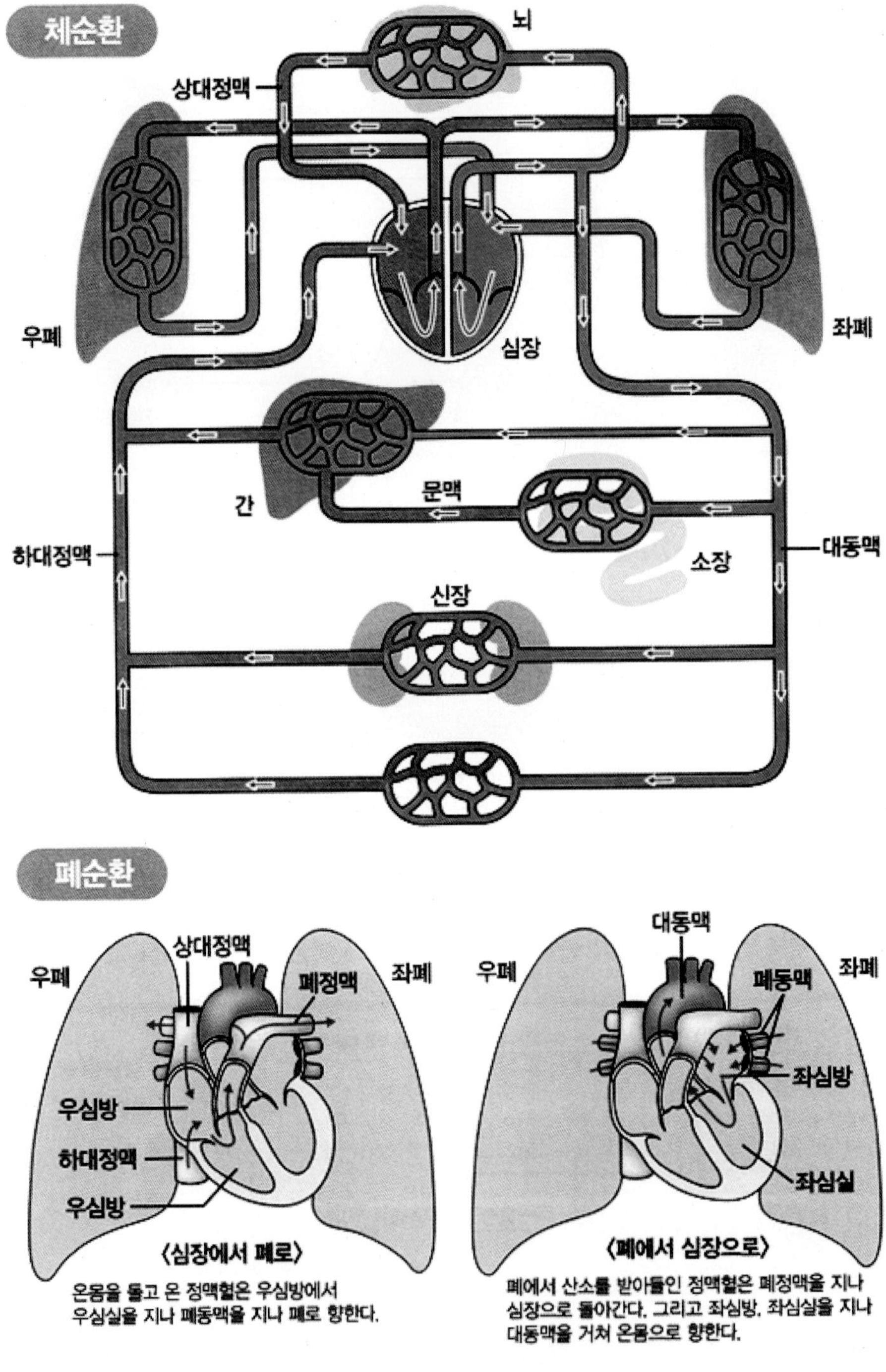

〈그림 9〉 인체의 호흡 · 순환 도식

4) 배설계

물질대사의 결과 체내에 생긴 분해산물(요소 · 물 · 탄산가스) 및 소화흡수한 음식물의 찌꺼기, 더욱이 흡수된 독물 등을 체외로 배출하는 일을 한다.

5) 감각계

신체와 외계와의 관계를 알고, 또 신체의 보호 내지 활동에 편리하도록 한다. 계통에는 시각 · 청각 · 취각 · 미각 · 피부감각 · 위치각 및 운동각의 7종이 있다.

양안시의 장점은 입체시의 감이 완전하고, 생물의 원근 · 대소 등을 정확히 판단해서 얻는 것이다. 위치감은 신체 전부의 위치 또는 신체 각 부분의 위치를 인식하는 감각을 말한다.

6) 신경계

모든 기관의 기능을 연결 통일하고, 또 정신활동에 기여한다. 중추신경(대뇌 · 소뇌 · 연수 · 척수), 말초신경(체성신경〈지각신경 · 운동신경〉, 자율신경〈교감신경 · 부교감신경〉)이 있다.

7) 내분비계

특수한 물질을 분비하고, 혈액을 매개로 해서 제기관의 기능을 연락 조정한다. 이 분비물을 호르몬이라 하고, 호르몬을 산출하는 작용을 내분비라 한다.

8) 피부계

신체의 외표를 형성하고, 내부 제기관을 보호한다. 피부에는 표피와 진피가 있고, 피부의 부속물로써 간선, 모발, 지선 등이 있다.

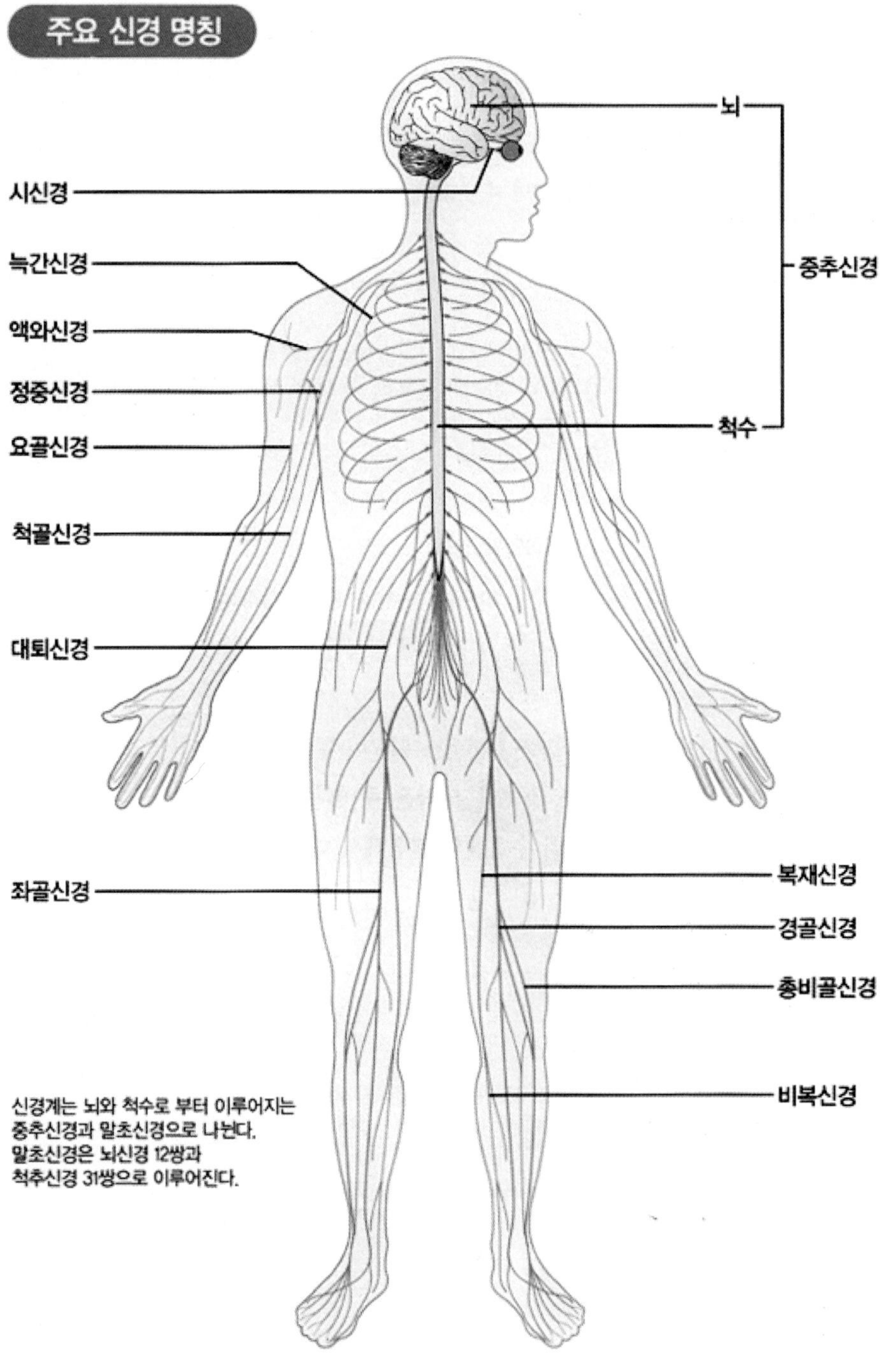
주요 신경 명칭
뇌
시신경
늑간신경
중추신경
액와신경
정중신경
요골신경
척수
척골신경
대퇴신경
좌골신경
복재신경
경골신경
총비골신경
비복신경
신경계는 뇌와 척수로 부터 이루어지는
중추신경과 말초신경으로 나뉜다.
말초신경은 뇌신경 12쌍과
척추신경 31쌍으로 이루어진다.

〈그림 10〉 주요 신경명칭

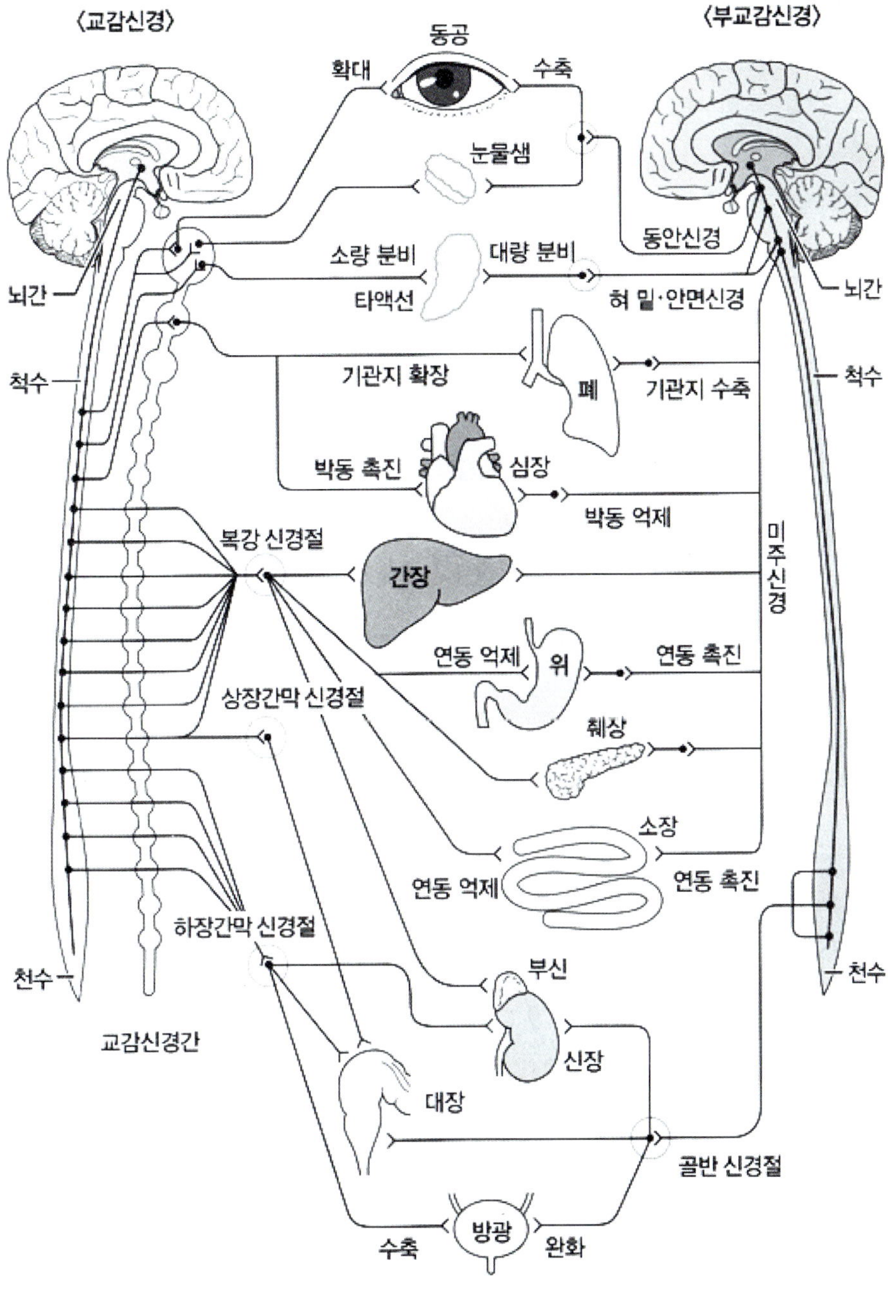

〈그림 11〉 교감신경과 부교감신경

3 운동과 생리

가. 운동과 골격

1) 골격과 성장

사람의 키가 커지는 것은 골격의 발생과 성장에 의해서 이루어진다. 한국인의 발육상태를 보면, 신장은 출생시에 약 50cm 이던 것이 생후 12~15개월에 약 1.5배, 5년에 약 2배, 15년에 약 3배, 성인에서 약 3.5배가 되며, 체중은 출생시에 약 3kg이던 것이 생후 3개월에 약 2배, 1년반에 약 3배, 3년에 약 4배, 5년에 약 5배, 7년에 약 6배, 9년에 약 7배, 12년에 약 10배 그리고 성인에서 약 20배가 된다.

이와 같은 생체의 성장중 특히 키의 성장은 골격의 발생 및 성장과 밀접한 관계가 있다. 한편 이들의 조직형성에는 Ca이 반드시 필요한데, Ca 대사는 부갑상선에 의하여 정밀하게 조절되어지고 있다.

2) 운동과 관절

관절은 그 구조와 운동축에 따라서 골운동 · 각운동 · 원추회전운동 · 회선운동을 한다.

골운동이란 편편한 관절면에서 서로 미끄러지는 운동을 말하며, 각운동이란 인접한 뼈 사이의 각을 증감시키는 굴 · 신 · 내전 · 외전 등의 운동을 말한다.

원추회전운동이란 관절두가 관절강 내에서 추상으로 도는 것, 즉 굴 · 신 · 내전운동이 계속적으로 일어나는 운동을 말하며, 회선운동이란 뼈의 장축을 중심으로 하여 도는 내회전 · 외회전 운동을 말한다.

이와 같은 관절의 운동은 관절의 모양과 밀접한 관계가 있으며, 관절의 가동범위는 곧 신체의 운동범위를 결정하는 것이므로 관절의 구조와 신체운동은 밀접한 관계를 갖는다.

3) 골격과 지레작용

인체에서 뼈와 관절은 일종의 지레를 형성하며, 이곳에 근육이 부착하여 수축함으로써 지레를 이용한 역학적 작용을 나타낸다. 아무리 복잡한 운동이라 할지라도 그 요소를 분석하여 보면, 뼈와 관절, 그리고 근육이 모여서 이루어지는 단일기계적 작용임을 알 수 있다. 인체에서 이루어지는 지레 작용에는 단순지레 작용이 대부분이며, 큰 힘을 내는 부위에 따라서는 복합 지레 작용도 일어나고 있다.

지레의 구성은 관절이 지점이 되고, 뼈가 지렛대가 되며, 뼈에 부착된 근육의 지점이 역점이 되어 이루어지는데, 이들 지레의 모양은 지점 · 역점 · 운동 부하의 작용점에 따라서 지레의 모양이 달라진다. 즉, 그 지점 · 역점 및 부하의 작용점에 따라서 제1지레 · 제2지레 · 제3지레의 3종류로 구분된다.

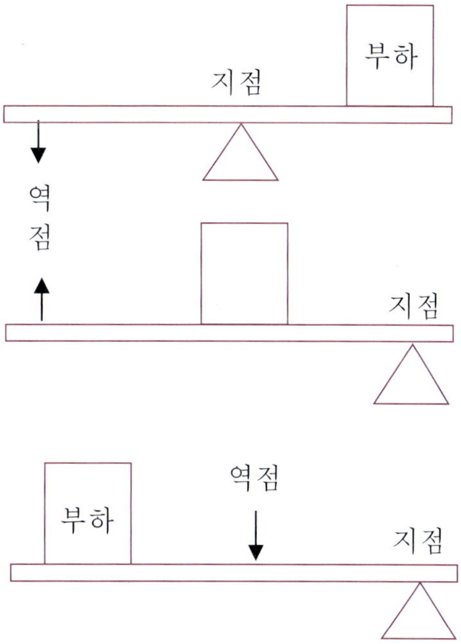

〈그림 14〉 인체의 단순지레의 종류

일반적으로 인체에서 이루어지는 단순지레 작용은 힘에서는 손해를 보나, 속도에서 이익을 보는 경우가 많다. 예를 들면 무릎을 펴면서 무거운 것을 들어 올린다든지, 팔을 펴면서 주먹으로 칠 때와 같이 큰 힘을 필요로 하는 데는 복합지레의 원리에 의해 적은 힘으로 큰 효과를 내는 것과 같다.

나. 운동과 근육

1) 근육의 수축방법

가) 등척성 수축

절대로 움직일 수 없는 물체를 움직이려고 힘을 낼 경우, 근육은 분명히 큰 힘을 내려고 수축은 하고 있으나 단축하고는 있지 않다. 이렇듯 근육이 그 길이를 바꾸지 않고 수축하는 상태를 등척성수축 또는 정적 수축이라고 한다.

나) 등장성 수축

일정한 중량을 가진 물체를 움직일 때, 근육은 그 물체의 중량을 움직일 수 있을만한 힘을 내게 되는 것이다. 바꾸어 말하면 근육은 항상 거의 같은 크기 만큼의 힘을 내고 있는 것이다. 물체가 가벼우면 약한 힘을, 반대로 물체가 무거우면 큰 힘을 내게 된다. 이와 같은 수축의 상태를 근육의 장력이 걸리지 않는다는 의미에서 등장성 수축 혹은 움직임을 수반한 다른 시점에서 동적수축이라고 부르고 있다.

움직임을 수반하는 수축에서는 하중이 근력의 최대보다 가벼운 경우에는 쉽게 손 가까이 끌어 들일 수가 있다. 즉 이와 같은 상태는 근육이 그 하중에 어울릴만한 힘을 내면서 단축해 가는 것으로서 이와 같은 수축방식을 Concentric contraction(향심적 수축)이라 부르고 있다. 이에 대해서 하중이 최대근력보다 클 경우에는 근육을 단축된 상태로 유지하려 해도 불가능하다. 그리하여 각 근섬유가 제각기 최대의 힘을 내면서도 결과적으로 끌려서 신장되고 마는 것이다. 또한 하중이 그 근속의 최대근력보다 가벼운 경우에는 그 필요한 힘에 적당할 만큼의 운동단위가 흥분하고 있는 셈인데, 전술한 바와 같이 향심적 수축을 행하는 것이 가능할 뿐만 아니라 그 하중을 받들면서 근육을 신장시켜 나가는 것이 용이하다. 이와 같이 근육이 수축력을 발휘하면서 신장되는 상태를 Eccentric contraction(이심적 수축)이라고 한다.

2) 근육과 근력

근육은 수축을 함으로써 힘을 내는데, 이때 근육이 수축하여 발생하는 힘을 근력이라 한다. 이들 근력은 근육이 순간적으로 내는 힘과 지속적으로 오랫동안 내는 힘으로 구분이 되는데, 전자를 순발력 또는 정적 근력이라 하고, 후자를 근지구력 또는 동적근력이라 한다.

일반적으로 정적근력은 근육의 단면적에 비례하는데, 이것은 근육의 단면이 큰 근육에서는 ATP의 형태로 energy를 많이 저장하고 있기 때문이다. 한편 동적근력은 근육의 단위 면적당 모세혈관의 분포 또는 혈류량이 많은 근육에서 높다. 왜냐하면, 계속적인 근육운동은 대사기능이 항진되어 있으므로 많은 영양소와 산소의 공급이 필요하고, 또한 급속한 노폐물의 제거가 요구되기 때문이다.

3) 근육과 훈련 효과

근육은 사용하면 발달하고 사용하지 않으면 점차 쇠퇴하여짐은 잘 알려진 사실이다. 근육은 훈련에 의하여 발달되어 점차 굵어지는데, 이는 근섬유가 세포분열에 의하여 그 수가 늘어나는 것이 아니라 근섬유 자체가 비대하여지기 때문이다. 이때 근섬유의 비대와 함께 근육의 결합조직도 풍부하여지며, 근육속의 혈관분포도 좋아진다.

훈련에 의하여 근섬유가 비대하여지는 mechanism에 대하여는 잘 알려지지는 않았으나 근운동의 결과, 근육 내에 O2가 부족하여지므로 이것이 자극이 되어 일어나는 것으로 설명하고 있다.

훈련에 의한 근육의 조직학적 변화도 그것이 근력만을 증가하기 위한 훈련인 때, 그리고 근지구력을 증가하기 위한 훈련인 때에 서로 다르게 나타나는데, 전자에서는 근섬유의 비대현상이 뚜렷한데 비하여 후자에서는 근육내 모세혈관의 분포가 더욱 발달된다는 것을 알 수 있다.

다. 운동과 신경

1) 반응시간

반응시간(reaction time)이란 외적 자극을 가한 후 동작이 시작되는 때까지의 시간을 말함인데, 예를 들면 start의 경우, 총소리가 난 때부터 뛰기 시작하는 때까지의 시간이다.

일반적으로 소리(sound)에 대한 반응시간은 0.12~0.18초이며, 빛(light)에 대한 반응시간은 0.19~0.22초, 그리고 살갗에 전기자극을 가하였을 때의 반응시간은 0.12~0.20초이다. 반응시간은 연습에 의하여 단축되며, 주위의 집중에 의해서도 단축된다.

그러므로 운동선수에서는 일반인보다 반응시간이 단축되어 있다는 것은 잘 알려진 사실이며, 경기종목에 따라서도 차이가 나타난다. 육상경기 종목의 경우 종목별 평균 반응시간은 단거리 주자가 0.149초, 장거리 주자가 0.169초로 나타났다. 이와 같은 반응시간의 차는 경기 종목별 특성에 의한 연습으로 인하여 얻어진 결과라고 하며, 훈련에 의하여 단축가능한 시간은 0.04~0.1초이다.

2) 운동과 신경통

운동선수에게서 많이 볼 수 있는 신경통은 좌골신경통으로 그 부위는 좌골신경의 부위인 대퇴후면부터 발뒤꿈치까지의 다리 뒷면이다.

이 신경통의 원인은 한냉(cold) · 습윤(humidity) 및 기계적 압박(press)에 의한 경우가 많고, 병적인 원인은 척추 카리에스 · 선골 및 요골의 질환 · 당뇨 · 매독 등의 경우에 발생하므로, 각종 원인에 대하여 주의를 하여야 하고 특히 운동선수들에 있어서는 운동 후 체온의 처리문제에 신경을 써야 한다.

3) 신경과 훈련효과

운동을 반복하여 실시하면 점차 용이하여져서 그 동작을 민첩하고, 원활하게 그리고 아름답게 할 수 있게 되는데, 이것을 운동기술의 향상이라고 한다. 이와 같은 훈련효과는 운동이 신경의 자극 전달경로가 단축하며, 신경의 상반적 신경지배를 원활하게 하며, 신경 근육의 협응 작용을 향상시키고 불필요한 긴장을 제거하여 줌으로써 얻어진 결과이다.

한편 운동은 대뇌피질의 지각령과 운동령의 기능을 향상시키며, 특히 시간과 공간에 대한 지각이 발달되어 평형감각 · 리듬(rhythm) 및 timing의 느낌을 향상시킨다.

라. 운동과 혈액

격렬한 운동시에는 대사기능이 항진되어서 결과적으로 체온이 상승되며, 따라서 혈액의 온도가 올라가게 된다. 이와 같은 현상으로 혈액속의 산소와 결합하는 양이 감소되며, 결과적으로 조직에 유리되는 산소의 양이 또한 감소한다. 뿐만 아니라, 혈액온도의 상승은 산소의 용해도를 감소시킨다. 혈색소를 함유하고 있는 적혈구수는 안정시 1㎣에 약 500만개 있으나 운동 후에는 520~618만개 까지도 증가한다. 이와 같은 적혈구수의 증가는 저장 되었던 적혈구를 순환혈액 중으로 내어 보내기 때문이며, 또 운동 중에 수분이 혈액으로부터 조직으로 이동하므로 전혈액량이 감소하여 적혈구는 농도가 증가하기 때문이라고 생각된다. 그러나 운동을 너무 오랫동안 계속하면, 혈액조성에 변화가 생겨서 적혈구수의 증가가 확실하지 않은데, 이는 혈액의 증가와 적혈구의 파괴 때문이다.

Training이 적혈구의 절대수를 증가시키는가의 여부는 아직 뚜렷한 결론을 얻지 못하고 있으나, 다만 운동에 의한 산소결핍이 자극이 되어 조혈기능을 촉진시킨다는 사실은 거의 확실하다. 실제로 훈련에 의하여 적색골수가 증가된 결과는 이의 좋은 증거라 할 수 있겠다.

마. 운동과 순환

1) 운동과 심박출량

운동에 의해서 산소의 수요량이 현저하게 증대되는데 대하여 생체에서는 호흡을 촉진하고, 호흡기량을 높여 외계로부터 다량의 산소를 받아들여 폐를 통과하는 혈액에 충분한 산소를 공급함과 동시에, 한편에서는 순환 혈액량을 증가시켜 심장의 박출량을 크게 하여 근육 등 말단에 있는 운동계의 여러 기관에 조금이라도 더 많은 산소를 공급하려는 노력이 행하여진다. 따라서 이 심박출량은 생체에 있어서의 산소소비량의 다소를 결정하는 열쇠를 쥐고 있는 것이 되며, 체력의 생리적 한계를 결정하는 중요한 인자가 된다. 그런데 이 심박출량의 많고 적음을 결정하는 것이 무엇인가 하는 것이 문제가 된다. 말할 것도 없이 그것은 첫째로 심장의 박동빈도 즉 심박수가 된다. 만약 1심박의 박출량이 같다면, 심박수가 많으면 많을수록 박출량은 많다. 그러나, 생체에서는 자동제어기구의 존재로 해서 한계시까지 운동을 하여도 매분 180~200박을 넘지 못하는 것이 확실하다. 이와 같이 심박수에 일정한 상한계가 있을 때 심박출량을 다시 증가시키기 위해서는 1회의 박출량 그 자체의 증가가 있어야만 한다. 이 1회의 박출량(stroke volume)은 안정시 60~70㎖ 정도인데, 운동시에는 120~130㎖로 증가된다고 한다. 운동에 의해서 심박출량이 증가되고, 따라서 stroke volume은 안정시의 2배가 되는 데, 심박수는 3배 정도 증가하는 것으로 보아 덴마크의 Asumussen E.은 심박수의 인자의 영향쪽이 더 큰 것이라고 말했다. 또한 운동시의 심장용적을 X 선 영화로 관찰한 결과 심실의 확장기량의 증가에 의한 심내 잔유혈액량의 증대를 인정하는 보고가 있다. 그러나 모두가 심박출량의 변동에 대해서는, 신경 뿐만 아니라 호르몬의 영향에끼지 거슬러 올라가서 생각하지 않으면 안되므로 현재는 아직도 충분히 해명되지 않고 있는 중이다.

2) Sports 심장

심장은 고혈압증 · 근염 기타 여러 가지 질환으로 비대하여 진다. 이런 때에는 심음 · 심전도(ECG) · 심장 X-ray사진 기타 검사로 각 특유한 변화가 인정된다. 한편 운동을 하면 심장은 다량의 혈액을 신체에 공급하여야 하기 때문에 보통 때보다 강하게 활동한다. weight training을 하면 신체근육이 크게 되는 것과 같이 심장의 근육도 격렬한 운동을 하게 되면 비후되고 용적도 커진다.

특히 비교적 장시간 강렬한 운동을 계속하면 이러한 경향이 확실히 나타나며, 육상 · 수영의 중장거리 · 자전거 · 축구 · rugby 등의 운동선수에 심장비대 현상을 볼 수 있는데, 이것이 sports 심장이다. 심장이 비대하면서도, 혈액이나 심전도 그리고 오줌 등의 검사에서 정상이고, 또 훈련함에 있어서 신체적으로 부담이 없으면, sports 심장이라고 보아도 좋을 것이다.

바. 운동과 호흡

1) 운동시의 호흡

안정시 성인의 1회 호흡량은 약 0.3~0.8ℓ로 개인차가 있으며, 평균 약 0.5ℓ가 된다. 흡입한 공기의 량 중에 약 0.5ℓ는 기도 속에 머무르고 나머지는 폐에 들어가서 gas 교환을 한다. 따라서 세포에서의 환기를 많게 하기 위해서는 호흡수보다 호흡의 깊이를 늘리는 것이 더욱 효과적이다.

호흡수도 개인차가 있지만 1분간에 약 10~25회, 평균해서 약 16회 정도이다. 매분 호흡량이란 1회의 호흡량×1분간의 호흡수의 값으로 환기의 크기를 지표로 하고 있다.

분시최대환기량(Maximal breathing capacity=MBC)은 안정시 호흡운동을 수의적으로 최대한으로 행하였을 때의 1분간의 환기량을 말하며, 사람의 최대환기능력을 나타내는데 사용된다.

격심한 운동을 할 경우에는 호흡수가 매분 약 30~40회가 되고, 1회 호흡량은 약 2.0~3.0ℓ 정도까지 된다고 하며, 매분 호흡량은 100ℓ를 넘는 경우도 있다. 그러나 매분호흡량을 100ℓ 이상으로 한다는 것은 쉬운 일이 아니며, 100~120ℓ가 인간의 호흡기능의 한계라고 해도 좋다.

중정도 운동의 경우에는 산소소비량과 매분호흡량 사이에는 간단한 비례관계가 성립되지만 운동이 격심해지면 이 관계는 성립되지 않는다. 그 이유는 심장의 활동에는 한계가 있으며 따라서 호흡이 아무리 증가되어도 조직에다 산소를 운반할 수 없기 때문인 것이다.

최대한으로 흡식했다가 최대한으로 호식할 때의 공기량을 폐활량이라 하는데, 안정시 성인의 평균폐활량은 3,500~4,000cc라고 하지만, 개인차가 많아서 1,400cc부터 6,500cc까지 다양하다. 폐활량이 크다고 하는 것은 허파의 용적이 크다는 것을 말하며, 또 흉곽 운동이 크다는 것을 의미하므로 체력의 한 요소가 좋음을 뜻하는 것은 틀림이 없다. 그러나, 이것이 직접 경기성적을 정하는 절대적인 요소는 되지 못한다.

2) 운동시 호흡의 조절

호흡운동의 신경지배중추는 연수에 있다. 호흡중추는 흡식성과 호식성의 두 가지 부위로 나누어진다. 이들 부위를 각각 전기자극하면 흡식과 호식의 운동이 나타난다. 운동을 하면 호흡이 촉진되는데, 특히 호흡은 운동의 시작과 거의 동시에 증대한다. 이처럼 운동시에 호흡의 촉진은 과연 어떠한 활동에 의하여 조절이 되는 것인가에 대해서는 그 원인이 복잡하여 아직도 충분히 밝혀지지 않고 있다. 그러나 많은 실험에서 다음과 같은 것을 생각할 수 있다.

① 활동부위로부터의 감각신경에 의한 반사 : 활동근 또는 근활동에 수반하는 건과 관절에 존재하는 감각기관으로부터 뇌로 보내지는 정보가 호흡중추를 반사적을 흥분시키는 것이다.

② 상위뇌의 흥분 : 운동시에는 상위뇌, 예를 들면 대뇌피질 등의 흥분수준이 높아져 있어서 여기에는 흥분이 신속하게 하위의 호흡중추로 퍼져서 호흡을 촉진시킨다.

③ 혈액의 산소분압 및 탄산가스 분압의 변화 : 생체에는 혈액 중의 산소나 탄산가스의 농도를 일정하게 유지하려고 하는 작용이 존재한다. 따라서 운동에 의해서 대사가 높아지고 그 결과 혈액 속의 탄산가스 분압이 높아지면, 호흡중추가 자극을 받아 호흡이 촉진된다. 또한 운동에 의해서 산소소비가 높아져 혈액내의 산소분압이 저하하면 똑같이 호흡이 촉진된다.

3) 최대산소섭취량과 최대산소부채량

운동 중 산소 섭취량의 최대값을 최대산소섭취량(maximum oxygen consumption)이라고 하며, 신체가 견딜 수 있는 산소 부채의 최대 한계값을 최대산소부채량(maximum oxygen debt)이라 한다.

최대산소섭취량과 최대산소부채량이 운동능력에 미치는 영향은 다음 계산으로 쉽게 설명할 수 있다. 즉 A, B 두 선수가 다음과 같은 능력을 가지고 있다고 하자.

선 수	최대산소부채량(ℓ)	최대산소섭취량(ℓ/min)
A	13	3
B	9	5

이 두 선수가 1분간 전속력으로 뛰었을 경우, A는 (3×1)+13=16ℓ, B는 (5×1)+9=14ℓ의 산소를 사용할 수 있다. 그러므로, A는 B보다 더 많은 산소를 사용할 수 있으므로 더 많은 energy를 낼 수 있어 더 빨리 뛸 수 있다. 그러나, 두 선수가 5분간 계속 뛰었을 경우, A는 (3×5)+13=28ℓ, B는 (5×5)+9=34ℓ의 산소를 사용할 수 있으므로 거꾸로 B가 A보다 빨리 뛸 수 있다. 이와 같은 결과는, 단시간에 끝내는 운동경기에서는 최대산

소부채량이 많을수록 유리하고, 장시간 지속하는 운동경기에서는 최대산소섭취량이 많은 편이 유리함을 의미하는 것이다.

최대산소부채량이 많게 하기위해서는 다음 조건이 필요하다.

① 근육의 발달이 좋고, 그 분량이 많을 것.
② 근육에 ATP와 CP가 많을 것.
③ 근육의 혈관 발달이 좋아서 근수축을 방해하는 젖산 등의 물질을 신속히 제거할 것 등이다.

그러므로 최대산소부채량의 증가는 우선 근육의 육성을 필요로 하게 되는데, 이는 weight 혹은 circuit training이 많이 이용된다.

한편 최대산소섭취량을 증가시키기 위한 조건을 보면 다음과 같다.

① 폐환기량이 많을 것.
② 혈액중에 혈색소량이 많을 것.
③ 심박출량이 많을 것.
④ 조직에서의 O2 이용률이 클 것 등이다.

이와 같은 요인들은 적당한 훈련에 의하여 개선될 수 있으므로 훈련에 의하여 최대산소섭취량을 증가시킬 수 있다.

사. 운동과 소화 · 흡수 및 배설

1) 운동과 소화 · 흡수

격렬한 운동시에는 근육에 많은 혈액이 공급되는데, 이것은 내장혈관의 수축에 의하여 내장기관으로 공급되는 혈액이 감소함으로써 보충된다. 그러므로 운동은 소화기능에 지대한 영향을 미친다. 소화 · 흡수에 미치는 운동의 영향에 대해서는 소화액의 분비라고 하는 면과 위장의 운동이라고 하는 양면에 대해서 생각하지 않으면 안된다. 소화기관은 자율신경의 이중지배를 받고 있어 부교감신경 긴장상태에 있어서 본래의 목적에 부합되도록 활동하는 것으로 이해되어 있다. 이에 대해서 운동은 일반적으로 교감신경 긴장상태에서 행하여지는 것이 합리적이며, 단순히 생각하면 운동 그 자체는 소화기계의 활동을 저해하는 것이라고 말할 수 있을 것 같다. 따라서 식사 직후의 강한 운동은 피해야 한다는 이야기다. 그러나 식사 후의 가벼운 운동은 ① 복부의 활동을 촉진시키고, ② 소화기관의 유동을 높여서 소화 작용을 기계적으로 도울 뿐만 아니라, ③ 위액의 산도를 높여서 내장의 혈행을 왕성하게 하며, ④ 복부의 사혈을 제거하고, 소화흡수작용을 촉진시키는 효과가 있다.

식사 후에 중 정도의 운동은 때에 따라서 위의 산도가 저하되며, 심한 운동이나 특히 정신적 흥분을 수반하는 때에는 위의 산도가 현저하게 저하되어 많은 장해를 가져온다. 따라서 운동 후의 적당한 운동은 권장할 만하다. 그러나 독서와 같은 정신적 영향은 소화기능의 작용을 저하시킬 염려가 있으므로 주의해야 한다.

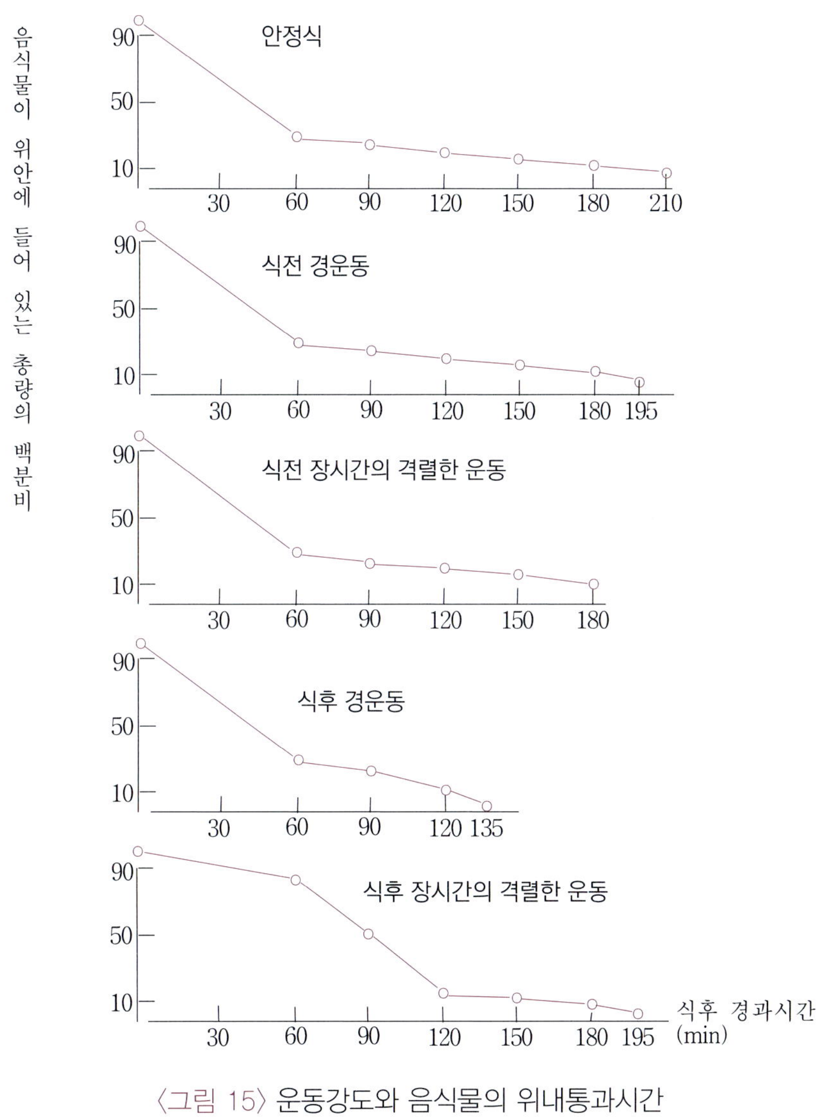

〈그림 15〉 운동강도와 음식물의 위내통과시간

2) 운동과 배설

운동이 심하면 심할수록 체내에서 물질대사의 항진 정도가 강해지고, 체온이 상승하며, 혈액 속에 노폐물이 쌓여 혈액은 산성으로 기울어져 가는 경향이 강해진다. 이들 운동에 수반하는 필연적인 결과를 생명현상 유지를 위해서 항상적으로 지키려면 여러 종류의 배설기구가 갖추어져 있지 않으면 안된다. 노폐물의 배설, 혈액의 산, 염기평형조절을 위한 배설 등 그 대부분은 신장에 의해서 이루어지지만 배설되지 않으면 안될 물질이 증가하는 격심한 운동의 경우에는 사구체의 혈류량을 늘려 모세혈관내의 혈압을 상승시키는 등의 작용을 가해서 그 요구를 충족시키고 있다. 운동의 정도가 강할 경우, 특히 그것이 단시간 안에 집중되는 경우 일과성에 단백뇨가 나타나는 경우가 있으며 혹은 헤모글로빈이 배설되어 붉은 빛깔을 띠는 현상도 볼 수 있다. 한편 용량이 30~40%나 줄어드는 현상도 있으나 땀을 흘리는 데서 오는 탈수, 운동에 의한 정신적 stress 등이 원인이라고 생각할 수 있다. 그러나 이와 같은 단백뇨, 혈색소뇨의 출현, 뇨량의 감소 등의 여러 현상은 잘 훈련된 단련자일수록 잘 나타나지 않게 되는 것은 사실이다. 우리가 경기직전이나 각종 시험을 보기 직전에 소변을 자주 보고 싶은 현상이 나타나는데 이것은 정신적으로 긴장하면 방광도 같이 긴장되어 적은 량의 오줌이 방광내에 유입되어도 곧 뇨관에 도달하게 되기 때문이다.

환경온도가 높아지거나 근육활동으로 인한 체온이 높아지면 발한기능도 증진되는데, 이는 발한에 이은 증발로 높아진 체온을 정상으로 유지하려는 생리현상이다. 피부표면에 나온 땀이 증발시에는 땀 1㎣당 0.585cal의 열이 방산되어 1ℓ 정도의 땀이 피부로부터 증발되었을 때 체온은 약 12℃만큼 저하된다는 계산이 된다.

근육과 혈중에 유산이 축적되면 피로의 원인이 된다. 땀 가운데 유산의 량은 33~300mg%로 안정시 혈액 유산의 정상치인 10~20mg%에 비하여 현저히 높음을 알 수 있다. 따라서 우리가 운동 후 땀의 배설은 참으로 중요한 의미를 가지고 있다.

아. 운동과 피로

1) 피로의 정의

우리들이 운동을 하거나 작업을 할 때 평소보다 곤란을 느끼고, 많은 노력을 하여도 그 결과가 뜻하는 바와 같이 좋은 성과를 올리지 못하는 상태를 피로(fatigue)라고 한다. 이러한 정도를 지나서 작업이나 운동을 중지하고 일정한 휴식을 하여도 피로한 상태가 곧 회복되지 않고 그것이 오랫동안 계속될 때 이것을 과로(over work)라고 한다. 과로 상태를 지나 그것이 계속 오랫동안 지속되어 더 이상 움직일 수 없을 때의 상태를 극도의 피로라 한다.

2) 피로의 원인

피로의 원인은 아직 정확하게 알려져 있지는 않지만 많은 실험결과 다음과 같이 설명하고 있다.

① Energy의 소모가 많기 때문이다. 즉 체내에 glycogen의 저장량이 작업능률을 규정한다.
② 산소의 결핍이 피로를 일으킨다.
③ Glycogen 등이 분해되며 생기는 피로성 물질인 유산의 축적이 피로의 원인이다.
④ 세포 내에 물리화학적인 상태의 변화, 즉 무기염류 분배의 불안전에 의하여 피로가 온다.
⑤ 격심한 활동 후엔 단백질의 붕괴가 왕성하여 지는데, 이 단백질의 분해산물중에는 생리작용이 현저한 것이 있어 이것이 바로 피로의 원인이 된다.

3) 피로의 분류

가) 신체피로와 정신피로

스포츠 활동은 근운동이 중심이기 때문에 몸피로가 일어나는 신체 피로가 주체이겠으나 근운동 그 자체를 조정하고 있는 것은 중추신경이기 때문에 정신피로가 일어나는 일도 많이 있다.

나) 급성피로와 만성피로

계획적 sports나 training의 경우와 같이 격심한 운동을 매일 반복하고 있으면 피로의 상태가 다음날까지 지속되어 축적피로가 된다. 이것이 점차 더 계속되면 만성피로가 되는데, 이것이 일정한 도를 넘어서면 일과성에 일어나는 피로라는 의미에서 급성피로라고 불리고 있다.

다) 국소피로와 전신피로

Sports 활동에서 특별한 근육 등을 과도하게 사용한데서 일어나는 근피로를 국소피로라 하고, 몸 전체가 지친 상태를 전신피로라고 한다.

4) 피로의 증상

운동 시에는 항상 가벼운 피로를 초래하게 되며, 이 가벼운 피로를 느끼는 training은 신체의 기능을 높이는 까닭에 매우 효과가 크다. 그러나 피로가 지나치면 위험한 단계에까지 갈 염려가 있으므로 운동시나 평상시를 막론하고 반드시 피로의 정도나 그 증상을 항상 파악하여 어떤 사고나 무리가 없도록 노력해야 한다. 피로의 증상은 다음과 같다.

① 원기가 없어 주위에서 말을 시켜도 대답하기 싫어지며, 두통을 일으키기도 한다.
② 근의 허탈감이 강하며 실제로 근력이 저하된다. 그리고 근육의 경화가 일어난다.
③ 안색이 창백해지거나 안면근육이 굳어져 무표정한 상태를 보인다.
④ 호흡이 불규칙하여지며, 심호흡이나 하품을 자주 하게 된다. 맥박은 빨라지고 불규칙하여지며, 혈압은 일단 저하된다.
⑤ 동작이 느려져서 활발하지 못하고 균형이 잘 취해지지 않으므로 동작의 기교가 없게 된다.
⑥ 기분이 이완되고, 주의력이 산만해져 일에 대한 정신적 집중이 잘 되지 않는다. 또한 밤에 잠이 잘 오지 않는다.
⑦ 식욕이 감소하고, 위장의 기능이 저하되며, 변비가 생기는 등 소화기의 기능저하를 가져온다.

5) 피로의 판정법

가) 자각적 증상이나 감각적 내성에 의한 판단

피로하다는 감각 이외로 두통, 가슴 두근거림, 가슴 답답함 등의 증상과 몸이 노곤하다, 밤에 잠이 잘 안온다, 식욕이 없다는 등과 같은 증상이다.

나) 타각적 증상

① 체중의 감소
② 근력의 측정-근력은 피로에 의해서 저하되므로 악력 · 배근력 · 굴신력 등을 아침저

녁으로 2회에 걸쳐 측정하여 저녁때의 감소가 다음날 아침에 회복되든가, 아니면 감소현상이 그대로 지속되는가를 알아봄으로써 피로의 상태를 알 수 있다.

③ 순환기능의 측정–체위혈압반사 · 맥박검사법이 있다. 체위혈압반사검사에서는 체위의 변화에 따라서 혈압의 회복이 늦어지고, 맥박검사에서는 작업후의 맥박 회복이 늦어진다.

④ 타액검사–피로시에는 타액량이 많아지고, 타액의 산성이 높아진다.

⑤ 뇨검사–단백질 적혈구 등이 섞여 나온다. 또 뇨량도 감소되고, 산성도 높아진다.

6) 피로의 회복법

피로를 회복하기 위해서는 몸의 피로한 상태를 되도록 빨리 정상상태로 돌이키는 것이 필요하다.

휴식 · 수면 · 영양을 피로회복의 3대 요소라고 하며, 특히 운동 전 · 후 피로를 방지하고 빠른 회복을 위해서는 준비 및 정리운동을 충분히 해야 한다.

가) 휴 식

휴식은 근육과 신경의 회복과정을 촉진하며 energy를 생체 내에 다시 축적하게 한다. 휴식 중에는 정신적으로나 육체적으로 완전히 이완하여 안정을 취하는 방법 외에도 가벼운 운동을 하는 방법이 있는데 이것을 적극적 휴식이라고 한다.

나) 수 면

인간에게는 24시간의 생체 리듬이 있고 활동할 때는 교감신경이 앞서고, 대사적으로는 이화의 방향으로 나아간다. 그 회복의 방법으로 수면을 취하고 이때는 부교감신경이 우위를 차지하여 대사적으로는 동화의 방향이 된다. 이 두 가지 반대방향의 상태가 잘 전환되는 것이 피로회복에 있어 중요하다. 그러기 위해서 충분히 수면을 취하는 것과, 인간의 24시간 리듬은 비교적 고정적이기 때문에 되도록 매일 같은 시간에 자고 일어나는 것이 매우 중요하다.

다) 영 양

체내의 energy 원이 고갈되면 곧 피로하게 되므로 충분한 영양을 섭취하여야 하며 영양제를 복용하는 것도 효과적이다.

라) 목욕 · 마사지 등

목욕이나 마사지 · 샤워나 증기욕 등은 모두가 다 피부를 자극하여 혈액이나 림프의 순환을 잘 되게 하여 체내의 노폐물의 처리 및 배설을 촉진하여, 전신적으로나, 국소적으로 피로의 회복을 촉진하는 것이다.

마) 피로와 산소흡입

운동에 의한 피로를 빨리 회복시킬 필요가 있는 경우에는 산소흡입이 아주 효과적이다.

제2부
체 육 실 기

제1장 육상경기

1. 역사
2. 특징 및 종목
3. 트랙경기
4. 필드경기
5. 용어 해설

1 역 사

육상은 인간의 기본적인 움직임을 바탕으로 하고 있으므로, 육상경기의 기원은 인류의 발생과 함께 있었다고 볼 수 있다. 즉 달리고, 뛰고, 던지는 일련의 활동들은 생존을 위한 필수적인 방어와 공격법이었다. 이것이 점차 발전하여 경기로 정착되었고 서기전 776년 고대 그리스에서는 신의 제전 및 종교적 행사와 이러한 경기가 밀접하게 관련되어 식전행사의 일부로 달리기, 창던지기, 철구 던지기 등의 종목이 행하여졌다. 1912년 스톡홀름올림픽때 국제육상경기연맹이 발족되었으며, 1921 국제공통의 경기규칙과 세계기록공인 제도가 채택됨으로써 완전한 경기체계를 갖추어 4면마다 올림픽 경기가 열리는 중심종목으로 발전하였다.

우리나라의 육상경기에 대한 역사를 보면;

· 1866년 영국인 교사 Hutchison, hallifax에 의하여 소개
· 1897년 영국인 교사 터너에 의하여 지도
· 1920년 육상경기대회 시작
· 1931년 제10회 로스앤젤레스올림픽 대회 마라톤 참가(김은배6위, 권태하9위)
· 1932년 제10회 olympic 대회 참가(김은배)
· 1936년 제11회 olympic 대회 참가(손기정 · 남승룡: 마라톤)
· 1936년 제11회 베를린olympic 대회 마라톤 참가(손기정 금메달, 남승룡 동메달)
· 1947년 제51회 보스턴마라톤 대회 참가(서윤복 우승)
· 1948년 제14회 olympic 대회 대한민국 국호로 정식참가
· 1986년 제10회 아시안게임 대한민국(서울) 개최
· 1988년 제24회 올림픽 대한민국(서울) 개최
· 1992년 제25회 바르셀로나 올림픽 금메달 획득(황영조: 마라톤)
· 1996년 제26회 애틀랜타 올림픽 은메달 획득(이봉주: 마라톤)

2 특징

가. 특 징

① 다른 sports나 인간생활에 필요한 기본적인 운동능력이 길러진다.
② 다른 sports에 비해서 용구나 장소 등도 적게 차지하고 운동방법도 비교적 간편하다.
③ 기록을 수학적으로 표시할 수 있으므로 자기의 기록과 타인의 기록을 손쉽게 비교할 수 있고, 노력이나 연습의 결과를 명확하게 알 수 있다.
④ 남녀노소 구별없이 누구든지 쉽게 할 수 있고 경비가 적게 든다.

나. 종 목

육상경기는 그 종목이 많이 있으나 Olympic 경기에서 실시하고 있는 것은 남자, 여자가 각각 23개 종목이며 〈표 1〉과 같이 분류할 수 있다.

〈표 1〉 육상경기의 종목

<table>
<tr><td rowspan="9">육상경기</td><td rowspan="5">트랙경기</td><td>단거리달리기</td><td>100m, 200m, 400m</td></tr>
<tr><td>중거리달리기</td><td>800, 1,500m</td></tr>
<tr><td>장거리달리기</td><td>트랙 5,000m, 10,000m,
마라톤(42.195), 경보(20, 50km)</td></tr>
<tr><td>장애물달리기</td><td>110mH, 400mH, 3,000mS.C</td></tr>
<tr><td>이어달리기</td><td>4X100m, 4X400m 계주</td></tr>
<tr><td rowspan="2">필그경기</td><td>뛰 기</td><td>높이뛰기, 멀리뛰기, 세단뛰기, 장대높이뛰기</td></tr>
<tr><td>던 지 기</td><td>포환던지기, 원반던지기, 창던지기, 해머던지기</td></tr>
<tr><td rowspan="2">혼성경기</td><td>7 종 경기(여)</td><td>100m, 200m, 멀리뛰기, 포환던지기, 높이뛰기,
400m, 800m, 창던지기</td></tr>
<tr><td>10 종 경기(남)</td><td>100m, 멀리뛰기, 포환던지기, 높이뛰기, 400m,
1,500m, 110mH, 창던지기, 장대높이뛰기, 원반던지기</td></tr>
</table>

3 기본기술

가. 달리기

1) 단거리 달리기(Shot distance race)

사람이 일정한 거리를 얼마나 빨리 달릴 수 있는가 하는 초속도의 경기로 이는 separate course에서 crouching start로써 starting block을 사용해서 행해진다.

① 스타아트(Start)-이 경기는 짧은 거리를 최고의 노력으로 순식간에 승패가 결정되는 것이므로 출발법의 연구가 가장 중요하다. 가장 기본적인 것은 아래 그림의 ㉮ Bunch start ㉯ Medium start ㉰ Elongated start이다.
이 가운데서 어느 것이 더 좋다고 일률적으로 말할 수는 없고, 다만 자기 신체 조건에 알맞은 것을 발견하는 노력이 필요하다.

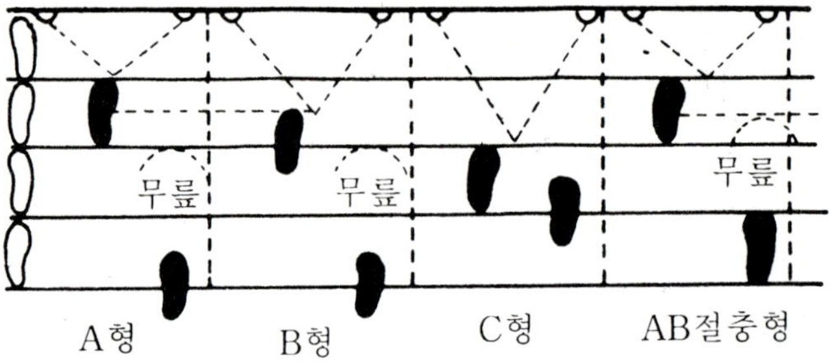

(1) B.C절충형 (2) B형 (3) C형

② 스타아트 대쉬(Start dash)-출발하여 첫걸음은 무리없이 내어 디디고 강한 발의 kick과 재빠른 팔의 전후 동작으로 추진력을 얻어 서서히 윗몸을 일으켜서 약 20도의 전경 자세를 유지하면서 dash로 옮긴다. 보통 출발에서 15m~30m, 정도에 전력 질

주로 들어간다. 중요한 것은 출발의 제1보를 너무 넓게 내어 짚는 일은 윗몸을 갑자기 일으켜 세우는 결과가 되어 스피드가 줄어짐으로 주의하여야 한다.

③ 연습방법-단거리 달리기는 speed와 지구력 그리고 기민성의 경기이다. 그러므로 speed를 위해서는 종목에 따르는 거리보다 긴 것을 택할 것이며, 이에 대한 훈련방법의 채택은 interval training이 으뜸이라 하겠다.

2) 중 · 장거리 달리기(Middle and Long distance race)

이 경기는 지구력 양성을 위한 전형적인 종목이므로 달리는 speed는 그 주자가 낼 수 있는 절대속력의 58~72%가 이상석이라 하겠고, 전체거리에 대한 직질한 힘의 배분이 절대적인 요소가 된다.

① 스타아트(Start)-중거리 달리기는 보통 separate course에서 crouching start로 행해지지만, 장거리 달리기는 open course에서 standing start로서 행해진다. 그의 출발법과 start line의 설치는 그림의 보기와 같다.

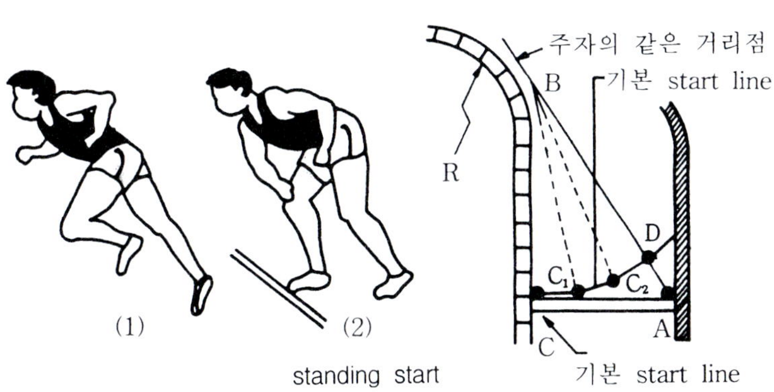

이 종목의 start에서 기대하는 것은 track의 in course를 차지하여 달리기 좋은 위치를 얻기 위하여 처음 40m 정도까지 빠른 속력으로 달려 나갈 필요가 있다.

② 도중 질주(Middle dash) – 중 · 장거리 달리기는 energy의 경제적인 방출로 전거리를 자기의 pace에 따라 주파할 수 있느냐가 문제이다. 그러기 위해서는 자기능력에 맞는 lap time의 결정과 그것을 지켜 나가기 위한 평소의 훈련이 중요하다.

③ 연습방법 – 이 경기는 속도와 지구력이 함께 필요하므로 짧은 거리를 여러 번 되풀이하여 달리는 interval training이 널리 쓰인다. 이 방법을 통해서 중 · 장거리 달리기에 필요한 speed · pace · 체력 · 판단력 등의 요소를 발전시켜야 한다. 즉 일정한 거리(400m 이하)를 전력으로 반복(불완전 휴식 2~3분) 연습하는 speed의 지구력을 위한 방법과, 일정한 거리를 어떤 pace에 따라 반복(완전휴식 2~3분) 연습하는 pace의 지속훈련을 위한 방법들이 있다. 그리고 상당히 먼 거리를 달리고 나서 10~30분의 완전휴식을 취해 가면서 연습하는 방법도 고려될 수 있을 것이다.

3) 장애물 달리기(Hurdle race)

이 경기는 단거리 달리기에 속하나 중도 동작이 복잡한 경기 종목이다. 그러기 때문에 빠른 speed와 함께 부드러운 몸과 다리의 탄력이 요청되는 race로서 주로 start에서 제일 hurdle을 거쳐 각 hurdle을 step에 맞추어 건너 뛰어 최후의 hurdle을 지나서 final line을 통과해야 하는 특수한 종목이다.

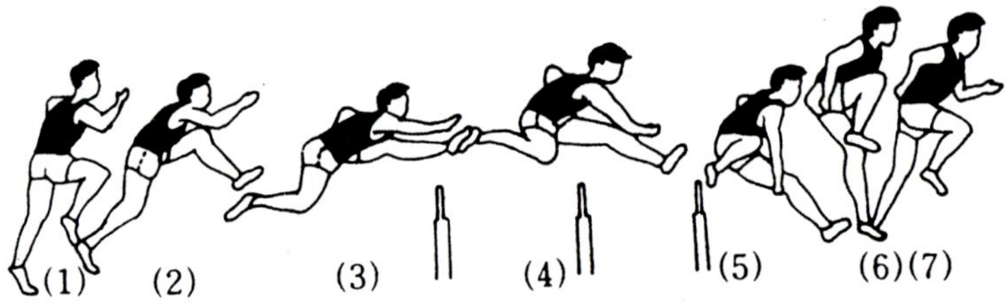

〈Hurdle 넘는 form〉

※ Hurdle 넘는 요령

Hurdle 사이는 3보가 이상적이지만 sprint가 약한 사람은 5보째에 굴림한다. hurdle의 1m 전방에서 굴림하여 hurdle을 지나 60~70cm 지점에 착지하는 것이 좋다. 발구름을 해서 당겨 넘긴 다리의 제1보의 착지는 아주 중요한 의의가 있다. 즉 이 발의 step으로 다음 hurdle까지의 step을 조정해야 한다.

4) 이어 달리기(Relay race)

이 경기는 team game이므로 각 개인의 speed도 중요하지만 순차적으로 이어받는 baton pass는 승패의 결정적 요소가 된다.

① Baton 쥐는 법 – start는 crouching start로써 행해지며 baton은 아래의 그림과 같이 여러 가지 방법이 있으나 자기에 알맞은 요령으로 쥐어도 좋으나, baton의 ⅔를 앞에 내고 baton 끝을 start line을 넘겨 땅에 닿게 해서는 안된다.

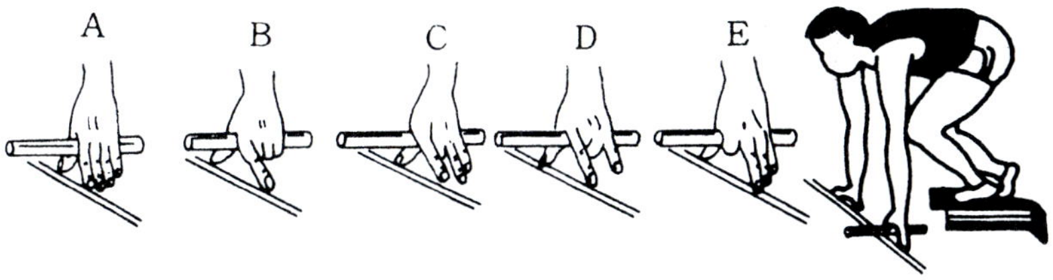

② Baton pass의 요령 – 그림과 같이 보통 오른 손으로 받아 왼손으로 바꿔 쥐나 400m 같은 단거리에서는 서로 어긋나게 바꿔 주고받는 방법을 흔히 쓰고 있다.

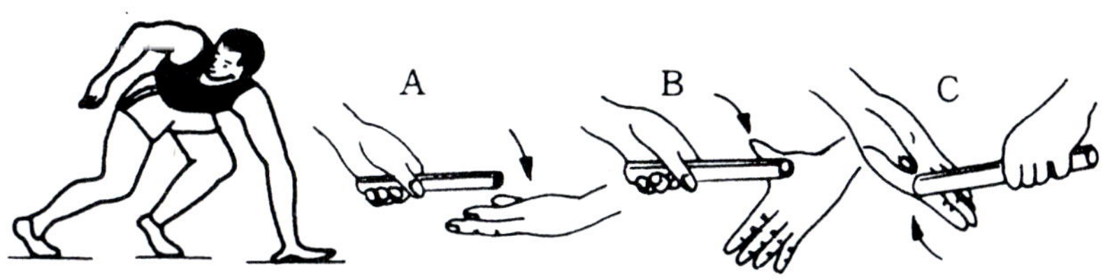

Baton pass를 받기 위한 start 자세

③ Boton pass zone – 규정상 baton pass는 전후 20m의 지역을 벗어나서는 안되며, 주고받는 사람의 속도가 일치되는 지점(15~17m)이 가장 이상적이나 꾸준한 연습을 통해서 자기 팀에게 알맞는 요령을 찾아내는 것이 가장 필요하다.

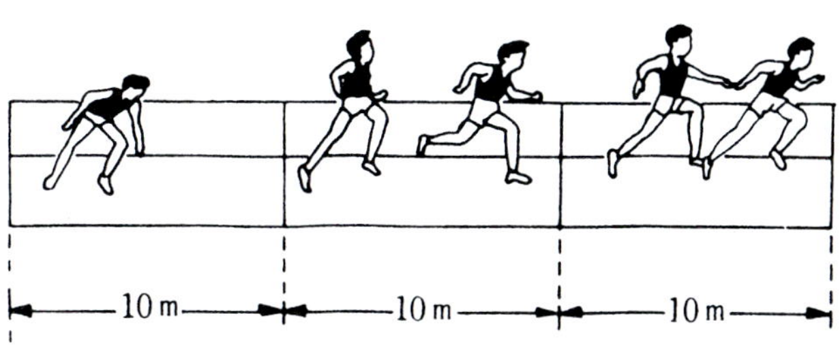

나. 뜀뛰기

1) 높이뛰기(High jump)

높이뛰기는 수직 목표를 뛰어 넘는 방법으로 그 기술적 내용은 도움닫기 · 발구르기 · 공간동작 · 착지동작의 4가지이지만, 기록은 주로 발구름과 공간동작으로 좌우된다. 공간동작의 기본적인 것으로는 Front · Roll over · Belly roll · Back jump · Fos buly 등이 있다.

① 도움닫기–방향은 일반적으로 bar를 향해 30°~45°에서 많이 행해진다. 이는 굴림을 보다 더 bar에 접근시키기 위한 이점이 있기 때문이다. 비껴 도움닫기 방향은 뛰기 방법과 구름다리에 의해 정해진다. 도움닫기 거리는 보통 7~11보를 많이 채택하며, 더 빨리 달릴 필요는 없다.

② 발구르기–발구름은 발바닥 전체로 행해져야 한다. 구름 최후의 일보는 수평속력을 수직속력으로 옮겨가는 중요한 기술 부분이다. 즉 도움닫기에서 얻어진 speed를 강한 구름으로 구름발 위에 체중을 얹어 반작용 힘으로 상승력을 얻도록 전신의 동작이 합리적으로 이루어져야 한다.

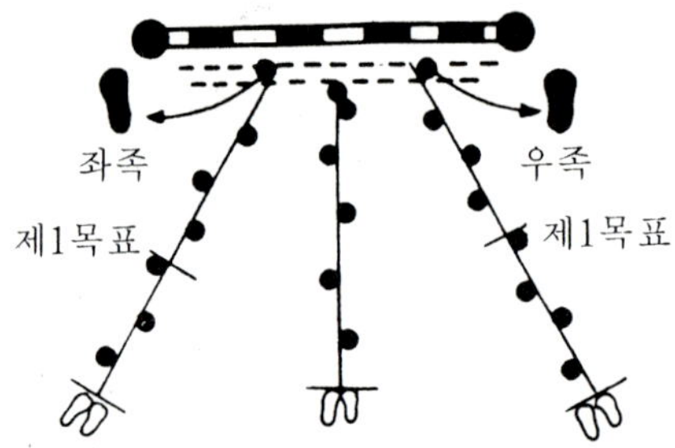

③ 공간동작–공간동작은 가장 중요한 기술이며 그림과 같이 네 가지 종류가 있다.

(1) Scissors jump (가위 뛰기) (2) Roll over (3) Belly roll (4) Fos buly

④ 착지동작－착지동작에서 중요한 것은 부상에 대한 고려이다. 가위 뛰기는 별일 없으나 다른 half diving식 jump에서는 특별한 주의가 필요하다.

2) 멀리뛰기(Long Jump)

멀리뛰기는 빠른 도움닫기와 강력한 발구름의 결합으로서 관성의 힘을 크게 하는 일이 가장 중요하다. 그리고 그것으로 얻어진 수평속력을 유지하면서 올바른 도약각도를 취하고 합리적인 공간동작을 거쳐 유리한 착지동작으로 옮겨야 한다. 그러나 기록 작성의 핵심은 역시 도움닫기의 speed에 있는 것이다.

① 도움닫기－speedy한 도움닫기는 발구름 후의 큰 관성을 얻는 절대적 여건이다. 대부분의 선수는 여자 25~30m, 남자 30~35m 거리를 표준으로 한다.(그림 참조)

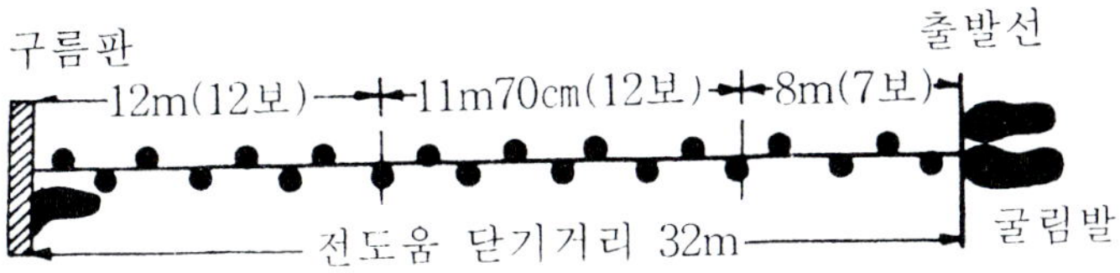

〈구름판〉

② 발구름－구름판의 4~6보 앞에서부터 정확한 구름을 하기 위한 control이 행해져야 한다. 절대로 속도를 줄이는 일 없이 달려와서 최후의 한발은 20cm 정도 보폭을 줄여 무릎을 위에서 때려 내리듯이 발바닥 전체로써 굴러야 한다. 이때 무릎이 굽혀지면 상승력을 얻는데 치명적 타격이 된다.

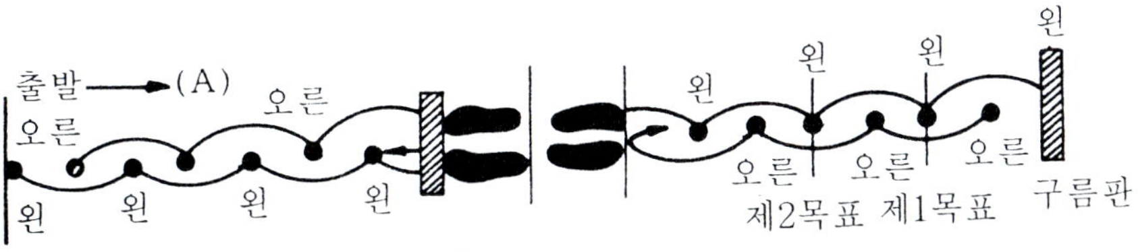

③ 공간동작－공간에서의 운동방법은 발모아뛰기 · 가위뛰기 · 젖혀뛰기 등이 있으나, 각기 그 특징이 있어 자기의 form을 선택해야 한다. 가위뛰기와 젖혀뛰기는 몸의 balance를 잡기에 유리한 동작이다.

④ 착지동작－이상적 착지동작은 기록에 큰 영향을 준다. 착지시 두 허벅지가 가슴에 닿을 정도로 무릎을 편 자세에서 끌어올리고 두 팔을 힘껏 뒤로 젖힌 자세로 착지함과 동시에 허리를 채 엉덩이가 지면에 닿지 않도록 한다.

3) 세단뛰기(Triple jump)

이는 세 번의 뜀뛰기의 연속이므로 각 도약의 조화에 기술적 요소가 있다. 남자만의 종목으로 도움닫기, 각기의 발구름은 공간동작 등이 자기에게 알맞은 힘의 배분으로 rhythmical 하게 이루어져야 좋은 기록을 낼 수 있다.

① 도움닫기는 넓이뛰기 경우와 같은 요소를 지니고 있다.
② Hop은 넓이뛰기보다 어느 정도 구름이나 각도를 약하게 취한다.
③ Step은 hop한 다리로 각도를 낮추어 재빨리 행한다.
④ Jump는 도움닫기 속력이 떨어진 넓이뛰기 요령으로 행한다. 세가지 구름은 5 4 4 혹은 5 4 5의 비율이 좋으며, 각 구름의 pace는 자기의 신체적 능력에 따라 안배되어야 한다.

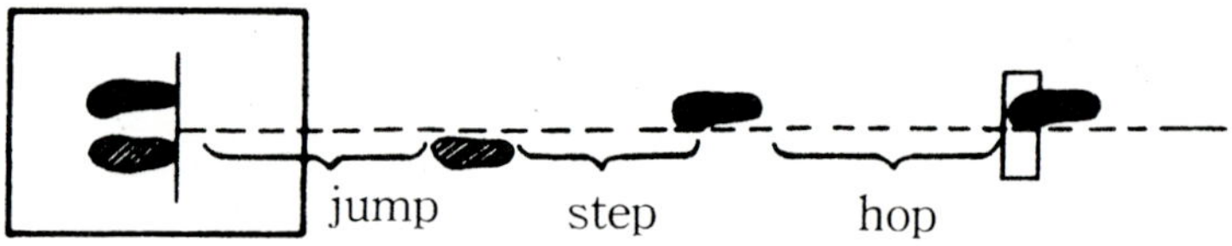

〈세단뛰기 구름발 순서〉

4) 장대 높이뛰기(Pole vault)

이는 육상경기 종목 가운데서 가장 복잡한 기술을 요하는 것의 하나로써 pole을 잡고 dash하여 발구름을 거친 pole in pole에 지점을 둔 full up arch motion, 착지동작 등의 운동들이 각기의 rhythm에 알맞게 이루어져야 한다.

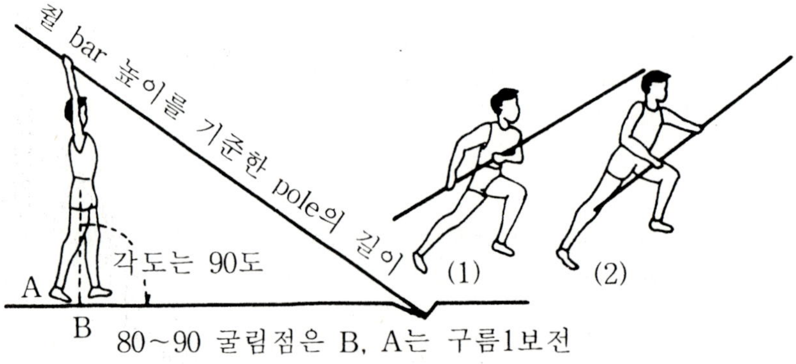

〈도움닫기 때의 다리와 팔 운동의 Rhythm 보기〉

① 장대 쥐는 방법 및 도움닫기 – 경기자가 왼발구름인 때는 그림과 같이 쥐어야 한다(오른 발인 때는 반대). pole을 잡는 오른 손은 pole box에 수직으로 꽂아 세워 뛰어야 할 높이(bar) 보다 40~50cm 낮게 잡는다. 도움닫기의 거리는 25~35m 정도가 보통이지만, 초보자는 단거리에서 pole in 연습과 병행하는 것이 좋다.

② Pole in 요령과 발구름 – 구름전 3보에(왼발) 장대 끝을 내리고 다음 오른발(A점)에 pole을 box에 slide in 시키는 것과 함께 오른손 밑에 당겨 붙여 두 손을 앞 위 방향으로 밀어올리면서 왼발을 B점에 세게 짚으면서 오른 다리를 크게 흔들어 올림과 동시에 매달리기로 들어간다. 이 동작은 다음 그림과 같다.

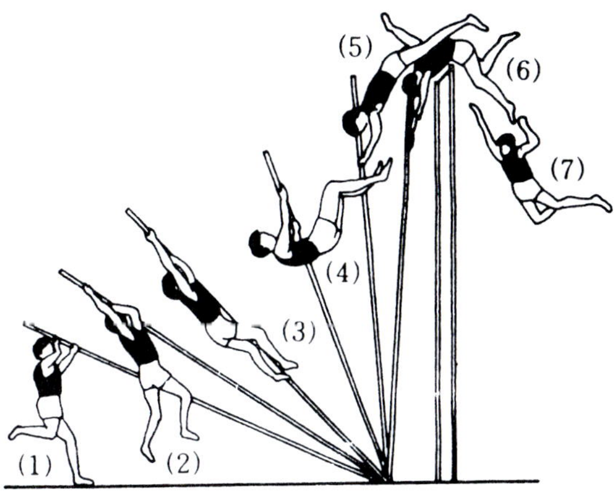

B점
(1)발구름 (2)(3) 매달리기 (4)(5) 풀 업
(6) 아아치 모우션 (7) 착지 준비

나. 던지기

1) 포환 던지기(Shot Put)

포환의 무게는 7.257kg이며 직경 2.135m의 circle 내에서 던진다. 이 경기는 다른 종목과 달리 전신의 힘을 이용해 약 39~45°의 각도로 밀어내듯이 던지므로 추진력을 얻기 위해 강력하고 speedy한 hop이 매우 중요한 역할을 한다.

① 포환 쥐는 요령 – 포환은 손바닥 속에 쥐는 것이 아니고, 엄지와 약지로 보호하듯이 하고 가운데 세 손가락 위에 얹되 포환의 중심이 손가락 제4 관절에 얹혀지도록 해야 한다. 쥐는 방법은 손가락 3 · 4 · 5개로 지지하는 3방법이 있다.

② Hop 하는 요령－hop 방법은 크게 두 가지로, 투사방면에 좌향해서 서고 옆으로 본 채 hop해서 투사하는 것과, 지향에 배향 해서 hop 하는 것이다. 전자는 비교적 간단하여 초보자에게 적합하고, 후자는 복잡하기는 하나 포환에 힘이 작용되는 거리가 길어 멀리 보낼 수 있는 장점이 있다. 지금 유명한 선수들은 대부분 이 방법을 쓰고 있다.

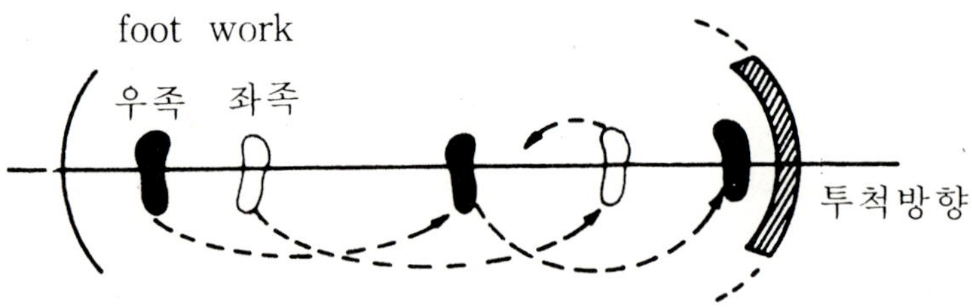

2) 원반 던지기(Discus throw)

원반의 무게는 2kg 이상으로서 직경 2.5m circle 내에서 turn 해서 던져야 한다. 용구 형태가 납작하기 때문에 쥐는 방법이나 던지는 요령이 특이하다. 기술적 내용은 speedy 한 turn에 의해 회전속도를 얻는 일과 유체역학에 근접한 원반 자체의 유망한 비행각도는 기록수립에 큰 의의를 가지고 있다.

① 원반쥐는 방법－원반 쥐는 요령은 손가락 제1관절에 걸어야 한다. 손바닥 전체를 원반에 붙이고 원반이 떨어지지 않도록 손목을 약간 굽혀서 보지해야 하며, 어느 손가락이나 모두 자연스럽게 굽혀야 하고 지나친 긴장은 금물이다.

② Turn 요령－빠른 turn은 원반 회전속도에 절대 비례한다. 이를 위해 그 회전의 앞 뒤 연결이 부드러워야 하며 던지기동작과의 속도연결 또한 중요과제가 된다.

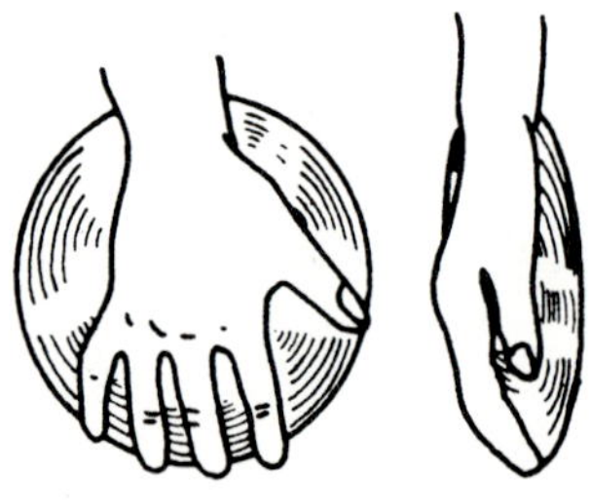

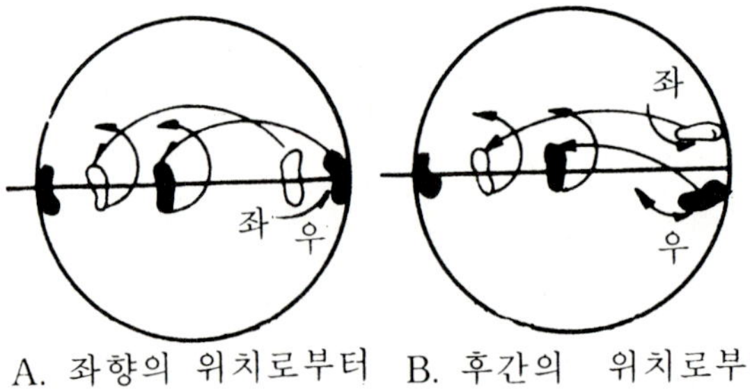

A. 좌향의 위치로부터 B. 후간의 위치로부터

〈Turn을 위한 Foot work 보기〉

③ Trun에서 Throw까지 동작-투사기술의 연속으로 손에서의 원반 움직임과 비행 각도의 정확한 결정이 과제이다. 평평한 모양의 원반이므로 30~35° 정도의 비행이 이상적 각도이다.

3) 창 던지기(Javelin throw)

창의 길이는 260~270cm이고, 남자용의 무게는 800g 이상이다. 도움닫기 주로 길이는 30~36.5m이며, 주로는 4m의 평행선으로 표시하고 반경 8m 원주 후방에서 던져야 한다. 다른 투척경기와 달리 직선적 도움 닫기를 해서 약 29°의 투척권으로 어깨 후방을 넘겨 던져야 하는 것이 특색이다. 창의 생김새와 중심 위치 부정으로 힘만으로는 어려움이 있고 창끝을 땅에 꽂히게 하기 위해 손목의 snap이 요구된다.

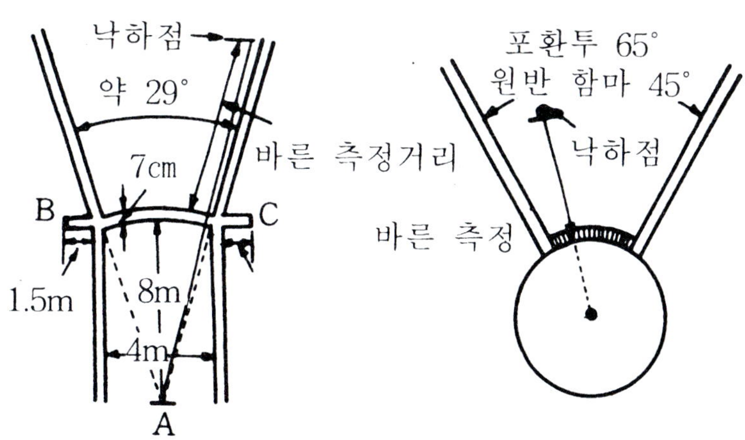

〈투척경기의 거리측정방법〉

① 창 쥐는 법 및 지지방법－창쥐는 법은 여러 가지가 있으나 일반적으로 사용되는 것이 그림의 내용과 같다. 그리고 지지방법은 그림 (ㄱ), (ㄴ)의 것이 있는데, (ㄱ)은 다음 도움닫기 보기의 hop식, (ㄴ)은 cross step식과 어울린다고 보겠다.

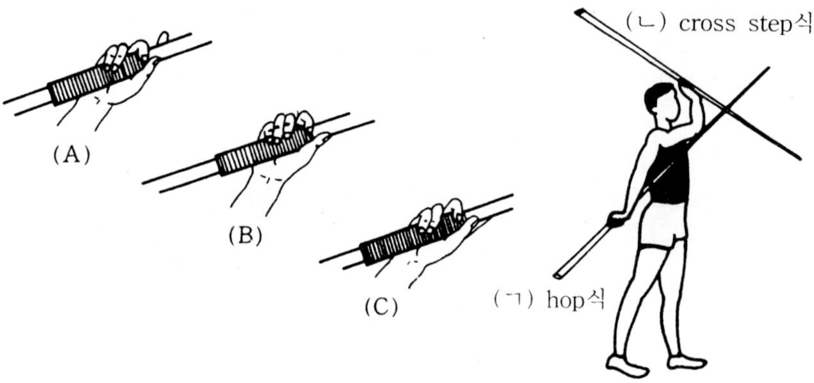

〈창의 쥐는 법〉

② 도움닫기－도움닫기는 두 가지로 구분되어 있는데, 그것은 control mark에서 구별된다. 아래의 그림을 보면 그 내용을 쉽게 이해하리라 생각한다.

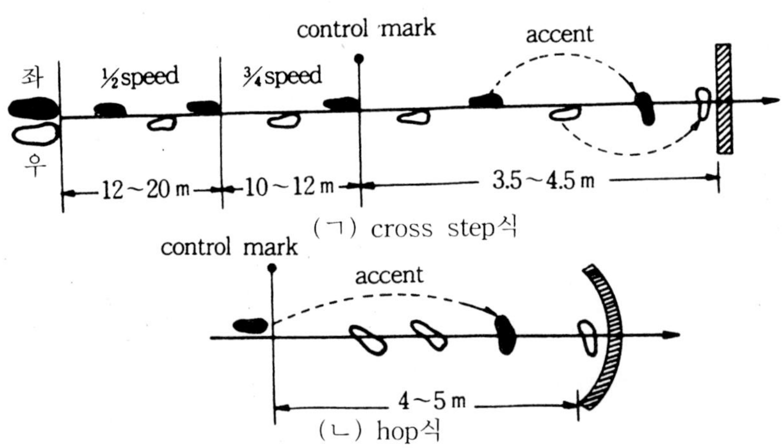

③ 던지기 요령－구체적인 기술적 내용은 생략하고 요약해 보면 control mark 제1보에서 몸통을 오른쪽으로 비틀어 기울이고 창을 쥔 오른팔을 투척 방향의 역방향으로 남겼다 잡아당긴다.

4) 해머 던지기(Hammer throw)

해머의 무게는 일반용이 7.257kg이며, 지름 2.315의 circle 내에서 던지고 양손을 보호하기 위해서 보통의 장갑을 사용하도록 허용하고 있다. 이 경기는 역성과 기민성 교치성의 종합을 필요로 하는 종목이며 특히 용구의 특질과 투척방법이 특이하여 신체조건(신장 · 체중)이 좋아야 기록을 수립하는데 커다란 비중을 차지하고 있는 종목이다.

① 해머쥐는 법－먼저 왼 손가락 4개의 제1 · 2관절로써 손잡이를 잡고 오른손을 그 위에 포개 얹어 잡는다. 이 때 왼손잡이는 반대로 하면 된다.

② Swing 요령과 Turn－투척자는 던질 방향을 등지고서 자기 우후 방 땅위에 있는

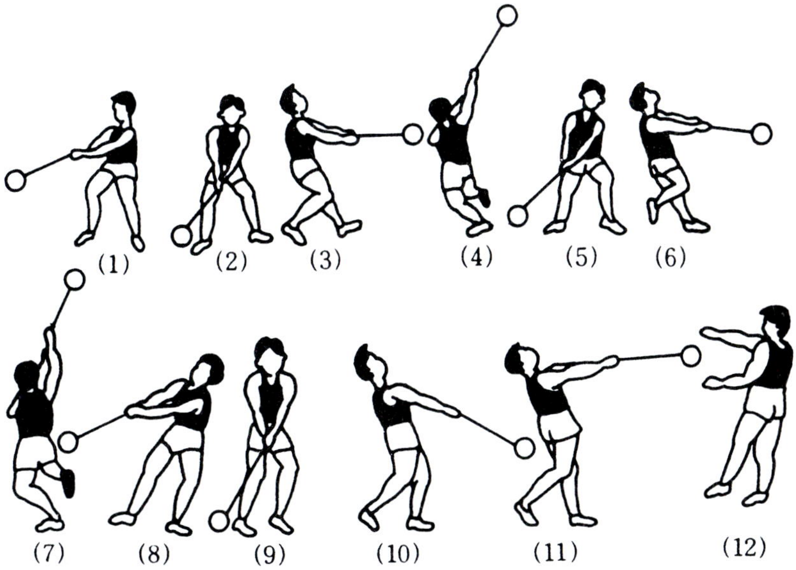

해머를 왼팔과 일직선으로 해서 2~3회 swing(반시계 방향)해서 그로 인한 원심력을 몸통과 반사 다리로써 control 한다. 던지기에서는 강력한 원심력을 지탱하기 위해서 왼다리를 축으로 버텨야 한다.

③ 던지는 요령-던지는 방법은 그림과 같은 요령으로 실시하면 된다.

4 용어 해설

Anchor : relay race의 최종주자

Arm motion : 달리기에서의 팔 동작

Athlete : 경기자 또는 운동가

Build up : 달리기에서 마지막 dash 하는 것

Cinder track : 석탄분 · 흙 · 모래를 섞어 펴 다져진 track

Dead heat : 각 경기자가 거의 함께 goal in 하는 열전

Eastern style : 주로 동양에서 많이 행하는 높이뛰기에서의 정면도

Event : 경기 종목

Field judge : field event의 referee

Finish post : 결승 tape 거는 기둥

Get set : 경기 start의 제2 신호로써 「차렷」의 뜻

Grip : 창의 손잡이 부분, 끈으로 15~16cm 감겨져 있다.

Home stretch : 결승선 양측의 식주로, 본부석이 있는 쪽 주로 반대 쪽은 back stretch라 한다. Inter fere : 다른 주자를 방해하는 것

Limber up : 최근 많이 쓰이는 말로 warming up의 뜻

Official record : 공인기록

On your mark : 경기 출발 때의 「제자리에」의 뜻

Over Zone : Relay race의 baton pass를 20m zone을 넘어서 행하는 것

Steeple chase : 3000m 장애물 경기

Up right : 높이뛰기 · 장대 높이뛰기의 bar를 걸치는 지주

Warming up : 준비운동

제2장 체력단련

1. 개요
2. 체력의 육성방법

1 개 요

가. 체력단련의 개념

1) 체력의 정의

체력이란 외부의 압력에 대하여 생명을 유지하는 신체의 방위력과 적극적으로 동작하는 행동능력을 말한다. 즉 질병에 걸리지 않고 허약하지 않을 뿐만 아니라 육체적, 정신적, 사회적으로 완전한 상태에 있으며 자기 신체를 능동적으로 조정하여 힘들고 어려운 일을 능률의 감소없이 장시간 지속할 수 있는 능력을 말한다.

2) 체력의 구성

체력의 구성은 〈표 1〉에서 보는바와 같다.

〈표 1〉 체력의 구성

체력	신체적 요소	행동체력	형태	성격, 자세
			기능	민첩성, 근력, 순발력, 지구력 평형성, 협응성, 유연성
		방위체력	구조	신체 기관의 구조
			기능	온도조절, 면역, 적응
	정신적 요소	행동체력		의지, 판단, 의욕
		방위체력		정신적 스트레스에 대한 저항력

3) 체력단련의 원리

체육단련이 진전됨에 따라 신체의 기능도 이에 적응하게 되며 체력단련의 목표를 달성하기 위하여 다음과 같은 원리가 적용되어야 한다.

가) 과부하의 원리

체력단련을 효과적으로 수행하기 위해서는 평상시에 부과되는 자극보다 더 높은 강도의 자극이 가해져야 한다. 즉 신체가 적응하고 있는 정도보다 조금더 강한 부하를 주어 이를 극복하도록 하여야 한다.

나) 점진성의 원리

체력은 그 부하를 증가시켜 근육에 자극을 점점 강하게 주어야 향상된다. 그러므로 트레이닝의 부하를 질과 양으로, 운동과제와 동작을 점진적으로 증가시켜야만 체력향상을 기대할 수가 있다.

다) 자각성의 원리

자기가 실시하고 있는 것이 어떤 것이며 어떤 목적으로 실시 하는지, 또한 지금 자기가 하고 있는 상태가 어느 정도라는 것을 알아야만 체력향상의 효과를 거둘수 있다. 그러나 타의에 의하여 선배들의 경험적인 방법을 되풀이 하거나 지시에 따르는 훈련은 운동의 효과를 기대 할 수가 없다.

라) 반복성의 원리

체력단련은 반복적으로 실시해야 효과를 얻기 때문에 규칙적으로 장기간 계속 실시하여야 한다.

마) 개별성의 원리

사람은 개인별로 특별한 개성과 기능의 차이를 가지고 있다. 따라서 체력단련은 성별, 연령, 성숙도, 훈련강도, 정신적 요소를 정확하게 진단하고 처방해서 실시해야 체력향상의 효과를 가져올 수 있다.

나. 기초체력 요인(운동능력)

기초체력을 단련한다는 것은 근력, 순발력, 지구력, 민첩성, 평형성, 유연성을 향상시키는 것이라 할 수 있다.

현재 군 장병들은 위와같은 기초체력을 향상시켜야만 전장에서 원활한 전투력을 발휘할 수 있다. 특히 기초체력 중 가장 많이 요구되는 능력은 근력이라 할 수 있으며 이는 웨이트 트레이닝을 통해서 향상시킬 수가 있다.

웨이트 트레이닝은 근력을 키우고 근육의 지구력을 향상시켜 모든 운동에서의 기술과 수행능력을 향상시키는데 도움을 주고 있다. 한편 병사들이 아침 기상과 동시에 실시하는 구보는 심폐지구력을 단련시키는데 1차적인 목적이 있다.

1) 근 력(muscular strenght)

① 근력이란 근육이 수축할 때 내는 힘을 말하고 한 번 들 수 있는 무게에 의하여 측정된다.
② 야전에서 근력을 요하는 훈련은 진지구축, 장애물 운반, 완전군장 행군 등이 있다.
③ 일반적으로 근력은 과부하의 원칙에 의해서 발달시킬 수가 있으며 필요로 하는 근육의 힘(근육의 크기)을 증가시키기 위해서는 점진적으로 중량을 증가시켜 나가야 한다.
④ 근력의 발달은 웨이트 트레이닝의 무거운 저항과 적은 반복횟수로 향상시킬 수 있다.

2) 순발력(power)

① 순발력이란 최단시간에 최대의 힘을 발휘할 수 있는 능력을 말한다.
② 속도의 개념이 들어있는 모든 운동은 순발력에 관계되는 것이며, 단위는

순발력(㎏-m/sec) = 힘(㎏)× 속도(m/sec)이다.

③ 순발력은 순간적으로 내는 폭발적인 힘으로 이를 결정하는 요인은 큰 근력의 빠른 속도와 힘을 결합하는 높은 기술 등이 있다. 또한 근운동 속도는 근조직의 내부저항, 반작용, 수축효과 등의 영향을 받는데 이러한 제한요인의 한계점에 도달할 때까지 근력의 증가는 속도의 증가를 초래하고 이 한계점을 넘으면 근력의 증가는 속도에 거의 영향을 받지 않는다.
④ 야전에서 순발력을 요하는 훈련은 즉각조치사격, 각개전투 훈련시 현지이탈 / 장애물 극복 등이 있으며 100m달리기, 빠른 줄넘기, 제자리 멀리뛰기 등을 통하여 향상시킬 수 있다.

3) 지구력(endurance)

지구력은 크게 근지구력과 심폐지구력으로 나뉘어진다.

가) 근지구력

① 근지구력이란 일정한 시간동안 피로를 느끼지 않고 어떤 활동을 지속적으로 할 수 있는 근육의 능력을 말한다.

② 근지구력은 체력단련간 종목별 반복의 수로 측정된다. 예를 들어 팔굽혀 펴기를 한 번이나 두 번 한다면 이것은 근지구력 운동이 아닌 근력운동이 된다. 만약 팔굽혀펴기를 35회 3세트(set)한다면 그것은 근육의 인내 연습에 의한 것이므로 근지구력 운동이 되는 것이다.

③ 야전에서 근지구력을 요하는 훈련은 산악구보, 산악 장애물 운반, 외줄오르기 등이 있으며 윗몸일으키기, 턱걸이, 평행봉, 서킷트레이닝, 순환식 체력단련 등을 통해서 근지구력을 향상시킬 수 있다.

나) 심폐지구력

① 심폐지구력이란 장시간 동안 체력단련을 수행하는데 필요한 영양소나 산소를 조직세포에 공급해 주는 심장, 폐, 순환계의 능력을 말한다.

② 근육은 산소를 필요로 하므로 운동능력의 한계점을 결정하는 주된 요소는 산소 이용량의 비율이다. 이러한 요소는 폐의 크기, 산소가 혈액으로 이동되는 속도, 혈액이 산소를 근육으로 운반하는 속도, 그리고 근육이 노폐물을 제거할 수 있는 속도 등의 영향을 받는다. 그러므로 호흡, 순환운동은 폐와 심장혈관 기관의 효율성에 좌우된다.

③ 야전에서 심폐지구력을 요하는 훈련은 산악구보, 행군 등이며 구보, 인터벌 트레이닝 등을 통해서 심폐지구력을 향상시킬 수 있다.

4) 민첩성(agility)

① 민첩성은 빠른 속도로 움직이는 능력이고 모든 운동에서 민첩성은 중요한 역할을 한다.

② 짧은 거리(20m~50m)를 최대속도로 달리는 훈련, 유연성을 기르는 훈련 등이 민첩성을 향상시킨다. 그러나 일정한 기간이 지나면 민첩성의 증대가 멈춘다. 왜냐하면 그것은 최대속도의 운동템포가 일정한 수준에 도달하기 때문이다. 이때 민첩성을 높이기 위해서는 지금까지의 운동강도를 변화시키고 이미 정해진 한계를 넘어 더 높은 강도로 운동하는 새로운 조건을 만들어야 한다.

③ 야전에서 민첩성을 요하는 훈련은 각개약진, 각종 장애물 넘기 등이 있으며 스타트 대쉬(20m~50m), 지그재그 달리기 등을 통하여 향상시킬 수 있다.

5) 평형성(balance)

① 평형성이란 신체를 일정한 자세로 유지할 수 있는 능력을 말한다.

② 평형성은 운동감각의 발달과 상응하고 생활에도 매우 중요한 요인이며 한번 학습하면 그 효과가 길기때문에 조정력 및 교치성과도 관계가 깊다.

③ 야전에서 평형성이 요구되고 또한 향상시킬 수 있는 훈련은 유격훈련시 외줄 및 두줄 건너기, 웅덩이 그네타기 등을 통해 향상시킬 수 있다.

6) 유연성(flexibility)

① 유연성이란 관절과 관절을 최대한 이완 시킬수 있는 범위를 말하며 근육과 건, 인대에 의하여 조절된다. 예를 들어 발목 염좌를 경험한 사람이면 발목이 움직일수 있는 범위가 통증으로 인해 극히 제한된다는 것을 알 수 있다.

② 관절에 적당한 부하를 주지 않으면 관절은 곧 탄력성을 잃는다. 이는 관절이 움직이는 범위가 줄어든다는 것을 의미한다.

③ 유연성은 수동적이거나 능동적 운동으로 향상시킬 수 있다.

· 모든 근육이 최대한 이완 될 수 있도록 관절을 펴서 이 자세를 약 10~60초 동안 유지한다.

· 맨손체조와 스트레칭과 같이 관절을 탄력적으로 동작시킨다.

다. 운동처방

과학적이고 체계적으로 안전하게 체력단련을 실시하기 위해서는 먼저 운동처방에 대하여 깊이 이해 할 필요가 있다.

1) 운동처방의 개념

① 운동처방이란 개인의 건강과 체력의 유지, 체력의 향상을 목표로 하여 각 개인의 체력수준에 맞게 적절한 운동의 강도, 운동시간, 운동빈도(주당 운동횟수), 운동의 단계 등을 결정 하는것을 의미한다.

② 운동처방은 체력단련을 시작하기 전에 필수적으로 관심을 가져야할 분야로서 정확한 운동처방 없이 운동을 하는 것은 약사의 진단없이 아무 약이나 복용하는 것과 같은 차원에서 인식되어야 한다.

2) 운동처방의 과정

운동처방은 아래와 같은 과정에 따라 이루어지며 운동처방에 의해 자신에게 적합한 체력단련 프로그램을 계획하여 효과적으로 체력단련을 할 수 있도록 해야한다.

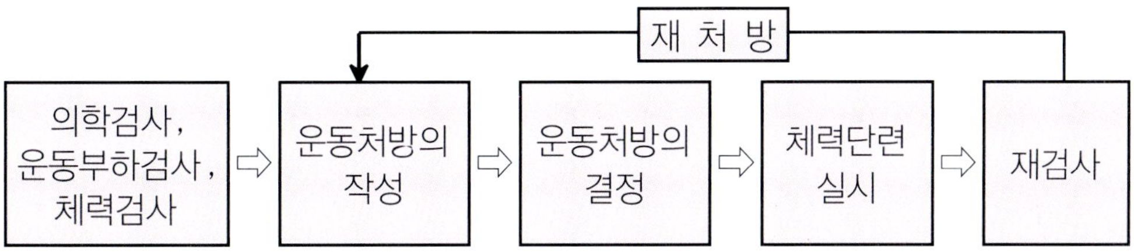

① 의학검사

· 체력단련을 시작하기 진에 우선 신체의 이상과 질환의 유무를 검사하여 운동이 그 사람의 건강을 해치는지 여부를 평가한다.
⇨ 심폐기능, 관절, 요통 등 신체상태를 군의관에게 설명하고 협조를 구한다.

② 운동부하검사

· 순환기 계통에 이상이 없는가를 심전도 검사를 통해 전문가에게 검진 받는다. 그리고 동시에 본인의 운동능력의 한계(운동강도를 참아내는 힘)를 평가한다.

③ 체력검사

· 운동부하검사를 통하여 평가할 수 없는 체력요소에 대한 검사를 별도로 실시하여 본인의 체력 전반의 특징을 파악할 필요가 있다. 그 결과는 본인의 체력상의 특징을 파악하여 특히 체력적으로 문제점이 있으면 그것을 강화하도록 운동처방에 반영시켜야 한다.

④ 운동처방의 작성

· 4-40~43까지의 결과를 통해 본인의 건강상태, 체력특성 및 운동능력의 한계 등이 파악될 수 있다. 이 결과에 기준하여 운동의 실시여부와 운동강도에 관한 안전한계 및 유효한계를 결정한다.
· 또한 1회의 운동량과 1주간의 운동빈도 등에 대해서도 어느 정도 예상할 수 있다.

⑤ 운동처방의 결정

· 본인이 스스로 처방하거나 또는 전문가에게 의뢰하되 군의관 검진 상황을 판단하여 특히 주의할 사항이 있으면 염두에 둔다.
· 일상의 신체활동 리듬을 점검한다. 그것을 염두에 두면서 운동의 강도를 판단하고 그에 맞는 몇개의 운동종목을 선정하여 그 중에서 본인이 지금까지의 운동경험과 기호에 맞추어 실행해야 할 운동종목을 선택한다. 그 종목에 관하여 필요한 운동강도를 구체적인 형태로 판단하고 아울러 1일의 운동강도와 시간, 1주간의 운동빈도에 대해서도 판단한다.

⑥ 운동처방후 조치

· 일정기간의 간격을 두고 정기적으로 부작용과 피로의 유무 등을 판단하여 필요하면 처방의 재조정을 실시한다.
· 상당히 많은 사람이 도중에서 체력단련을 중지하는 경향이 있는데 정기적으로 확인하는 것은 그러한 일을 막는데 도움이 된다.

⑦ 재검사 및 재처방

· 적어도 1년에 한번은 각종 검사를 반복 실시하고 지난 1년간의 체력단련 실시 결과를 파악하여 그 사이의 체력단련 효과를 평가한 후 필요하다면 그 시점의 상황을 기초로 운동처방의 수정을 실시한다.

3) 운동처방의 내용

운동처방의 내용은 운동형태, 운동강도, 운동빈도, 운동의 단계로 구성된다.

① 운동형태 : 어떠한 운동이 좋은가?

· 운동초기 단계에서는 운동강도를 주의깊게 관찰해야 하므로 가급적 운동 강도가 심하게 변하지 않는 형태의 운동이 좋다. 예를들어
⇨ 걷기 및 달리기, 자전거 타기, 수영 등이 좋다.

· 체력수준이 향상된 후에는 취향에 맞는 구기종목을 하면서 체력을 유지하는 것도 좋은 방법이다.

② 운동강도 : 어느정도의 운동이 적당한가?

· 예를들어 심폐지구력 향상을 위해서는 건강한 성인 남자의 경우 최대 심박수의 60~80%, 체력수준이 낮거나 초보자의 경우에는 최대 심박수의 40~60%가 적당하다.

③ 운동시간 : 얼마나 오랫동안 운동을 할 것인가?

· 1회의 운동을 얼마동안 할 것인가는 점진적으로 운동강도와 관련이 있다.

· 운동강도와 운동시간은 반비례 관계이므로 운동강도가 높을수록 운동시간은 짧아진다.

· 일반적으로 준비운동과 정리운동을 제외한 본운동 시간은 초보자인 경우 20~30분 정도가 적당하고 체력수준이 향상된 후에는 45분 정도가 적당하다.

· 일반 성인 남자는 매우 강한 강도로 단시간 운동하는것 보다 적당한 강도로 비교적 장시간 운동을 하는 것이 보다 바람직 하며 운동강도와 운동시간은 운동을 마친후 1시간 이내에 과도한 피로를 느끼지 않도록 설정해야 한다.

④ 운동빈도 : 일주일에 며칠 정도의 운동이 적당한가?

· 정상적인 성인 남자의 경우 최소한 1주일에 3일 이상 운동을 실시해야 효과를 얻을 수 있다.
· 체력수준이 높아지면 1주일에 5일 정도의 운동을 실시해야만 지속적인 체력의 향상을 기대할 수 있다.
· 체중 부담을 안고 하는 운동 즉 걷기, 달리기, 웨이트 트레이닝 등은 3일 연속 실시하는 것보다 격일제로 하는것이 관절의 과도한 부담을 줄일 수 있다.
· 운동빈도를 5일 이상 할 경우에는 체중부담을 안고 하는 운동과 체중부담 없이 하는 운동을 번갈아 실시 하는것이 좋다.

⑤ 운동단계

· 운동단계는 초기단계, 향상단계, 유지단계로 구분된다.
  – 초기단계 : 스트레칭과 가벼운 유연성 증진체조 및 낮은 수준의 심폐지구성 운동을 하는 것이 좋다. 운동강도는 최대운동능력의 40~60%로 하고 운동시간은 최소한 10~15분으로 하며 발전도에 맞추어 늘여간다. 초기단계는 보통 4~6주 동안 계속한다. 그러나 이것은 실시자가 운동프로그램을 얼마나 잘 적응하느냐에 달려있다.
  – 향상/유지단계 : 운동강도는 60~80%정도로 16~20주 동안 실시하고 운동시간도 2~3주 간격으로 조금씩 늘려 나간다.

2 체력의 육성방법

가. 기초체력 향상

기초체력은 체력의 요인 즉 근력, 근지구력, 순발력, 유연성, 민첩성 그리고 평형성 등을 각종 운동기구와 시설을 이용하여 향상시키는 과정이다.

기초체력이 향상되면 한차원 높은 체력능력이 요구되는 체력단련에도 잘 적응하고 대처할 수 있게 된다. 또한 기초체력은 어렵고 힘든 극한 상황에서도 맡은바 임무와 책임을 훌륭히 수행할 수 있는 능력을 구비하는데 기초를 제공한다. 따라서 제2절 체력의 육성방법 에서는 6가지의 체력육성 방법을 소개한다.

- 걷기(Walking)
- 달리기(Running)
- 웨이트 트레이닝(Weight training)
- 인터벌 트레이닝(Interval training)
- 서킷 트레이닝(Circuit training)
- 순환식 체력단련

1) 걷 기

가) 개 요

"적극적으로 걷는다"는 의식적 측면을 강조하는 「걷기운동(Exercise Walking)」은 군대의 행진에서 비롯되어 레포츠로 대중화되었다.

나) 걷기운동 효과

① 걷기는 가장 안전하면서 모두가 즐길 수 있는 유산소 운동이다. 특히 운동초보자, 과체중인 사람, 노인, 심장병 환자 등을 위한 재활운동 프로그램으로도 많이 활용되고 있다.

② 앉아서 생활하는 시간이 많은 참모간부 및 병사들에게 심폐기능향상 이나 비만의 치료에도 효과가 있다고 할 수 있다. 구체적인 운동효과는

③ 첫째, 다리의 근육을 단련시켜 행군능력을 향상시키며 다리, 관절의 기능을 좋게 한다. 특히 온몸의 근육과 뼈의 모두가 운동에 참가하게 되므로 다리에서의 혈액순환과 물질대사가 활발하게 진행되어서 다리의 근육들이 단련되고 다리힘이 좋아진다.

④ 둘째, 비만자들은 몸무게를 줄일 수 있다. 비만은 체질에도 관계되지만 결국은 식사량에 비해 운동량이 적은 데서 온다. 매일 빠짐없이 자기의 건강 상태에 맞게 걷기운동을 하면 몸무게도 줄고 여러 가지 성인병에도 걸리지 않게 된다.

⑤ 셋째, 고혈압 및 저혈압, 빈혈에 좋은 영향을 준다.

· 고혈압인 경우는 자기의 몸상태에 맞게 걷는 것이 원칙이다. 걷기운동을 하면 모세혈관의 피흐름이 활발해지고 산소가 충분히 공급되어 점차 혈압도 내려간다.

· 저혈압은 작은 압력 조건에서 심장이 활동하기 때문에 심장이 약하다. 그러므로 적당한 걷기운동을 하면 심장에 많은 피가 들어가면서 심장이 단련된다.

· 빈혈 때 걷기 운동을 하면 호흡수가 늘어나고 깊어지며 심장도 빨리뛰게 된다. 그리하여 피속에는 적혈구와 혈색소의 양이 많아진다. 또한 약간의 숨가쁨을 느낄 정도로 걷는것이 좋다.

⑥ 넷째, 뇌의 노화를 억제 시키는 작용을 한다. 특히 중년기, 노년기에 들어서서 운동을 하지 않으면 근육이 쇠약해지고 그 결과로 뇌세포의 활동이 저하 된다.

· 뇌에 긍정적인 자극을 주어 뇌세포의 노화를 막는 방향에서 작용하는 것은 뼈들에 붙어 있는 긴장근인데 이것은 하반신에 제일 많이 모여 있다. 그렇기 때문에 하반신을 많이 활용하는 걷기운동은 결국 뇌를 언제나 젊게 유지하는 가장 좋은 방법의 하나가 된다.

다) 운동요령

① 걷기운동 전에는 국군도수체조 및 스트레칭 등의 동적인 준비운동을 통해 체온을 유지하고 활동부위에 흥분과 자극을 주어야 하며 특히 연령이 많을수록 준비운동에 관심을 갖어야 한다.

② 준비운동시간은 약 5~10분이 적당하다.

③ 스트레칭은 허리, 무릎, 다리, 발목, 목, 어깨, 팔, 손, 등의 순으로 한 동작을 약 15~30초 정도 실시하면 효과가 좋다.

④ 걷기 운동에서 발을 딛는 요령은 발뒤꿈치가 먼저 땅에 닿게 하고 그 다음 발 앞꿈치 쪽으로 중심을 옮겨 간다.

⑤ 턱을 당겨 목을 바로 세우고 고개를 숙이지 않도록 하며 시선은 전방 15도 정도를 보는 것이 좋다.

⑥ 체력수준이 낮거나 연령이 높은 사람의 경우 운동시간은 가급적 동일하게 하되 걷는 속도를 천천히 하고 익숙해지는 정도에 따라 점차적으로 속도, 시간, 거리를 증가해 나가는것이 좋다.

라) 운동법 선정시 고려사항

· 코스 선정 : 낮은 언덕길 / 포장도로를 포함 한다(높낮이가 있는 코스)
· 속도의 강약조절 : 1시간중 5-10분 정도는 속력을 내어 걷는다.
※ 주차별 점진성의 원리 적용
· 운동인원 : 2명 1개조 또는 분 · 소대 단위가 적당

2) 달리기

가) 개 요

① 군인들의 달리기는 전술적으로 기동의 한 형태로써 신속한 기동은 기습공격을 가능하게 하고 전투에서의 피해를 감소시키며 승리를 보장한다.
② 달리기는 모든 군인들에게 필수적인 운동인 것이며, 일상생활에서 달리기를 습관화 하므로서 강인한 체력도 향상시킬 수 있다.

나) 효 과

우리 인간에게는 육체와 정신의 양면성이 조화되어 있는데 달리기는 바로 이 양면성을 모두 충족시켜주는 운동이다. 구체적인 운동효과는

· 전신근육을 사용함으로 멋있는 신체를 만들어준다.
· 심폐기능을 포함한 인체 내부의 모든 기능을 원활하게 해준다.
· 여러 가지 질병에 대한 저항력을 높여주고 특히 고혈압, 당뇨병, 동맥경화 등의 성인병에 대한 예방과 위험성을 현저히 감소시켜 준다.
· 매사 적극적이고 능동적인 사고방식을 갖게 하고 통솔력과 리더십을 갖게 한다.
· 땀을 흘리며 힘들게 완주하고 나면 성취감과 만족감으로 온갖 고민과 불쾌감 등에서 벗어날 수 있어 정신적, 심리적인 안정을 얻을 수 있다.

다) 준 비

(1) 신발과 유니폼

① 신발은 편한 감이 있어야 한다. 너무 헐거우면 달릴 때 발에 물집이 생기고 너무 꼭 맞으면 신경에 압박을 주게 되어 통증이 생긴다.

② 유니폼은 활동하기가 편하고 통풍이 잘되며 특히 땀을 잘 흡수하는 재질이 좋다.

③ 겨울철에는 손가락, 발가락, 귀에 동상이 걸리지 않도록 주의해야 하고 더운 날씨에는 가능하면 옷을 가볍게 입는것이 좋으며 흰색이나 밝은색의 옷은 햇빛을 반사하는데 도움을 준다.

④ 땀을 많이 내기 위해서 고무제품으로 만든 자켓이나 바지를 입어서는 안된다. 이유는 체내에서 발산되는 열을 방출하는데 방해를 주기 때문이다.

(2) 준비운동

① 달리기 전에는 5~10분 정도의 준비운동을 반드시 실시한다.

국군도수체조(1회) ⇨ 보강체조 및 스트레칭 ⇨ 속보 및 전력질주 2-3회(50m정도)

② 스트레칭은 근육 및 관절를 이완시켜 주고 전력질주는 근육과 심장에 강한 자극을 주어 경련이나 심장마비 등의 사고를 미리 예방해 준다.

라) 운동방법

(1) 올바른 자세

① 달리기를 효과적으로 하려면 〈그림 1〉 달리기의 올바른 자세를 해야한다.

② 자세가 바르지 못하면 에너지의 소모가 크고 신체를 불필요하게 긴장시키므로 상해를 당할 우려가 있다.

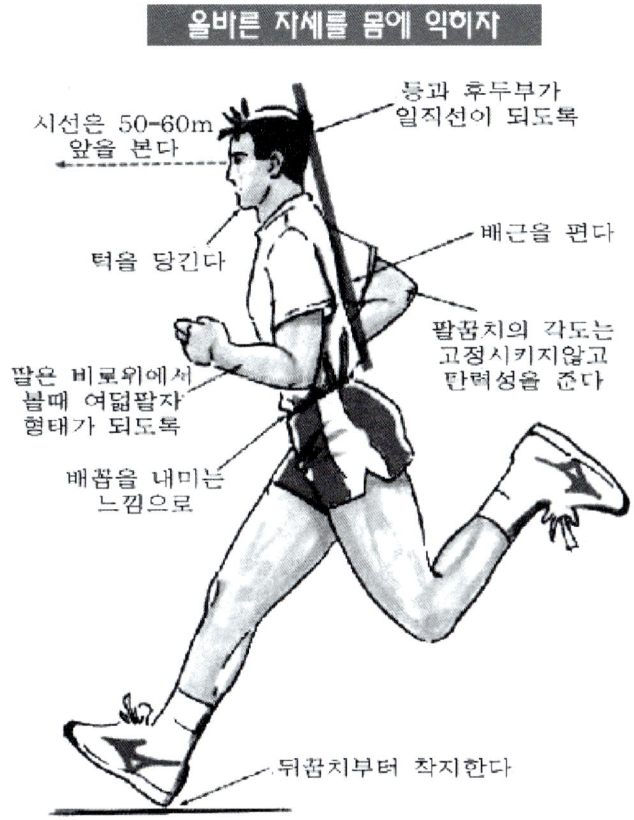

〈그림 1〉 달리기의 올바른 자세

③ 오르막 길에서는 상체를 평지에서는 보다 약간 더 숙이고 보폭은 좁게 하며 내리막 길에서는 상체를 평지에서보다 약간 더 세우고 보폭을 넓게 하여 달린다.

(2) 호흡방법

① 달리기 할 때는 육체가 필요로 하는 만큼의 산소를 공급해 주어야 하므로 많은 양의 공기를 들이쉬고 내쉬어야 한다.
② 달리기를 할 때의 호흡법은 개인별 차이가 있지만 보통 숨을 들이쉴 때는 코로 내쉴 때는 입으로 한다.
③ 불규칙한 호흡으로 호흡의 리듬이 깨지지 않도록 하는 것도 중요하다.

(3) 운동강도 / 빈도 / 시간

① (운동강도) 달리기 운동의 강도는 보통 자신의 최대심박수의 70~80% 로 하는데 이를 목표심박수라 한다. 따라서 달리기 운동직후 심박수를 측정하여 목표심박수보다 적으면 달리기 속도를 빠르게 하고 목표심박수보다 많으면 속도를 느리게 하여 운동강도를 조절해야 한다. 대부분 사람들의 목표심박수는 140~170회 정도인데 이 수준은 달리면서 친구와 이야기를 해도 숨이 가쁘지 않는 정도가 된다.

· 목표심박수 : 자신의 최대심박수에 운동의 강도를 곱한 값이다.
  – 예 : 운동강도를 70%로 하고 자신의 최대심박수가 200인 사람의 경우 200 × 0.7 = 140이 목표심박수가 되는 것이다.

② (빈도 / 시간) 운동빈도는 1주일에 5회 정도 실시하고 20~30분정도 실시 하는 것이 바람직 하다.

· 안정시 심박수 : 눕거나 앉은 자세에서의 1분간 심박수
· 최고심박수 : ① 운동직후 10초간 심박수×6
  ② 220 – 자기나이, ③ 210 – 자기나이/2

· 목표심박수 : ① 최대심박수×운동강도
  ② 안정시 심박수+(최대심박수 – 안정시 심박수)×운동강도

※ 심박수 측정부위 : 요골동맥(손목부위 동맥)

마) 달리기 프로그램(10주간)

① 10주간 달리기 프로그램은 오랫동안 운동을 외면하던 사람들을 위해 제시하는 프로그램이다. 여기에 제시된 프로그램은 단지 일정한 목표를 제시함으로써 달리기의 효과를 증가시키는 것에 그 의의가 있는데 한가지 유의할 점은 달리기는 기록이나 규정에 따르는 것이 아니다.

② 자신의 체력에 맞지 않는 달리기는 다리와 허리 등에 불균형을 가져오며, 심한 경우 타박상, 탈골, 염좌 등을 초래할 수도 있다. 그러므로 달리기는 체력에 알맞는 강도로 실시함으로써 몸과 마음의 피로를 풀고 상쾌한 기분과 생활에 활력을 얻는데 목적을 두고 실시해야 한다.

(1) 단계별 10주간 달리기 프로그램

단 계	달리기 거리	적 용 범 위
1단계	800 ~3,200m	장기간(6개월 이상) 운동 미실시자
2단계	2,400~ 8,000m	1단계 훈련자 및 6개월 이상 운동자

(2) 1, 2단계별 훈련계획

거리단위 : km

구분	1 단 계(10주)				2 단 계(10주)			
	월	수	금	토	월	수	금	토
1주	0.8	0.8	0.8	0.8	2.4	2.4	2.4	2.4
2주	0.8	0.8	0.8	1.2	2.4 적응테스트	3.2	2.4	3.2
3주	1.2	1.2	1.2	1.6	3.2	3.2	2.4	4.0
4주	1.2	1.6	1.2	1.6	3.2	4.0	2.4	4.8
5주	1.6	1.6	1.6	2.4 적응테스트	3.2	4.0	3.2	5.4
6주	1.6	2.0	1.6	2.4	3.2	4.8	3.2	5.4
7주	1.6	2.4	1.6	2.4	4.0	4.8	3.2	6.4
8주	1.6	2.4	1.6	2.8	4.0	4.8	3.2	7.2
9주	2.0	2.8	2.0	3.2	4.8	5.6	3.2	7.2
10주	2.4 적응테스트	3.2	2.4	3.2	2.4 적응테스트	5.6	3.2	8.0

(3) 1, 2단계 연령별 목표시간

거리단위 : km

구 분	1 단 계			2 단 계			
	1.6	2.4	3.2	3.2	4.8	6.4	8.0
20–29세	10′	14′30″	18′	16′	23′30″	31′	40′
30–34세	10′30″	15′	19′	16′30″	24′	33′	43′
35–39세	11′	15′30″	20′	17′	25′30″	35′	46′
40–44세	11′30″	16′	21′	17′30″	27′	37′	49′
45–49세	12′	16′30″	22′	18′	29′	39′	52′
50–54세	12′30″	17′	23′	18′30″	31′	41′	55′
55–59세	13′30″	18′	27′	19′	33′30″	43′	58′

(4) 1, 2단계 훈련완성 후 체력점검을 위한 표

(거리 : 2.4km)

구 분	A(우수)	B(좋음)	C(보통)	D(낮음)	E(불량)
20–29세	10′15″이내	10′16″～ 12′	12′01″～ 14′30″	14′31″～ 16′30″	16′31″이상
30–34세	10′30″이내	10′31″～ 12′30″	12′31″～ 15′	15′01″～ 17′	17′01″이상
35–39세	10′45″이내	10′46″～ 13′	13′01″～ 15′30″	15′31″～ 17′30″	17′31″이상
40–44세	11′이내	11′01″～ 13′30″	13′31″～ 16′	16′01″～ 18′	18′01″이상
45–49세	11′45″이내	11′46″～ 14′	14′01″～ 16′30″	16′31″～ 18′30″	18′31″이상
50세이상	11′30″이내	11′31″～ 14′30″	14′31″～ 17′	17′01″～ 19′	19′01″이상

나. 웨이트 트레이닝(Weight training) : 근력 강화 훈련

1) 정 의

바벨이나 덤벨 또는 여러 가지 트레이닝 방법과 기타 운동기구 등을 이용하여 중량이나 저항에 의해 근육을 크게 팽창 및 수축시켜 근육의 굵기와 힘을 증가시키는 트레이닝이다.

2) 트레이닝 목적

근력과 근지구력을 증가시킬 뿐만 아니라 근육의 활성화를 높여주기 위해 실시한다.

3) 트레이닝 장점

· 근육의 발달

⇨ 근력은 근육의 단면적에 비례하며 남성 호르몬인 테스토테론(testosterone)이 근육발달에 직접적인 영향을 준다. 그러므로 여성들은 웨이트트레이닝을 하더라도 남성들 만큼 근육의 크기를 증가 시킬 수가 없는 것이다.

· 근지구력(muscle endurance)의 증가

⇨ 근력이 증가하게 되면 근지구력도 증가하게 되는데 체력단련을 통하여 근력과 근지구력이 향상되면 일상생활간 피로감을 덜 느끼게 된다.

· 대사작용(metablism)의 증가

⇨ 25세 이후에는 10년에 3~5%씩 근력이 감소하고 성장을 위한 에너지의 필요성이 감소하므로 신진대사를 더욱 감소시키게 된다. 그래서 웨이트트레이닝을 통해 근육조직을 강화시킴으로써 나이가 증가하더라도 대사 작용을 활발하게 할 수 있게 해준다.

· 관절의 안전성과 골밀도의 증가

⇨ 관절의 인대와 건 및 근육을 강화시키므로서 관절의 안정성을 높여 주고 골밀도의 증가를 가져온다. 또한 뼈의 주기적인 자극을 통해 골밀도를 축적시켜 골다공증의 예방과 치료를 할 수 있다.

4) 프로그램 작성요건

트레이닝 프로그램은 연령, 성별, 심장질환관계 그리고 체력단련에 임하는 각 개개인의 체력의 정도와 목표에 따라서 작성해야 하는데 일반적으로 다음과 같은 요건들이 있다.

가) 운동강도

① 일반적으로 근력 운동은 최대근력의 2/3이상의 부하를 사용한다. 부하가 너무 무거우면 상해를 입기 쉽고 부하가 너무 가벼우면 근력강화의 효과를 가져올 수 없다.

② 근력 강화를 위해서는 초급자는 최대근력의 60%정도, 숙련된자는 최대 근력의 80% 이상 적용하는 것이 좋다. 그리고 근지구력 강화를 위해서는 부하를 80%미만, 세트는 3-7세트, 반복횟수는 15회 이상 적용하는 것이 좋다.

☞ 최대 근력이란 : 개인이 1회동안 가장 무겁게 들어 올릴수 있는 무게

③ 운동강도를 결정하는 방법

· 트레이닝 시작시 운동부하를 결정할 때는 1-RMW(1-Repetition maximum weight : 1회 최대 반복무게) 또는 개인체중 및 운동강도(%) 로 결정할 수 있다.

【방법1 : 근력강화】 체중× 운동강도(%) = 시작시의 무게

☞ 예) 80kg(개인체중)× 80%(운동강도) = 64kg(시작시의 무게)

【방법2 : 근지구력 강화】 1RMW× 운동강도(%) = 시작시의 무게

☞ 예) 벤치프레스 50kg× 60%(운동강도) = 30kg(시작시의 무게)

나) 운동빈도(주 며칠 트레이닝 할 것 인가?)

① 초급자의 경우 초기에는 격일제로 주당 3일간 실시한다.

② 트레이닝 실시후 다음 트레이닝을 하기전에 보통 1~2일간의 휴식이 필요하다. 트레이닝 사이의 충분한 휴식은 피로한 근육을 완전히 회복시키며 근육성장 발달을 위해서 대단히 효과적이다.

③ 트레이닝을 실시할 때에는 분할법(split routine)에 의해서 실시하고 신체를 둘 또는 세부분으로 나누어 실시한다. 이러한 이유는 운동과 다음 운동과의 사이에 휴식을 대략 48시간 정도를 취하도록 하기 위함이다.

다) 운동횟수

웨이트 트레이닝은 운동 종목당 적어도 3~5set 정도를 해야하며 반복횟수는 8~12회 정도가 좋다. 목표별 반복횟수는 다음과 같다.

· 근력강화 : 3set 5-8회　　　· 근지구력 향상 : 12회 이상

라) 휴식시간

① 세트 사이의 휴식시간은 매우 중요하다. 세트사이의 휴식시간이 너무 짧으면 다음 세트에 들어가기 전 근육이 충분한 휴식을 취할 수 없으며 휴식이 너무 길면 체온이 식어서 상해를 당할 우려가 있다.

② 무거운 중량으로 훈련시에는 2~3분 이상을 휴식하고 가벼운 중량으로 훈련시에는 1~2분 정도가 적당하다.

5) 신체 근육의 명칭(전 · 후면)

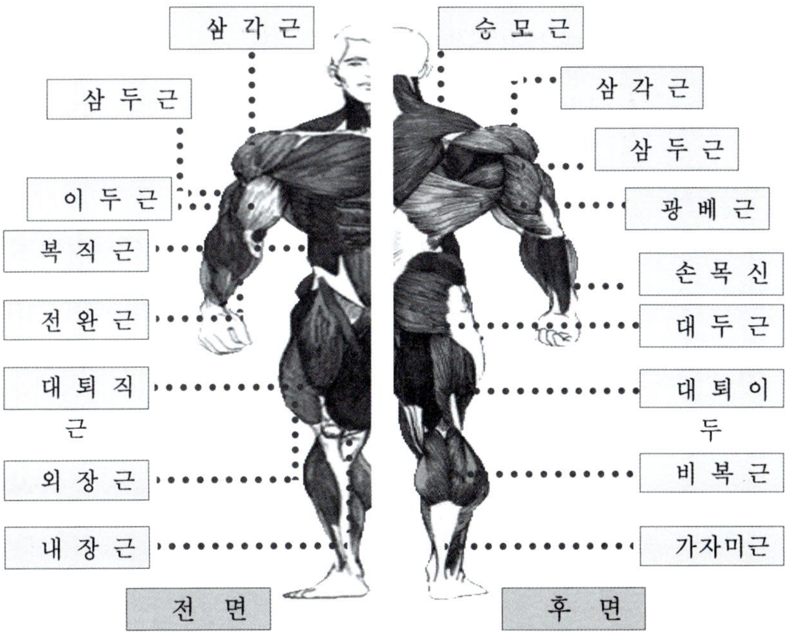

〈그림 2〉 신체근육 및 명칭

6) 덤벨운동

근육의 수축과 신장력을 발달시켜 체력을 향상시키고 아울러 혈액 순환계의 기능을 촉진 시킨다.

가) 운동방법

(1) 운동강도 / 빈도 / 횟수

· 강 도 : 자신에게 맞는 덤벨무게를 선택한다.

☞ 덤벨무게 : 보통 남자는 4-8㎏, 여자는 2-4㎏이 적당하며 조금 가볍다고 느껴지는 무게부터 시작하는 것이 좋다.

· 빈 도 : 운동은 격일로 주 3회 이상 3개월간 꾸준히 실시한다.

· 횟 수 : 반복 횟수는 8-12회 정도로 하고 15회 이상 수행할 수 있을 때는 무게를 2㎏씩 올린다.

나) 순서 및 실시요령

순서	운 동	도 해		실 시 요 령
1	얼터 네이티드 덤벨 컬 (Alternated Dumbbell curl)	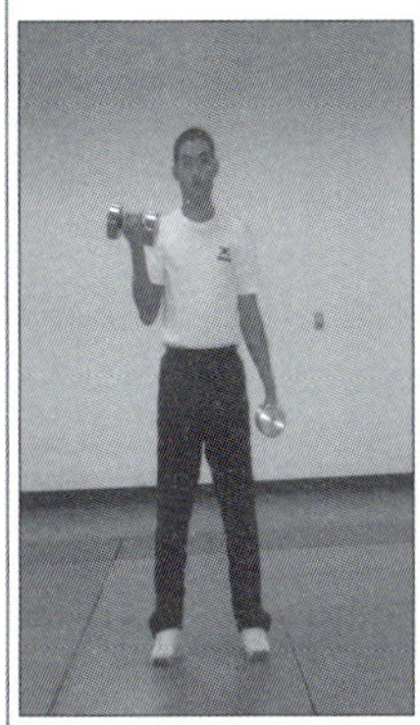		•발을 어깨 너비로 벌린다. •가슴을 펴고 팔꿈치를 중심으로 어깨 높이까지 올리며 굽혔다 펴기를 반복한다. •왼손과 오른손을 교대로 한다. <주의사항 / 효과> •들어올리고 내릴 때 팔꿈치가 움직이지 않도록 한다. •효과 : 이두근
2	시티드 인클라인 컬 (seated Incline curl)			•양손에 덤벨을 잡고 벤치에 비스듬히 앉는다. •팔을 충분히 펴고 가슴까지 천천히 들어 올리고 내린다. •왼손과 오른손을 교대로 한다. <주의사항 / 효과> •들어올리고 내릴 때 팔꿈치가 좌· 우로 움직이지 않도록 한다. •효과 : 이두근
3	덤벨 프레스 (Dumbbell Press)			•무릎을 약간 구부리고 허리는 곧게 편다. •덤벨을 어깨까지 올린 후 머리 위로 덤벨을 들어 올린다. •내릴 때에는 가급적 천천히 귀 높이 까지만 내린다. <주의사항 / 효과> •들어올리고 내릴 때 팔꿈치가 앞·뒤로 움직이지 않도록 한다. •효과 : 삼각근

순서	운 동	도 해		실 시 요 령
4	벤트오버 레터럴 레이즈 (Bent-Over Lateral Raise)			•의자에 앉아 발을 어깨너비만큼 벌리고 덤벨을 잡는다 •팔꿈치를 약간 구부린 상태에서 덤벨을 옆으로 들어 올리고 내린다. **<주의사항 / 효과>** **•덤벨을 들어올리고 내릴 때 팔의 반동을 이용하지 않는다.** **•효과 : 삼각근**
5	얼터 네이트 프런트 레이즈 (Alternate Front Raise)		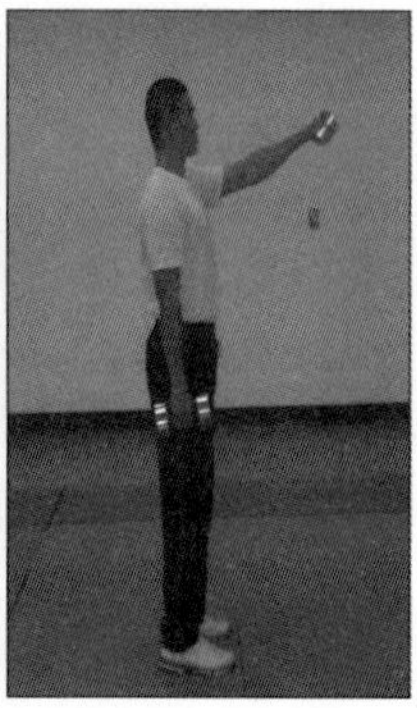	•오버핸드그립 으로 덤벨을 양손에 잡는다. •팔꿈치를 약간 구부리고 팔을 들어 얼굴높이 까지 들어 올리고 내린다. **<주의사항 / 효과>** **•덤벨을 들어올리고 내릴 때 팔이 좌·우측으로 움직이지 않도록 한다.** **•상체를 앞·뒤로 움직이면 안된다.** **•효과 : 삼각근**
6	사이드 레터럴 레이즈 (side Lateral Raise)			•의자에 앉아 손바닥을 몸쪽으로 하여 양손에 덤벨을 잡는다. •팔꿈치를 약간 구부린 상태에서 옆으로 천천히 덤벨을 들어 올리고 내린다. **<주의사항 / 효과>** **•상체를 앞·뒤로 움직이면 안된다.** **•효과 : 측면 삼각근**

순서	운 동	도 해		실 시 요 령
7	오버헤드 덤벨 익스텐션 (Overhead Dumbbell Extension)			•팔꿈치를 고정시키고 덤벨을 머리 뒤쪽에 위치 시킨다. •천천히 덤벨을 머리위로 들어 올리고 내린다. **<주의사항 / 효과>** **•삼두근의 힘만으로 들어올린다.** **•상체를 앞·뒤로 움직이지 않는다.** **•효과 : 삼두근**
8	덤벨 스쿼트 (Dumbbell Squat)	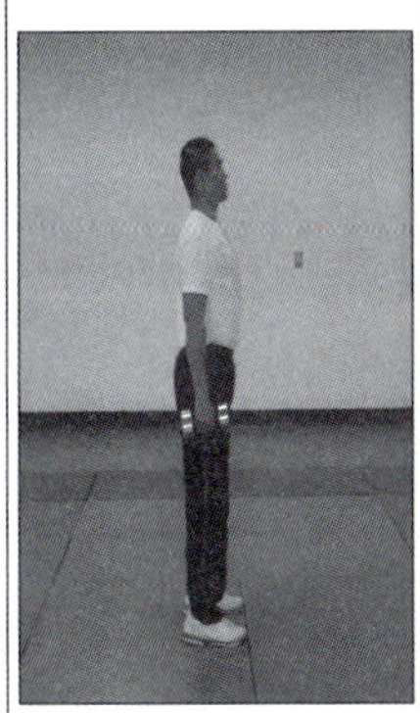		•덤벨을 양손에 잡고 양발을 어깨너비로 벌린다. •무릎을 구부릴 때 엉덩이를 뒤로 빼고 등과 허리는 편상태를 유지한다. •하체의 힘으로 덤벨을 들어 올리고 내린다. **<주의사항 / 효과>** **•상체를 좌우로 움직이지 않는다.** **•효과 : 대퇴근**
9	덤벨들고 벤치 오르 내리기	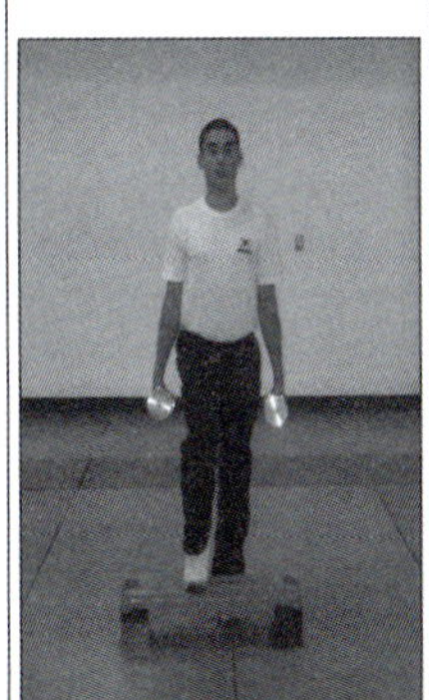	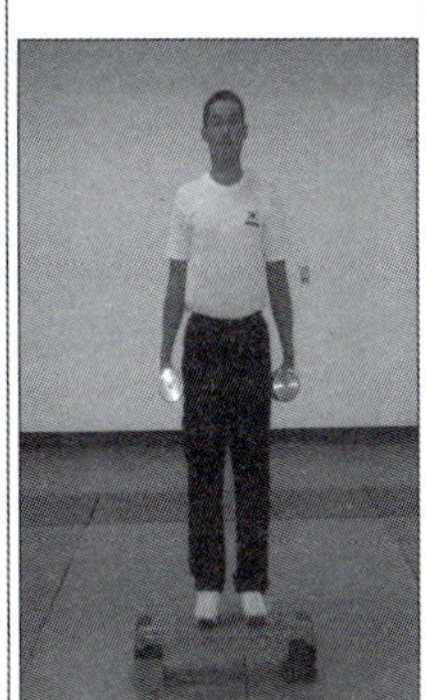	•덤벨을 들고 벤치 뒤에서 다리를 벌리고 선다. •오른발을 올리고 왼발을 올려놓은 후 벤치에서 한발씩 내려 놓는다. **<주의사항 / 효과>** **•효과 : 대퇴근, 비장근**

다) 덤벨운동 시 주의사항

· 운동 전 반드시 충분한 준비운동과 스트레칭을 하고 끝난후 가벼운 체조로 정리운동을 한다.
· 항상 자신에게 맞는 무게로 운동을 한다.
· 운동중에 호흡을 중지해서는 안된다. 호흡은 자연스럽게 하되 바벨을 들어 올리거나 밀어낼 때 내쉬고 바벨을 내리거나 당길 때 들이쉰다.
· 경쟁하여 무리한 횟수나 무거운 중량으로 해서는 안된다.
· 매일 운동실태를 기록하며 1개월에 한번씩 체중, 신장, 흉위를 측정하여 신체의 발달정도에 따라서 운동강도를 조정한다.

7) 바벨 운동

근력, 근지구력 및 순발력을 향상시키고 특히 무게를 이용하여 신체 각 부분에 적당한 자극과 저항을 주어 균형있고 아름다운 신체로 단련시킬 수 있는 합리적이고 효과있는 운동이다.

가) 운동방법

① 바벨무게 : 자기 최대무게의 약 1/3~2/3
② 운동강도 / 빈도 / 시간 / 횟수

· 강 도 : 최대 근력의 60-70%가 최고의 효과가 있고, 50% 이하는 근력향상 보다 근지구력 증진에 효과가 있다.
· 빈 도 : 초보자는 주 3일, 숙달자는 주 4일이 적당하다.
· 시 간 : 운동시간은 1회에 50분 정도가 적당하다.
· 횟 수 : 반복횟수는 최대횟수의 약 1/3회가 적당하다.

나) 바벨을 잡는 방법

오버 핸드 그립 (Over hand grip)	후크 그립 (Hook grip)	언더 핸드 그립 (Under hand grip)
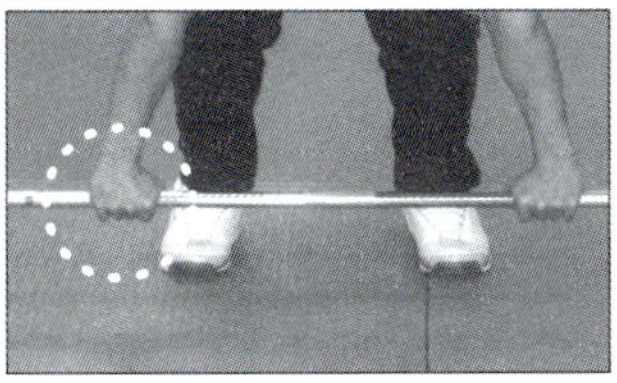	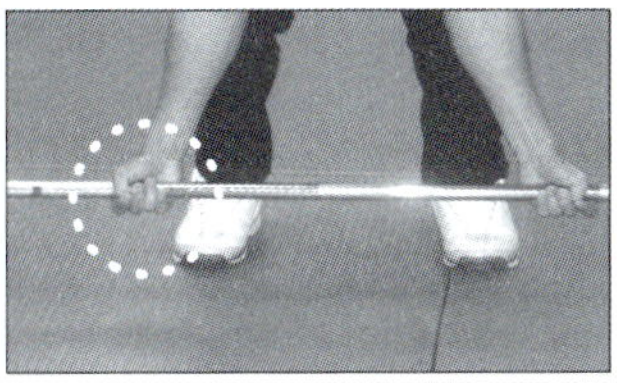	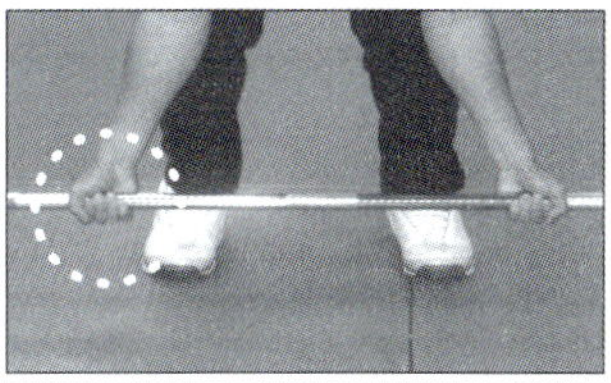
손등을 바(bar) 위쪽으로 향하여 잡는방법	엄지손가락을 다른 손가락 안에 넣고 바(bar)를 잡는 방법	손등을 바(bar) 아래쪽으로 향하여 잡는방법

다) 순서 및 실시요령

① 팔과 어깨운동

순서	운 동	도 해		실 시 요 령
1	암 컬 (Arm Curl)			•다리를 어깨너비로 벌리고 두손은 어깨너비로 바벨을 잡는다. •팔꿈치는 옆구리에 고정시킨다. •바벨을 가슴까지 들어 올리고 내린다. **<주의사항 / 효과>** **•상체는 앞·뒤로 움직이지 않도록 한다.** **•효과 : 이두근, 전완근**
2	바벨 비하인드 넥 프레스 (Barbell behind neck Press)			•바벨을 어깨너비로 잡고 어깨까지 올린다. •두 팔을 위로 완전히 들어 올리고 어깨까지 내린다. **<주의사항 / 효과>** **•바벨이 몸의 중심을 벗어나지 않도록 수직으로 들어 올리고 내린다.** **•효과 : 삼두근**
3	바벨 백 프레스 (Barbell Back Press)			•바벨을 어깨너비보다 넓게 잡는다. •바벨을 들어 올려 목 뒤 승모근에 올려 놓는다. •바벨을 머리위로 양팔을 쭉 펴서 들어 올리고 내린다. **<주의사항 / 효과>** **•바벨이 몸의 중심을 벗어나지 않도록 수직으로 들어 올리고 내린다.** **•효과 : 이두근, 삼두근,**

순서	운 동	도	해	실 시 요 령
4	업라이트로 (Upright Row)			•바벨을 대퇴부 까지 올린다음 가슴 까지 들어 올리고 내린다. <주의사항 / 효과> •바벨을 들어 올릴 때 상체가 뒤로 넘어가거나 내릴 때 상체가 앞으로 굽혀지지 않도록 한다. •효과 : 이두근, 삼각근, 승모근

② 몸통운동

순서	운 동	도	해	실 시 요 령
1	라이닝 트라이셉스 익스텐션 (Lying triceps extention)			•바르게 누워 어깨너비로 바벨을 잡고 무릎을 90도 굽힌다. •가슴 앞으로 바벨을 쭉 펴서 몸과 팔이 직각이 되도록 한다. •양팔이 지면과 수평이 되도록 머리위로 내리고 올린다. <주의사항 / 효과> •팔의 균형을 유지한다. •효과 : 대흉근, 이두근, 삼두근 삼각근, 활배근
2	벤치 프레스 (Bench Press)			•벤치에 누워 어깨너비로 바벨을 잡는다. •바벨을 가슴까지 수직으로 올리고 내린다. <주의사항 / 효과> •양팔을 완전히 펴야한다. •팔의 균형을 유지한다. •효과 : 대흉근, 삼두근, 삼각근

순서	운 동	도 해		실 시 요 령
3	벤치 풀 오버 (Bench Pull-Over)		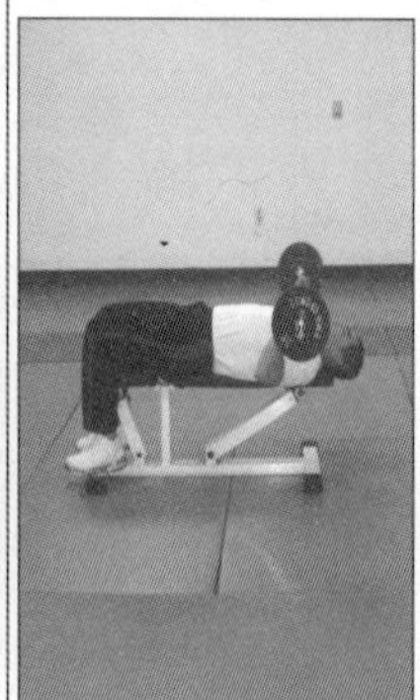	•목이 벤치 끝에 위치하도록 눕는다. •바벨을 어깨너비보다 좁게 잡고(약20cm) 얼굴과 머리의 곡선을 따라 1/2원을 그리듯이 내리고 들어올린다. **<주의사항 / 효과>** **•팔꿈치가 벌어지지 않고 하체가 들리지 않도록 벤치에 밀착시킨다.** **•효과 : 대흉근, 활배근, 삼각근**
4	벤트 오버 바벨 로우 (Bent-Over Barbell Row)			•다리는 어깨너비로 벌리고 상체는 지면과 수평이 되게 구부리면서 바벨을 어깨 너비보다 조금 넓게 잡는다. •팔과 다리가 일직선이 되도록 한다. •바벨을 가슴까지 들어 올리고 내린다. **<주의사항 / 효과>** **•바벨을 내릴 때 힘을 빼서는 안 된다.** **•고개는 약간 들어야 한다.** **•효과 : 활배근, 삼각근**
5	바벨 데드 리프트 (Barbell Dead Lift)			•바벨을 어깨너비 만큼 잡는다. •무릎을 90도 구부린 상태에서 허리를 세우고 바벨을 대퇴부까지 들어올리고 내린다. **<주의사항 / 효과>** **•시선은 정면, 허리가 굽혀지 지 않도록 하면서 하체의 힘 으로 일어선다.** **•효과 : 허리근력 강화**

순서	운 동	도 해		실 시 요 령
3	벤치 풀 오버 (Bench Pull-Over)			•목이 벤치 끝에 위치하도록 눕는다. •바벨을 어깨너비보다 좁게 잡고(약20cm) 얼굴과 머리의 곡선을 따라 1/2원을 그리듯이 내리고 들어올린다. <주의사항 / 효과> •팔꿈치가 벌어지지 않고 하체가 들리지 않도록 벤치에 밀착시킨다. •효과 : 대흉근, 활배근, 삼각근
4	벤트 오버 바벨 로우 (Bent-Over Barbell Row)			•다리는 어깨너비로 벌리고 상체는 지면과 수평이 되게 구부리면서 바벨을 어깨 너비보다 조금 넓게 잡는다. •팔과 다리가 일직선이 되도록 한다. •바벨을 가슴까지 들어 올리고 내린다. <주의사항 / 효과> •바벨을 내릴 때 힘을 빼서는 안 된다. •고개는 약간 들어야 한다. •효과 : 활배근, 삼각근
5	암크로스 데드 리프트 (Arm Cross Dead Lift)			•바벨을 어깨너비 만큼 잡는다. •무릎을 90도 구부린 상태에서 허리를 세우고 바벨을 대퇴부까지 들어올리고 내린다. <주의사항 / 효과> •시선은 정면, 허리가 굽혀지 지 않도록 하면서 하체의 힘 으로 일어선다. •효과 : 허리근력 강화

순서	운 동	도 해	실 시 요 령
6	굿모닝 (Good Morning)	 	•발은 어깨너비보다 넓게 벌리고 바벨을 넓게 잡아 목 뒤 승모근에 올린다. •상체를 지면과 수평되게 앞으로 굽혔다 편다. **<주의사항 / 효과>** **•허리에 반동을 주지 않는다.** **•효과 : 허리근력 강화**

③ 하체운동

순서	운 동	도 해	실 시 요 령
1	스쿼트 (Squat)	 	•발을 어깨너비로 벌린다. •바벨을 승모근에 올려 놓는다. •완전히 앉고 서는 동작을 반복한다. **<주의사항 / 효과>** **•시선은 정면, 상체가 굽혀지지 않도록 하고 몸의 중심을 유지한다.** **•효과 : 대퇴근, 내·외장근**
2	스텐팅 바벨 캡 레이즈 (Standing Barbell Calf raise)	 	•발을 어깨너비로 벌린다. •바벨을 승모근에 위치시킨다. •발 뒤꿈치를 들었다 내리고 일어서는 동작을 반복한다. **<주의사항 / 효과>** **•시선은 정면, 상체가 굽지 않도록 하고 몸의 중심을 유지한다.** **•효과 : 대퇴근, 비장근, 내·외장근, 슬외근**

순서	운 동	도 해		실 시 요 령
3	스태프 렉 데드 리프트 (Stiff leg Dead Lift)			•바벨을 어깨너비 만큼 잡고 발은 어깨너비 만큼 벌린다. •무릎을 구부리지 않고 허리를 세우면서 바벨을 대퇴부 까지 들어올리고 내린다. **<주의사항 / 효과>** **•시선은 정면, 무릎이 굽혀지지 않도록 하면서 하체의 힘으로 일어선다.** **•효과 : 대퇴이두근**
4	박스 스텝 업 (Box Step-Up)			•바벨을 승모근에 위치 시킨 후 오른발을 벤치에 올려 놓는다 •왼무릎을 90도 접은 상태에서 복부까지 들어올리고 내리는 동작을 반복한다. **<주의사항 / 효과>** **•시선은 정면, 몸의 중심선이 유지되도록 몸을 똑바로 한다.** **•효과 : 대퇴근, 비장근, 복근**
5	스쿼트 웍 (Squat Walk)			•발을 어깨 너비로 벌린다. •바벨을 승모근에 위치시키며 편안한 자세로 앉아서 일정한 거리를 걷는다. **<주의사항 / 효과>** **•시선은 정면, 몸의 중심선이 유지되도록 몸을 똑바로 한다.** **•효과 : 대퇴근, 내·외장근**
6	스텐팅 캡 레이즈(와이드 스텐스) (Standing calf Raise(wide stance))			•발을 어깨 너비로 벌린다. •바벨을 목 뒤 승모근에 위치시키고 발뒤꿈치를 최대한으로 올렸다가 내린다. **<주의사항 / 효과>** **•시선은 정면, 허리가 굽지 않도록 한다.** **•효과 : 비장근, 슬와근, 발목강화**

다. 인터벌 트레이닝(Interval training) : 스피드 및 지구력 강화 훈련

1) 정 의

트레이닝 강도(시간, 거리) 에 따라 설정한 인터벌(Interval) 이라고 하는 구간을 질주하고 일정한 구간을 동적(움직이면서)인 휴식을 취하면서 신체적인 피로가 완전히 회복되기 이전에 다시 인터벌(Interval) 구간을 질주하는 것을 반복하는 트레이닝이다.

질 주 (트레이닝 강도 고려)	⇨	동적인 휴식	⇨	질 주 (트레이닝 강도 고려)

2) 트레이닝 목적

스피드가 동반된 심폐 및 전신 지구력 향상을 통해 전투지속 능력을 향상시킨다.

3) 트레이닝 효과

· 강 도 : 최대 근력의 60–70%가 최고의 효과가 있고, 50% 이하는 근력향상 보다 근지구력 증진에 효과가 있다.
· 빈 도 : 초보자는 주 3일, 숙달자는 주 4일이 적당하다.
· 시 간 : 운동시간은 1회에 50분 정도가 적당하다.
· 횟 수 : 반복횟수는 최대횟수의 약 1/3회가 적당하다.

4) 프로그램 작성요건

가) 운동강도

① 트레이닝 강도는 보통 자기 최고심박수의 70%~80%로 실시한다.
② 초보자의 경우 낮은 운동강도에서 시작하여 점진적으로 높이는 것이 바람직 하다.

나) 운동빈도

매일 실시하는 것이 효과적이지만 자신의 체력을 고려하여 주 3일 격일제로 실시 하는것이 좋다.

다) 운동시간

개인의 체력수준과 운동강도에 따라서 결정되며 일반적으로 트레이닝 시간은 20~30분 이상 하는 것이 좋다. 또한 트레이닝의 점진성의 원리를 적용하여 거리와 시간을 점진적으로 증가 시켜야 한다.

5) 운동방법

① 준비운동과 스트레칭을 충분히 실시하고 체력수준별 집단구성을 한다.
② 동적휴식의 거리는 질주시 달리는 거리에 따라 조절되며 아래 표와 같다.

질주거리	200m 이하	400-600m	800m
휴식(동적)거리	실수거리의 1/3 (60-70m)	질주거리의 1/2 (200-300m)	800m

가) 진행방법(예시)

거리는 체력수준 및 부대의 여건에 따라 지휘자가 선정한다.

운동명	도 해	실 시 요 령
50m 인터벌 트레이닝	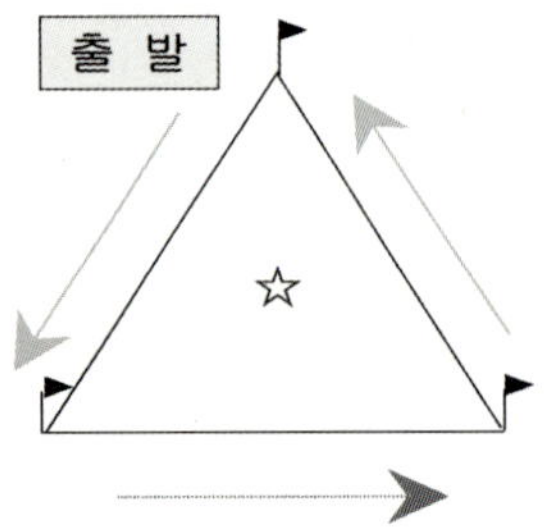 범례 : ☆(지휘자), ——→ (질주), ——→ (휴식)	•지휘자의 신호에 따라서 분대 또는 조단위로 출발한다. •50m 전력질주, 다음 50m는 조깅(동적휴식)을 한다.
200m 인터벌 트레이닝	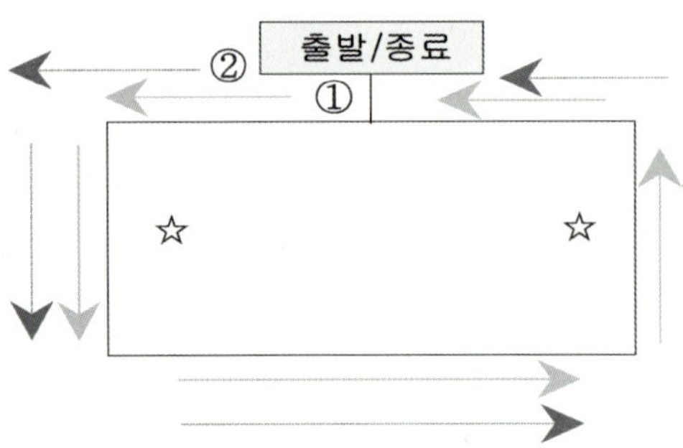 범례 : ☆(지휘자), ——→ (질주), ——→ (휴식)	•거리만 다를 뿐 50m인터벌 트레이닝과 실시요령은 동일하다. •여러 조일경우 각 조별 50m 간격으로 출발 할 수도 있다.

〈그림 3〉 거리별 진행방법

6) 프로그램 작성

가) 고려사항

· 개인 체력수준을 고려하여 집단을 구성한다.
· 집단구성별 트레이닝 목적, 강도를 정한다.
· 집단별 트레이닝 결과를 유지 및 분석한다.
· 주간 및 월간 트레이닝 계획수립간 강 · 약 조절을 통해 운동상해를 예방한다.

나) 월간 트레이닝 계획(예시 : 초보자)

구 분	1일차		2일차		3일차	
	거 리	강 도	거 리	강 도	거 리	강 도
1주차	가벼운 장거리 구보 (3㎞이상)	50%	50m	50%	50m	70%
2주차	가벼운 장거리 구보 (3㎞이상)	50%	50m	50%	50m	70%
3주차	50m	80%	가벼운 장거리 구보 (3㎞이상)	50%	100m	50%
4주차	100m	50%	100m	50%	100m	70%

※ 트레이닝의 점진성의 원리를 적용하여 강도 / 빈도 / 시간을 증가시켜 나간다.

라. 서킷 트레이닝(Circuit training) : 근력 / 근지구력, 전신 지구력 강화 훈련

1) 정 의

웨이트 및 인터벌 트레이닝을 통해 향상된 근력과 근지구력, 호흡, 순환, 기능을 종합적으로 발달시키는 트레이닝이다.

2) 트레이닝 목적

개인의 체력수준에 따라 필요한 종목을 선택하여 순환식으로 실시하므로써 신체 부위의 고른 발달은 물론 종합적인 체력을 향상시킨다.

3) 트레이닝 효과

· 개인 또는 분 · 소대 단위 동시 실시
· 지휘관의 병력통제가 용이하고 최소의 공간을 활용
· 개인별 훈련 효과판정과 능력향상을 동시에 확인(기록단축)
· 짧은 시간에 최대의 운동효과 달성

4) 프로그램 작성요건

가) 운동강도 / 빈도 / 시간 및 횟수

· 강 도
 – 종목선정시 기능별, 신체 부위별로 배열한다.
 – 훈련자가 3set 실시후 더 이상 계속할 수 없는 정도의 강도로 실시한다.
· 빈 도 : 필요한 종목을 8–2개 정도 선택하여 주 3일 정도 실시한다.
· 시간 / 횟수 : 9개 종목을 기준으로 할 때 1set에 소요되는 시간은 6–분정도가 소요 되도록 하고 3set 실시한다.

나) 훈련장

훈련장은 부대의 여건과 훈련 인원에 맞게 ㅇ형, ㄴ형, ㅁ형 또는 ＿형 등으로 설치한다.

다) 운동종목 선정시 고려사항

· 트레이닝의 목표가 근력양성인지, 지구력 양성인지를 구분하여 강도를 결정한다.
· 기초체력 요소의 중복을 회피한다(예 : 근력, 유연성, 민첩성 등 배열)
· 같은 신체부위 중복을 회피한다.
 (예 : 다리운동 ⇨ 팔 ⇨ 허리 ⇨ 등 ⇨ 복근 ⇨ 전신운동 순으로 배열)
· 부대별 임무수행에 필요한 기초체력 요소를 발달시킬수 있는 종목을 선정한다.
 (예 : 보병 – 근력 및 심폐 지구력, 기갑 – 근력 등)
· 소대단위 트레이닝시에는 체력 수준별로 집단구성 한다.

5) 운동방법

① 실시 방법이 웨이트 트레이닝과 비슷하나 웨이트 트레이닝은 한 종목이 끝나고 다음 종목으로 넘어갈 때 적당한 휴식을 취하지만 서킷 트레이닝은 동적휴식 후 다음 종목으로 넘어간다.

② "바 모델별 실시요령" 중 8~12개 종목으로 진행한다.

· 능력이 향상되면 과부하의 원리를 적용한다. 적용방법에는 종목수, 반복횟수, 세트(set)수를 증가시키는 방법과 순환시간을 단축시키는 방법이 있다.
· 소요시간이나 횟수를 기록해 분석한다.
☞ 전체 순환에 걸리는 시간을 5일간 측정해 평균을 구해 표준으로 정한다.
· 각 종목마다 최고 실시횟수를 측정하여 그 횟수의 1/2부터 시작한다.
· 30회 이상 할 수 있는 종목은 1분으로 제한한다.

③ 각 종목의 운동량이나 강도를 아래와 같이 실시횟수 및 시간에 의해 통제 하므로써 순환운동을 효과적으로 실시할 수 있다. "예를 들어"

구 분	내 용
1회 순환시간	8분 40초(이동시간 포함)
소요시간	• 운동별 : 30초 × 8개종목 = 240초(6분) • 종목별 실시후 이동시간 = 160초(2분 40초)
훈련방법	• 종목별 기록(기준시간내 운동 횟수 기록) • A종목 실시 후 B종목으로 이동
통제방법	• 훈련통제관이 육성으로 지휘 : "준비, 시작, 그만, 이동"
교보재	• 호각, 초시계, 집단별 트레이닝 계획표 및 결과 분석표
비 고	• 체력수준에 따라 시간단축 및 반복횟수 증가

6) 모델별 실시요령

가) 모델 "1"

순서	운 동	도	해	실 시 요 령
1	윗몸 일으키기 (sit-up)			•반듯하게 누웠을 때 양 어깨와 깍지낀 손이 매트에 닿아야 한다. •상체를 굽힐때 양 팔굽이 무릎에 닿아야 한다. **<주의사항>** **•손 깍지를 풀면 안된다.** **•복근의 힘만 이용하며 상체를 일으키고 내린다.** **•최대한 빠른 속도로 실시한다.**
2	바벨 프레스 (Barbell Press)		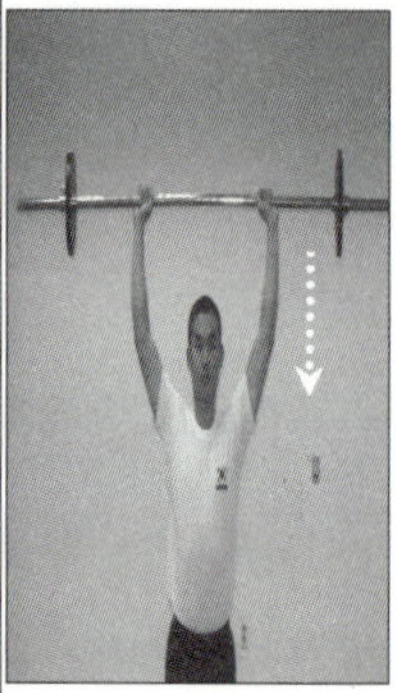	•바벨을 어깨너비로 잡고 어깨까지 올린다. •두 팔을 위로 완전히 들어 올리고 어깨까지 내린다. **<주의사항 / 효과>** **•바벨이 몸의 중심을 벗어나지 않도록 수직으로 들어 올리고 내린다.**
3	한발로 앉고 일어서기			•양팔을 옆으로 벌려서 중심을 잡는다. •한발로 선상태에서 앉았다가 일어선다(양발 교대) **<주의사항>** **•상체가 움직이지 않도록 다리 힘만으로 일어서고 앉는다.**

순서	운 동	도 해		실 시 요 령
4	물구나무 서서 팔굽혀 펴기			•물구나무 서기를 한후 팔굽혀 펴기를 한다. •2명 1개조로 실시한다. <주의사항> **•팔의 힘만으로 팔굽혀펴기를 실시한다.**
5	두발 모아뛰기		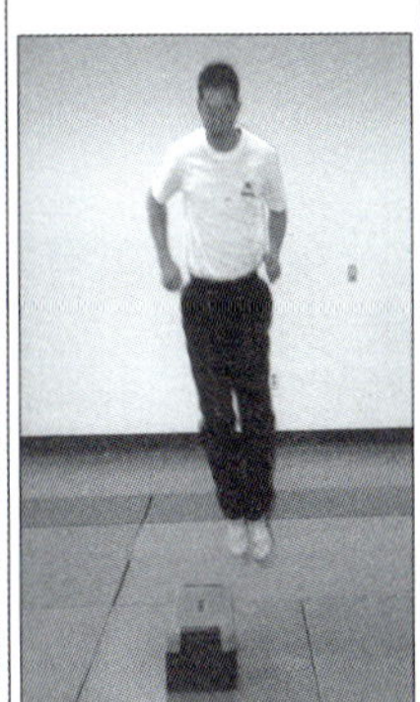	•30㎝ 높이의 기구를 좌우 반복하여 연속으로 뛰어 넘는다. <주의사항> **•양발을 동시에 점프하고 착지 한다.** **•중간에 쉼없이 연속으로 넘는다.**
6	바벨운동 (Pull Up)			•다리를 어깨너비로 벌리고 바벨을 어깨너비만큼 잡는다. •바벨을 대퇴부 까지 올린다음 가슴까지 끌어 올리고 내린다. <주의사항 / 효과> **•바벨을 들어 올릴 때 상체가 뒤로 넘어가거나 내릴 때 상체가 앞으로 굽혀지지 않도록 한다.**

나) 모델 "2"

순서	운 동	도 해		실 시 요 령
1	제자리 뛰어 무릎 가슴닿기	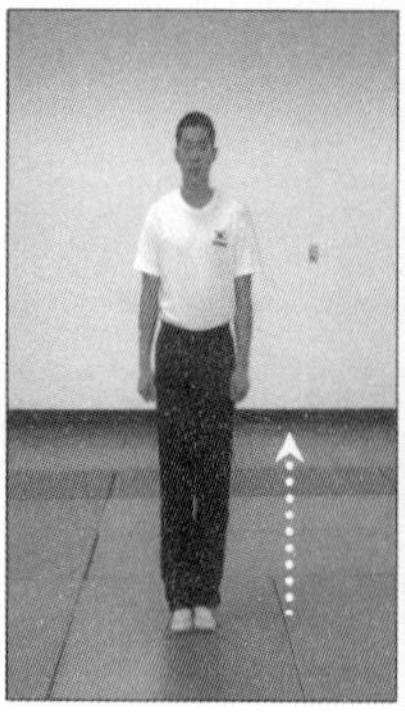		•제자리에서 양발을 모아 점프를 하여 양무릎이 가슴에 닿도록 한다. <주의사항> •최대한 높이 점프를 하며 중간에 쉼없이 실시한다.
2	팔굽혀 펴기		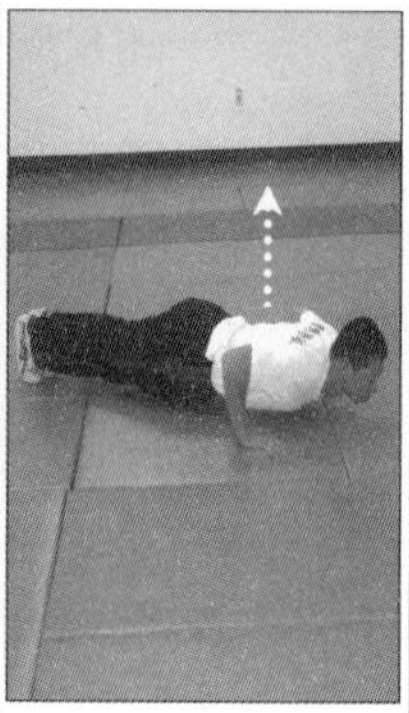	•팔을 어깨너비로 벌려 바닥(봉)을 짚고 팔을 굽히고 편다. <주의사항> •팔을 완전하게 굽히고 편다 •팔의 힘만으로 팔굽혀펴기를 시한다.
3	한발로 앉고 일어서기			•양팔을 옆으로 벌려서 중심을 잡는다. •한발로 선상태에서 앉았다가 어선다.(양발 교대) <주의사항> •상체가 움직이지 않도록 다리 힘만으로 일어서고 앉는다.

순서	운 동	도 해		실 시 요 령
4	턱걸이			•철봉을 어깨너비로 잡는다. •턱을 철봉까지 올리고 내린다. <주의사항> •팔을 완전하게 굽히고 편다. •팔의 힘만으로 상체를 올리고 내린다.
5	쪼그려 뛰기	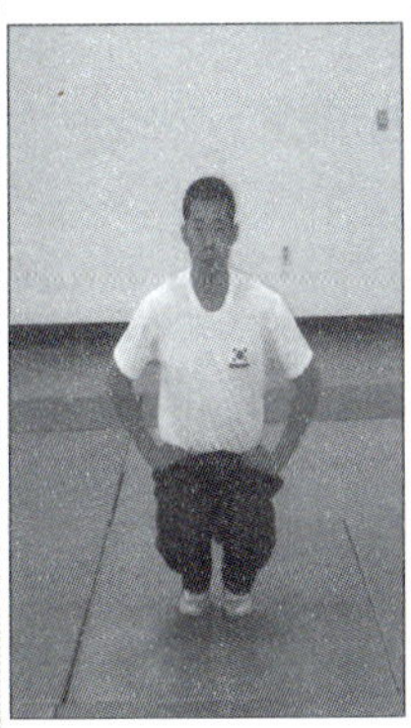	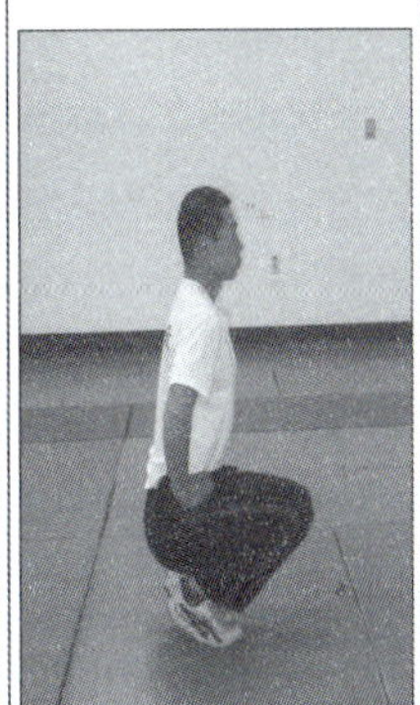	•양손을 허리에 잡고 쪼그려 앉는다. •앉은 상태에서 수직으로 점프하면서 좌(우)측으로 방향전환을 한다. <주의사항> •중간에 쉼없이 실시한다.
6	경사윗몸 일으키기			•반듯하게 누웠을 때 양 어깨와 깍지낀 손이 매트에 닿아야 한다. •상체를 굽힐때 양 팔굽이 무릎에 닿아야 한다. <주의사항> •손 깍지를 풀면 안된다. •복근의 힘만 이용하며 상체를 일으키고 내린다. •최대한 빠른 속도로 실시한다.

다) 모델 “3”

순서	운 동	도 해		실 시 요 령
1	엎드려 손뼉치기			•팔굽혀펴기 자세에서 양팔을 굽히고 펴는 순간 손뼉을 한번 친다. **<주의사항>** **•팔을 완전히 굽히고 편다.** **•팔의 힘만을 이용한다.**
2	제자리 뛰어 무릎 가슴닿기	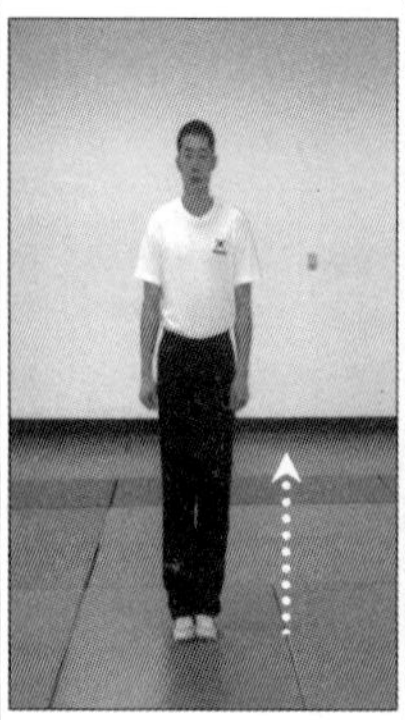		•제자리에서 양발을 모아 점프를 하여 양무릎이 가슴에 닿도록 한다. **<주의사항>** **•최대한 높이 점프를 하며 중간에 쉼없이 실시한다.**
3	줄넘기	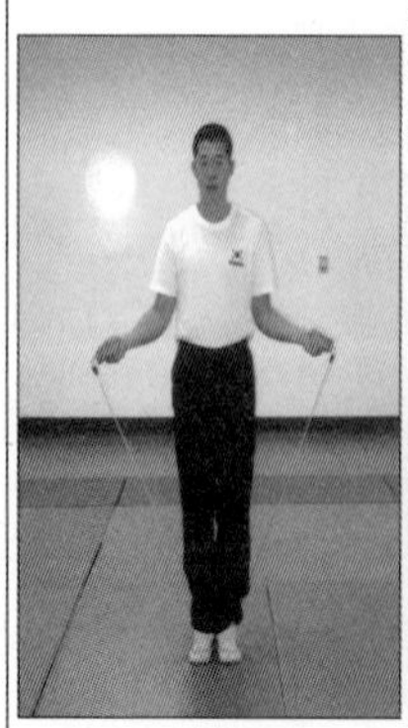	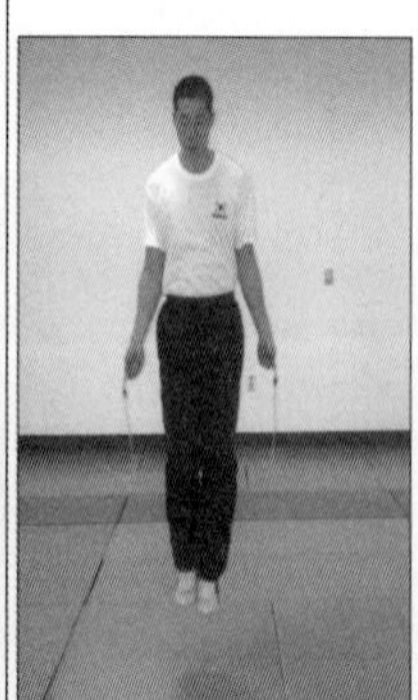	•줄을 잡고 줄넘기를 한다. **<주의사항>** **•중간에 쉼없이 연속으로 한다.**

순서	운 동	도 해		실 시 요 령
4	앉아서 점프하기	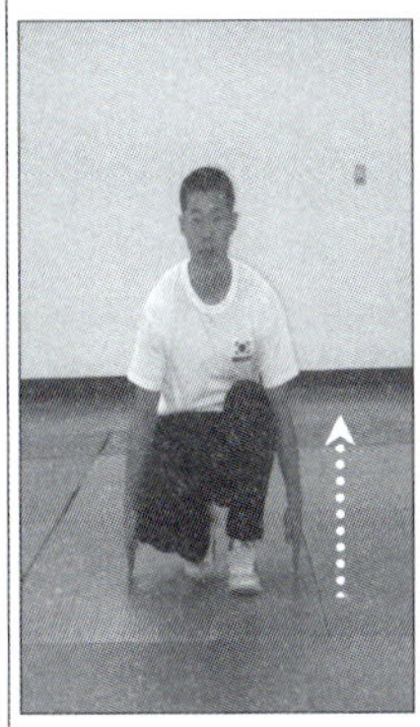		•바닥에 쪼그려 앉는다. •일어서면서 힘차게 점프하고 양팔을 머리위로 올렸다 내리면서 착지한다. <주의사항> •중간에 쉼없이 연속으로 한다.
5	버피 테스트			•차려 자세에서 쪼그려 앉았다가 팔굽혀펴기 자세를 취한다. •팔굽혀펴기를 1회 실시하고 처음 차려자세로 돌아온다. <주의사항> •동작을 중간에 쉼없이 연속으로 한다.
6	스쿼트			•발을 어깨너비로 벌린다. •바벨을 승모근에 올려 놓는다. •완전히 앉고 서는 동작을 반복한다. <주의사항> •시선은 정면, 상체가 굽혀지지 않도록 하고 몸의 중심을 유지한다.

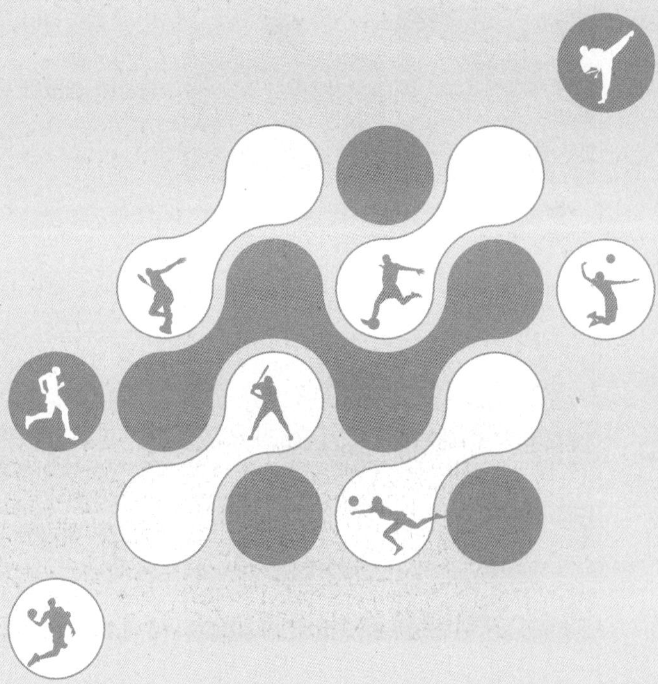

제3장 구기운동

1. 축구(Foot ball)
2. 배구(Volley ball)
3. 농구(Basket ball)
4. 테니스(Tennis)
5. 야구(Base ball)
6. 탁구(Table tennis)
7. 배드민턴(Badminton)

1 축구(Foot ball)

가. 축구의 역사

축구의 역사는 고대 Greece Rome 시대에 하파스턴(Harpston)이라고 하는 경기가 현재의 축구와 흡사하다고 하며 또 기원 1042년경 영국이 덴마크에게 제압당하고 있었던 관계로 덴마크군이 철퇴한 후 전쟁터에서 나온 덴마크군 병사의 두개골을 가지고 분풀이로 발로 차기 시작한 것이 축구의 기원이라고 한다.

그 후 영국에서 Goal도 없이 볼이 goal line을 넘으면 득점으로 하는 경기를 시작한 것이 현재의 축구로서 발전되었다.

· 1863년 : 영국 축구협회 창설
· 1896년 : 한국 축구도입(대한축구구락부 창설)
· 1904년 : 국제 축구연맹 결성(FIFA)
· 1908년 : 올림픽 종목으로 채택(제3회 세인트루이스)
· 1930년 : 월드컵대회 개최(우루과이)
· 1948년 : 한국 올림픽대회 참가(제14회 런던)
· 1954년 : 한국 월드컵대회 참가(제5회 스위스)
· 1983년 : 프로축구 시작(프로 2팀, 실업 4팀)
· 1986년 : 아시아대회 우승(제10회 서울)
· 2002년 : 한국 월드컵대회 개최(일본과 공동), 한국 월드컵대회 4위
· 2010년 : 남아공 월드컵대회 16강 진출, U-17 여자 월드컵대회 우승
· 2012년 : 한국 올림픽대회 참가 동메달 획득(제30회 런던)
· 2019년 : U-20 폴란드 월드컵대회 준우승
· 2022년 : 카타르 월드컵대회 16강 진출, 여자 AFC 아시안컵 준우승

나. 축구의 특징

① 유산소 · 무산소 지구력 향상
② 용기 · 투지 · 근성 · 단결 및 페어플레이 정신 배양

③ 팀 스포츠로써 단체정신 배양
④ 예측불허의 상황속에서 최적의 판단력을 요구

다. 축구의 기본기술

축구경기의 기본기술은 크게 나누어 kick, trapping, heading, dribbling, tackling, goal keeping 등으로 나눌 수 있다.

1) kick

가) Kick의 종류

① Inside kick
② Instep kick
③ In front kick
④ Out front kick
⑤ Out side kick
⑥ Over head kick
⑦ Toe kick, Heel kick

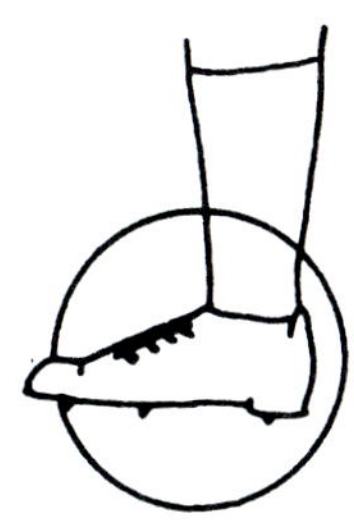
〈볼과 접촉하는 부위 (인사이드 킥)〉

〈볼과 접촉할 때의 발의 이동(인사이드 킥)〉

나) Kick의 요령과 연습방법

① Inside kick

볼의 속도와 방향에 변화를 시도하기 보다 목표 지점에 정확히 보내고자 할 때에 비교적 가까운 거리와 중거리 패스를 위하여 사용한다.

발내측의 넓은 부분을 사용하기 때문에 정확도는 높으나 속도가 느려 상대편에게 볼의 진행 course를 예측당하기 쉬운 약점이 있다.

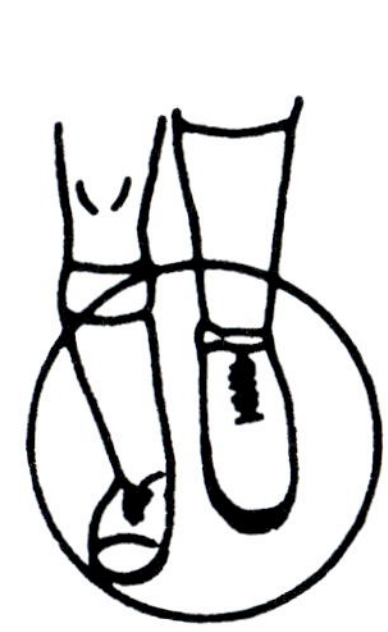
〈볼과 접촉하는 부위 (인 스텝 킥)〉

〈볼과 접촉할 때의 발의 이동(인사이드 킥)〉

이 kick의 실시 요령은 어떤 조건하에서 실시하는 몸무게를 지탱하는 다리의 무릎을 가볍게 구부려 밸런스를 유지하는 것이 중요하다. 볼을 찰 때는 발의 내측이 앞을 향하게 하고 발 끝을 약간 위로 향하도록 하여야 한다.

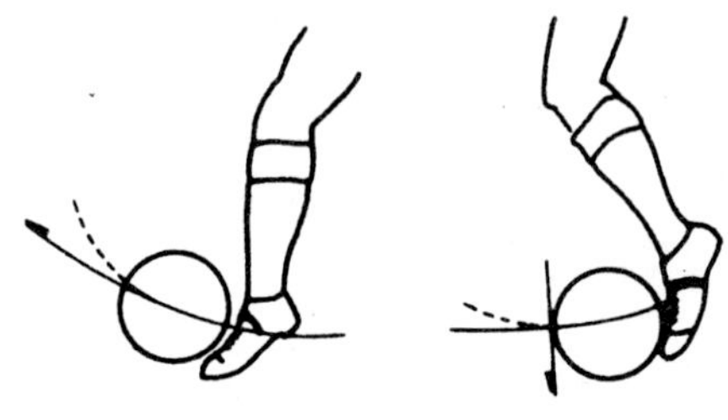

〈인 스텝 킥을 할 때 무릎의 위치와 발목의 각도와 볼의 코오스〉

② Instep kick

볼을 찰 때에 발등을 이용하는 kick으로 공의 속도가 빠르고 강한 볼을 찰 때 필요하다. 이 kick의 숙달은 볼의 중심점을 향하여 발등을 정확히 접촉시키는 일이며 볼을 찰 때 체중을 지탱하는 발은 가볍게 구부려 몸에 균형을 유지하고 발끝은 보내고자 하는 kick의 방향과 일치하도록 하여야 한다. 발의 스윙축은 허리로 삼고 kick이 끝난 다음에도 발의 follow through를 자연스럽게 실시하여 볼의 방향이 흐트러지지 않게 하여야 한다.

[연습방법]

손으로 볼을 잡고 바로 발등 위로 떨어뜨리면서 발등을 볼과 접촉하는 연습부터 시작하여 숙달되면 손을 사용하지 않고 발등만으로 계속 볼을 차 올린다. 이러한 두 가지 방법에 기능이 숙달되면 두 명이 마주 보고 서서 실제로 instep kick을 연습한다.

③ In front kick

In front kick은 발등 중에서도 안쪽 부위를 사용하여 볼을 차는 방법으로 볼의 진로는 곡선을 그리게 된다. 이 킥은 운동장을 횡으로 가로지르는 pass나 free kick, corner kick 등 멀리 찰 때 사용한다.

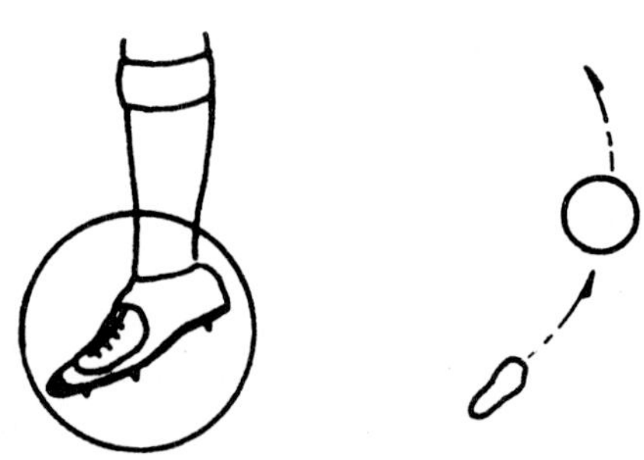

〈인프론트 킥〉

이 kick은 볼을 보내는 방향과 볼에 접근할 때 발의 움직이는 방향과는 일치하지 아니하며, 차려는 순간 몸무게를 지지하는 발의 위치는 볼의 옆 25~30cm 정도 옆에 놓이게 된다. 그 순간 몸무게를 지지하는 발의 바깥 쪽으로 약간 상체를 경사지게 하면서 가슴을 펴고 팔은 크게 흔들게 된다. 이 때 땅에 부착된 다리의 무릎은 약간 굽혀진대로 밸런스를 유지하면서 볼을 차는 무릎과 발목은 진동과 함께 앞으로 뻗치며 발끝을 편다. 특히 주의할 것은 볼을 찰 때에 볼의 수직 중심선보다 바깥쪽 부분을 차야 한다는 것과 그것으로 인하여 볼의 진로는 curve를 이루게 된다는 것을 알아야 한다.

[연습방법]

1인이 연습하는 방법은 벽을 향하여 kick 하고 나오는 볼을 trapping 하여 다시 차는 연습방법이 적합하며, 2인이 행하는 연습방법은 instep kick의 연습방법과 같은 방법으로 실시한다.

④ Out front kick

볼을 찰 때에 발등의 외부쪽을 사용하는 kicking의 방법이다. 즉 in front kick과 마찬가지로 중거리 패스, 장거리 패스에 흔히 사용된다. 방법에 있어서는 몸무게를 지지하는 발의 위치와 무릎 상태는 다른 kick의 경우와 큰 차이가 없으니 차는 발의 진동과 함께 다리를 앞으로 내미는 정도에 따라 발끝을 아래로 향하면서 동시에 안쪽으로 회전토록 하며 발등의 외부쪽을 사용하여 볼의 수직 중심선보다 안쪽 부분에 충격을 가해야 한다.

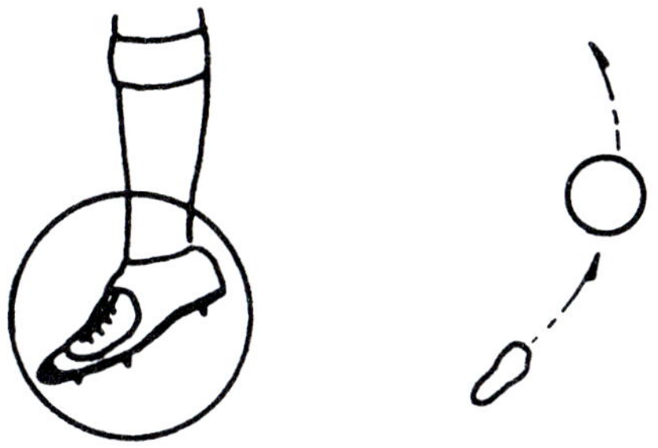

〈아우트 프론트 킥〉

⑤ Out side kick

Out side kick은 발의 외측을 이용하여 볼을 처리하는 방법이며, in side kick의 반대되는 방법이다. 앞으로부터 패스되어 오는 볼을 향하여 달려나가면서 앞으로 혹은 옆의 방향으로 볼을 처리할 수 있으며 볼을 차면서 달리는 스피드를 떨어뜨리지 않고 빠져 나갈 수 있는 kick의 방법이며 out front kick을 할 때와 마찬가지로 몸무게를 지지하는 발끝을 달려가는 방향으로 향하며 차는 발끝은 안쪽으로 향하도록 하면서 진동시에 가볍게 무릎 관절을 튀기는 감각과 같은 동작으로 발목을 고정시켜 공과 접촉토록 한다. 이때 주의할 것은 차는 다리 전체에 힘을 가한다기 보다 볼과 접촉하는 순간에 발목을 고정시키는 동작에 그 발목의 스냅(snap)을 이용하여 볼을 차도록 한다.

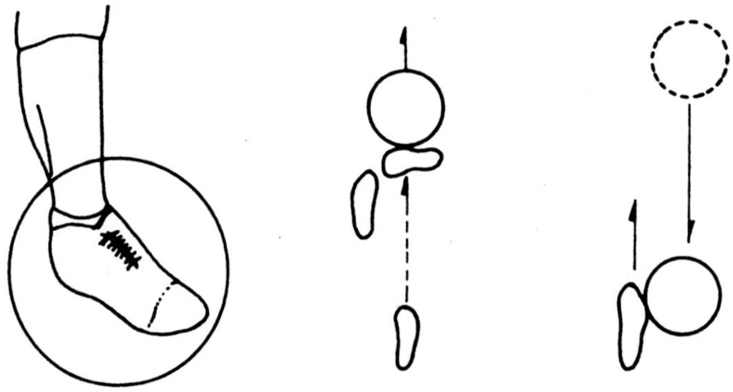

〈볼과 접촉하는 부위〉 〈볼과 접할 때의 발의 위치〉 〈앞으로 달리며 뒤로 패스〉

⑥ bicycle kick

bicycle kick이란 instep kick의 한 방법이기 때문에 발등을 사용하여 볼을 차는 방법이다. bicycle kick은 공중에 떠 있는 볼을 머리 위로 넘겨 후방으로 볼을 찰 경우에 사용되는 kick이다.

이 kick은 볼을 차는 다른 방법과는 달리 양발을 지면에서 떼야 하고 공중에서 몸의 균형을 이루면서 볼을 뒤로 넘겨 차야 하며 땅에 몸이 착지할 때에 균형을 적게 받도록 해야 하므로 처음 볼을 갖지 않고 공중에서 발의 움직임과 착지의 요령을 터득한 다음 실제로 볼을 차는 연습으로 들어가는 것이 초보자에게는 안전한 방법이다.

〈바이시클 킥의 요령〉

⑦ Toe kick과 Heel kick

Toe kick이란 발끝을 사용하여 볼을 차는 방법이다. 발끝을 이용하여 찬다기보다도 꾹 질러 내보내는 동작으로 행해지기 때문에 볼에 접촉하는 면적이 대단히 적다. 이 kick은 상대편의 경기자와 일순에 경쟁해야 하고 상대편보다 먼저 볼을 터치해야 할 장면에서는 특히 필요한 것이다.

Heel kick이란 발뒤꿈치로 볼을 차는 방법이며 힐링(heeling)이라고 불리기도 한다. Toe kick 보다 사용되는 빈도수가 많으나 흔히 사용되는 것은 아니며 전방이나 옆방향으로 패스를 할 때보다 뒤로 가까운 거리에 있는 자기편에게 패스를 할 때 사용된다.

[연습방법]

1인 연습방법은 벽을 사용하는 연습방법이 적합하고 2인 연습방법은 다른 kick의 연습방법과 동일한 방법으로 한다.

※ Spining ball kick

발등의 안쪽과 바깥쪽을 이용하여 볼의 중심으로부터 내부 혹은 외부 지점에 충격을 가했을 때 그 볼의 진로에는 커브(curve)의 현상이 일어난다. 이와같이 볼을 회전시켜 차므로서 볼의 진로를 바꾸는 kick의 방법을 spining ball kick이라 하며 일명 바나나 킥(banana kick)이라고도 한다.

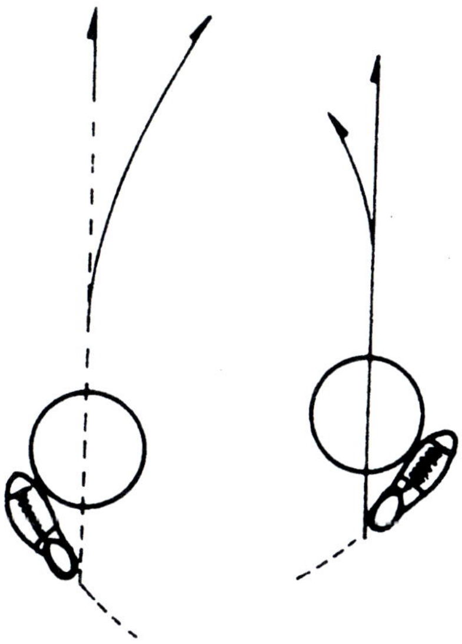

〈스피닝보올 킥〉

2) Trapping

Trapping은 동적으로 움직이고 있는 ball을 자기가 목적하는 다음의 동작에 적합하도록 볼을 자기 지배 하에 넣고 다음 동작에 자유로이 연결할 수 있도록 처리하는 일체의 동작을 말한다.

가) Trapping의 일반적 원칙

① 자기에 접근하고 있는 볼의 course · 성질 · speed를 정확히 판단하는 것이 트래핑의 제 1 조건이 된다.

② 이러한 판단 후 재빠르게 그곳으로 이동하여 자기 몸의 정면에서 볼을 컨트롤 하도록 하는 것이 실수가 적어진다.

③ Trapping시 땅에 대고 있는 다리의 무릎을 약간 구부리고 신체의 유연성을 확보하면서 다음의 동작에 무리가 가지 않도록 한다.

④ 볼과 접촉할 때는 신체의 접촉부분의 힘을 빼도록 하고 그 신체의 부위를 가볍게 끌어 당기는 듯한 동작으로 트래핑해야 한다.

⑤ 다음 동작과 유연하게 연결짓기 위해서는 몸의 중심을 약간 내릴 수 있는 자세를 취하고 눈은 항상 볼을 주시하도록 한다.

⑥ 가슴과 복부 등을 사용하여 볼을 트래핑할 때에는 어깨의 힘을 빼고 양팔은 자연스럽게 앞으로 벌려 약간 올리도록 하여 신체의 밸런스를 유지해야 하며 핸들링과 같은 반칙에 주의해야 한다.

〈발등에 의한 트래핑〉

나) Trapping의 종류

① 발등을 사용하는 트래핑

공중에 있는 공을 발등으로 받아 내리는 듯이 하여 공을 자기 지배 하에 놓는 방법인데 정면으로부터 낙하하여 오는 공을 처리할 때 흔히 쓰는 방법이다.

〈발 안쪽의 트래핑〉

② 발의 안쪽을 사용하는 트래핑

공중으로부터 낙하하여 리바운드 되어지는 공 위에 발의 안쪽 부분과 접촉시켜 튀겨나가는 힘을 제거시켜 공을 자기 지배 하에 넣는 방법이다.

〈바깥쪽의 트래핑〉

③ 발의 바깥쪽을 사용하는 트래핑

낙하된 공이 바운드 되려는 것을 발의 외부 위를 사용하여 공을 처리하는 방법이다. 발의 내부측을 사용하는 트래핑은 공이 지면으로 오는 것을 트래핑할 때에도 사용된다.

〈발바닥에 의한 트래핑〉

④ 발바닥을 사용하는 트래핑

정면으로부터 낙하한 공이 리바운드 되어 튀겨 오르는 방향의 공 위에 발바닥을 살짝 올려 놓아 공을 컨트롤 하는 방법으로 발 안쪽을 사용하는 경우와 같이 흔히 쓰는 방법의 하나이다.

〈정강이에 의한 트래핑〉

⑤ 정강이를 사용하는 트래핑

정면으로부터 낙하하는 공이 리바운드 되는 것을 정강이 부분을 공이 튀겨 나가는 방향에 위치하도록 하여 공을 컨트롤하는 방법이며 발 안쪽을 사용할 때와 같이 한쪽 정강이로 공을 컨트롤 할 때도 있다.

〈발뒤꿈치에 의한 트래핑〉

⑥ 발 뒤꿈치를 사용하는 트래핑

후방으로부터 오는 뜬 공을 몸을 완전히 회전시키지 않고 발 뒤꿈치를 들어올려 자기 몸 앞으로 공을 컨트롤 하는 방법이다. 약간 수준이 높은 트래핑으로 발 뒤꿈치만이 아니고 발의 외부측을 사용하여 하는 경우가 많다.

⑦ 대퇴부 위로 사용하는 트래핑

무릎과 허리 사이로 오는 공을 트래핑할 때 하는 방법이며 대퇴부위의 내측과 외측을 사용할 수 있다. 대퇴부위를 사용한 트래핑은 발을 그 높이까지 올려서 하는 트래핑에 비해 동작이 작고 다음 동작으로 이동할 때 재빨리 움직일 수 있는 방법이다.

〈대퇴부위에 의한 트래핑〉

⑧ 복부를 사용하는 트래핑

정면에서 낙하하여 리바운드되어 오르는 공을 복부를 접촉시켜 자기 발밑에 놓이도록 컨트롤 하는 방법이다.

〈복부에 의한 트래핑〉

⑨ 가슴으로의 트래핑

가슴 부위를 사용하여 공을 컨트롤 하는 방법으로 공이 가슴에 닿는 순간 가슴을 폈던 자세에서 약간 뒤로 당기는 듯한 동작으로 공을 발 밑으로 떨어뜨리기도 하며 가슴을 한층 더 펴면서 상체를 뒤로 젖히면서 공을 접촉하므로 공은 약간 위로 올랐다가 자기 앞으로 떨어지도록 할 수 있다.

〈가슴에 의한 트래핑〉

⑩ 머리를 사용하는 트래핑

머리 높이로 오는 공은 머리로 콘트롤 하여야 한다. 헤딩할 때의 자세와 흡사하나 공이 이마에 닿는 순간 머리를 약간 뒤로 당기듯이 공을 받아들여야 충격이 감소되어 튀겨 나가지 않는다.

※ 트래핑의 연습은 kick의 연습방법과 같이 2인이 행하는 것이 가장 적합하다.

〈머리에 의한 트래핑〉

3) Header

Header는 축구가 갖는 특유의 기술이며, 이마로 공을 받는 동작으로 이루어지는 header의 능력은 개인의 전력 뿐만 아니라 team의 전력에 중요한 역할을 하는 기술이다. 특히 상대편 문전이나 자기편의 문전에서 행해지는 header의 능력은 경기의 전력과도 직결되는 기술로서 header으로 그 경기가 결정나는 정도의 위력있는 기술이다.

이와 같은 header의 종류는 네 가지 정도로 구분할 수 있다.

가) header의 종류

경기자의 자세를 중심으로 하여 header의 종류를 구별하면 다음과 같다.

① Standing header

② Jumping header

③ Back header

④ Diving header

나) header 종류별 실시 요령

① 스탠딩 헤더(Standing header)

목의 힘뿐만 아니라 허리 위의 상반신의 유연적인 진동을 이용하는 header으로 공과 접촉하는 부분은 앞이마인 것이다.

〈스탠딩 헤더〉

② 점프 헤더(Jump header)

제자리에서 점프하면서 header를 한다. 항상 다가오는 공을 주시하여 가장 높은 지점에서 공과 접촉하도록 하기 때문에 점프력과 공과 접촉하는 타이밍에 주의해야 한다.

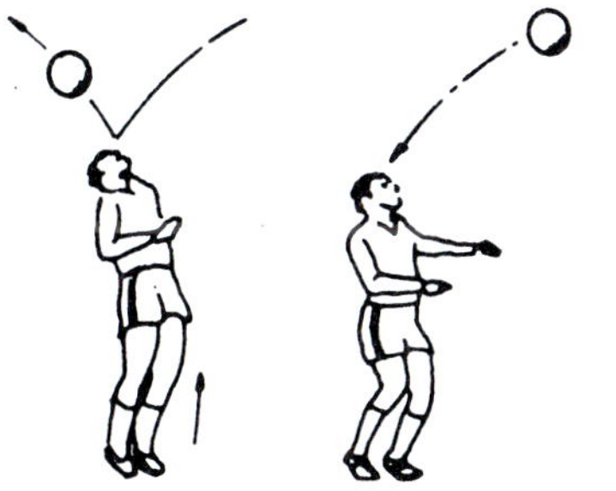

〈점프 헤더〉

③ 백 헤더(Back header)

헤더은 앞으로만 하는 것이 아니고 운동장의 장면에 따라 그리고 목적에 따라 방향을 택하여 자유자재로 헤더을 할 수 있도록 연습해야 한다.

〈제자리에서 뒤로 헤더〉

④ 다이빙 헤더(Diving header)

촌각의 시간이라도 공에게 접촉을 먼저 해야 하는 경기 장면에서 행하여지는 헤더으로 문전에서 슈팅으로 대행되어 쓰인다. 허리를 낮추고 발구름을 하는 다리에 몸의 중심을 실리면서 상반신을 앞으로 기울도록 하고 몸의 중심을 밑으로 앞으로 이동시키면서 발구름 발로 지면을 차고 다이빙 자세로 공을 향해 점프하여 헤더을 한다. 이때 시선은 공과 떨어져서는 안되며 착지할 때 충격을 받지 않도록 주의해야 한다. 착지할 때에는 양팔을 사용하여 체중을 지탱하여 앞가슴이 먼저 지면에 닿고 다리는 그후 지면에 내리도록 한다.

〈다이빙 헤더〉

4) Dribble

근대 축구는 패스 워크(pass work)에 역점을 두기 때문에 dribbling을 경시하는 경향이 있으나 역시 축구에서 드리블은 화려하면서도 절대적인 것이다. Dribble 기술이 우수하면 패스하기 좋은 기회를 선택할 수 있으며 가장 좋은 위치에 있는 자기편 선수에게 패스를 하게 되는 등 경기의 주도권을 가질 수 있는 것이다.

Dribbling에 필요한 기본적인 문제를 해결하기 위해서는 다음과같은 점을 숙지해야 한다.

① 공을 찬다기 보다 공을 밀어낸다는 감각적인 면에 주의하여 공을 터치한다.

② 달릴 때 무릎을 가볍게 구부리고 발목에 유연성을 확보하면서 보폭이 작도록 하는 주법으로 달리면서 방향전환 · pass · shoot을 할 수 있도록 하는 주법을 택해야 한다.

③ 달리는 자세는 중심을 낮추고 자연체의 자세가 좋다. 공의 속도를 감소시킬 수 있도록 공을 역회전되게 공의 하부를 치는 것이 아니고 발목을 스냅을 가하는 기분으로 컨트롤 하도록 한다.

④ 눈은 공을 주시해야 하는 것이 원칙이나 주위의 상황을 자기의 시야에 넣을 수 있도록 해야 한다.

5) 태 클(Tackle)

Tackling은 볼이 상대의 지배 하에 놓여 있으면서도 동적인 장면에서 순간적으로 생기는 약간의 불안정 상태에 공이 놓여지는 순간 공을 상대로부터 빼앗는다든지 혹은 상대로부터 공을 이탈시키는 동작을 말한다.

기민한 몸의 동작이 필요할 뿐만 아니라 예리한 판단력을 기반으로 순간적으로 포착하는 문제가 중요하다.

가) Tackle의 종류

① 스탠딩 태클(Standing tackle)

선 채로 태클을 하는 것을 말한다.

② 슬라이딩 태클

몸이 운동장에 던져지면서 미끄러져 나가며 하는 것을 말한다. 정면과 측면으로부터 하는 두 가지 방법이 있다.

나) 태클링(Tackling)할 때 일반적으로 주의할 점

① 태클은 상대의 몸에 대하여 하는 것이 아니고 공에 대하여 플레이 하는 것이다.
② 눈은 상대를 주시한다기 보다는 공과 발의 움직임을 동시에 주시하도록 한다.
③ 올바른 방법으로 태클을 하지 아니하면 하는 사람이나 태클을 당하는 사람 모두가 위험하다. 특히 슬라이딩 태클을 할 때는 뛰어드는 것이 아니고 몸이 재빠르게 활주하는 기분으로 미끄러져 들어가는 동작으로 행하도록 해야 한다.
④ 태클을 할 때에는 타이밍을 잘 택해야 한다.
⑤ 현대 축구의 경기 진행과 team play의 변화로 봐서 수비진 선수에게만 필요한 것이 아니고 공격진의 경기자에게도 필요한 기술로서 위치에 관계없이 숙달되도록 해야 한다.

라. 용어 해설

Chip kick : 상대방의 머리 위를 넘겨 자기편에게 보내주는 킥을 말함.
Conduct violent : 심판에게 폭언을 하거나 욕설을 하는 행위로서 퇴장이 명령됨.
Dodging : 상대방의 motion에 반대로 몸을 써서 상대방에게서 빠져 나가는 것을 말함.
Empty space : 공지를 말함. 상대방에게 mark 되지 않는 자유로운 장소를 말함.
Fisting : goal keeper가 상대방이 공을 받을 시간적 여유가 없을 때 주먹으로 공을 쳐 보내는 것을 말함.
Goal getter : goal shoot하는 득점능력이 뛰어난 경기자를 말함.
Leathers : goal keeper가 정강이를 보호하기 위하여 쓰는 protecter를 말함.
Optional flag : half way line 바깥쪽에 세우는 기를 말함.
Place kick : 땅 위에 공을 제자리에 놓고 차는 것을 말함.
Saving : 상대방에게 득점을 주지 않기 위한 goal keeper의 play로서 몸을 던져 공을 막아내는 것을 말함.
Shin guards: 정강이를 다치는 것을 막아내기 위하여 스타킹 안에 대는 protecter를 말함.
Short punt : 공을 낮게 공중으로 차 올리는 기술을 말함.
Stopper : center half back과 같음.

2 배구(Volley ball)

가. 배구의 역사

배구경기는 1895년 미국 Holyoke시 Y.M.C.A 체육부 지도자 Williams G. Morgan는 너무 과격한 농구보다 좀 유연한 볼 게임의 필요성을 느껴 흥미있고 남녀노소가 적당한 운동으로서 함께 즐길 수 있는 대중적 운동을 모색하고자 테니스에서 힌트를 얻어 고안하였다. 처음에는 테니스 네트를 설치하여 바스켓 튜브로서 사용하다가 공이 가벼워 성과를 거두지 못하게 되자 공과 네트를 개조하여 사용하므로서 현재까지의 발전을 보게 되었다.

· 1896 : 스프링필드 체육대학 Y.M.C.A 체육부 이사회 개최시 5명으로 편성 처음 Game 실시
· 1922년 : 미국 Y.M.C.A 선수권 대회가 공인대회로 개최
· 1928년 : 미국 배구연맹 결성
· 1948년 : 국제 배구연맹(F.I.V.B) 발족
· 1949년 : 제1회 세계배구 선수권대회개최(체코슬라바키아, 프라하시)
· 1961년 : 남자 배구 올림픽 경기 정식채택(아테네)
· 1962년 : 여자 배구 올림픽 경기 정식채택(모스크바)
· 1964년 : 남녀 배구 동경 올림픽경기대회개최

〈아시아 및 우리나라에 입수된 과정〉

· 1910년 : E.S. Brown씨가 아시아에 보급
· 1913년 : 제1회 극동아시아 선수권대회개최(필리핀 마닐라)
· 1915년 : 미국인 베커씨가 규칙서를 입수한 것을 Y.M.C.A 영어과 재학중인 이윤용씨가 번역하여 최초 경기실시
· 1925년 : 제1회 조선배구 선수권대회개최
· 1945년 : 11월 20일 배구협회 발족
· 1946년 : 제1회 종별 선수권대회개최
· 1959년 : 국제배구연맹 가입
· 1964년 : 제18회 동경 올림픽대회 참가

· 2004년 : 프로배구 시작(프로 4팀, 실업 2팀)
· 2014년 : 제17회 인천아시안게임 여자배구 금메달 획득
· 2015년 : 아시아 여자 배구 선수권 은메달 획득
· 2017년 : 아시아 여자 배구 선수권 동메달 획득
· 2018년 : 자카르타 · 팔렘방 아시안게임 남자 은메달, 여자 동메달 획득
· 2019년 : 아시아 여자 배구 선수권 동메달 획득

나. 배구의 특징

① 시설 · 용구 · 기술이 비교적 간편하고 좁은 장소에서도 많은 인원이 실시할 수 있다.
② 전신운동이면서 운동량이 과중하지 않아 성별 · 연령의 구애를 덜 받으므로 Recreation 효과가 크다.
③ Team play이기 때문에 협동심과 책임감을 기를 수 있다.
④ 실내외에서 계절에 구애됨이 없이 행할 수 있는 운동이다.
⑤ 규칙이 비교적 간단하다.

다. 배구의 기본기술

1) 기본자세의 요령

기본자세는 가장 중요한 것으로서 가능한한 무릎관절을 굽히고 뒷꿈치를 들고 허리를 낮춘 자세이다. 높은 자세보다 낮은 자세를 강조하는 이유는 인체의 안정과 다음 동작에 빠른 동작으로 대비할 수 있으며 반구해 오는 볼을 더 잘 볼 수 있기 때문이다.

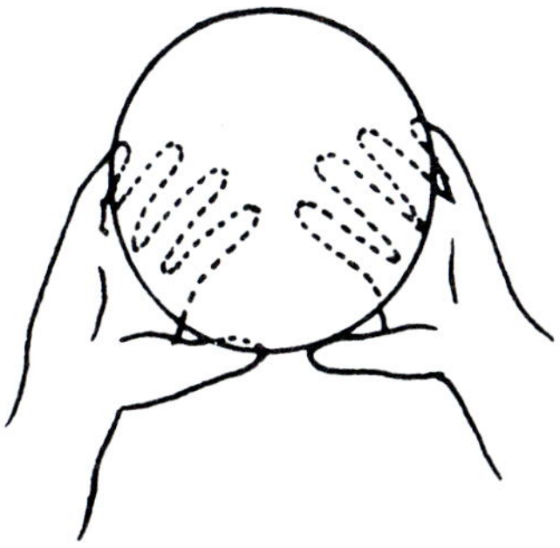

〈공과 손의 모양〉

① 발은 어깨 넓이로 벌리고 어느 쪽 발이나 반 족장 또는 한 족장 앞으로 내 놓는다.
② 윗몸은 완전히 힘을 뺀다.
③ 체중은 앞 발 끝에 유지한다.
④ 팔은 힘을 빼고 가슴위치에 자연스럽게 둔다.

2) 풋 웍(Foot work)

Foot work는 기본 자세로부터 제2단계 상응반응에 의한 동작이다. 즉 공이 날아가는 방향에 기민한 동작으로 움직여 가는 것을 말한다. 이 Foot work는 넓은 court에 빠른 상대 공격에 대응한 아방의 수비와 아방의 역습에 의한 공격의 준비 동작으로 전술적 의의가 지대한 것으로서 그 방법으로는 아래와 같다.

① 워킹 및 런닝 스탭(Working 및 running step)

비교적 먼거리를 foot work 할 경우 사용하며 공격의 도움닫기, 수비의 커버(cover)에서 활용된다.

② 투스탭(Two step)

짧은 거리를 기본자세로 재빨리 움직여야 할 경우 receive나 blocking에서 활용된다.

3) Pass

배구에 있어서 pass는 수비기술의 전부인 동시에 공격의 유도이며, 원동력이 된다. 따라서 정확한 기술로서 전신의 힘을 최대로 이용하여 자신이 목표한 곳으로 속도나 공의 질을 조정하므로써 다음에 행해 지는 기술(toss, spike)이 쉽게 이루어질 수 있다.

가) Pass의 종류와 방법

① 오버 핸드 패스(Over hand pass)

가장 보편적인 pass방법으로 무릎의 굴신에서 오는 힘과 주관절의 굴신 및 손가락의 snap에서 오는 힘을 가능한 한 최대로 ball에 전해지게 하는 요령이 필요하며, 항시 몸을 ball 밑으로 빨리 움직이는 것이 중요하다. 손의 자세는 양손의 엄지와 집게 손가락으로 삼각형을 만들고 팔꿈치는 8자형으로 하며, 이때 볼이 손가락에 닿을 때는 둘째 관절까지 닿게 한다. ball이 손에 머무는 시간이 너무 길어 holding 반칙이 되지 않도록 유의하여야 한다.

〈오버 핸드 패스〉

② 언더 핸드 패스(Under hand pass)

Pass의 기술 중에서 오버 핸드 패스 못지 않게 요구되는 기본기술이다. 오버 패스의 역동작으로 처리하게 되며, 주로 serve · receive · spike · feint 등에 대한 수비기술로서 사용하며, 특히 강 스파이크나 드라이브, 커어브, 슬라이딩 등에 의한 공을 역학적 원리에 합당하도록 안전성있게 pass 하여야 한다.

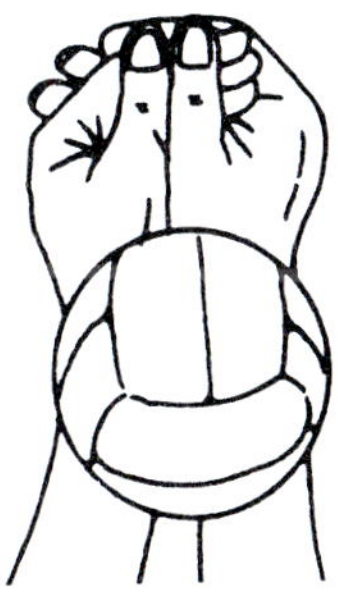

〈공과 손의 모양〉

〈언너 핸드 패스〉

③ 점프 패스(Jump pass)

점프 패스는 고도의 공격기술을 발휘하는데 절대불가결의 요소로 되어 있는 pass 기술이다.

〈점프 패스〉

④ 백 패스(Back pass)

백 패스는 고도화한 공격에 필요한 pass 기술이다. 즉 공격방향을 숨겨 상대방 blocking을 피하는데 많이 이용되나 holding 반칙을 범할 우려가 많다.

〈백 패스〉

⑤ 슬라이딩 패스(Sliding pass=diving pass)

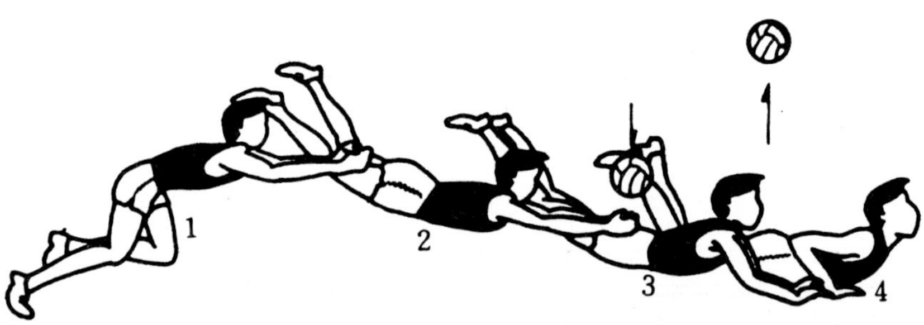

〈슬라이딩 패스〉

슬라이딩 패스는 아무리 재빠르게 도움닫기해도 receive 하기 곤란할 때 그대로 슬라이딩을 시도하여 패스하는 기술이다. 즉 일반적으로 spike · touch · feint 등 상대방 공격이 아방의 허술한 곳에 구사되었을 때 임기응변의 동작으로 어려운 공을 받아 올리는 pass 법이다.

⑥ 롤링 패스(Rolling pass)

롤링 패스는 슬라이딩 패스와 같이 아무리 dash 하여도 패스가 어려울 때 한 손 또는 두 손으로 패스하고, 그 다음 여세로 오는 상해(충격)를 방지하기 위해서 롤링을 시도하는 pass 기술이다.

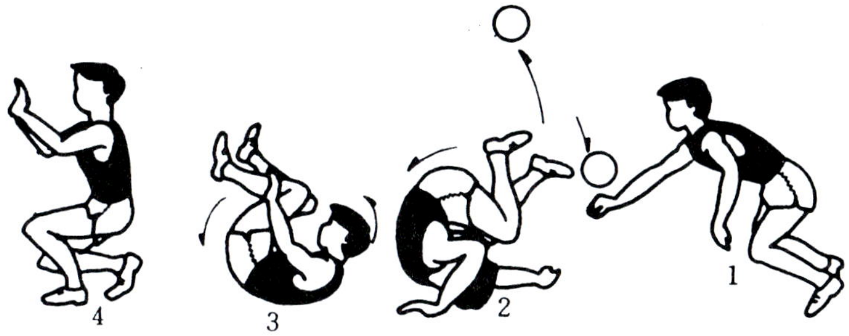

〈롤링 패스(한손으로)〉

4) 토스(Toss)

토스는 공격을 위한 준비 수단으로 전술적 의의가 매우 크다. 정확한 토스는 스파이크의 성공에 근간이 되며, 유리한 플레이를 이끌어 가는 지름길이 된다. 그러므로 pass 동작에서 직접 toss가 될 수 있을 정도의 기술을 연마하여 2단 전법으로 상대의 수비를 교란시킬 수 있는 고도화된 토스가 자유자재로 구사되어야 할 것이다.

가) Toss의 종류와 방법

① 직상 토스(High toss)

이것은 tosser가 자기 머리 위에 올려 주는 toss 기술로서 대개 속공이나 touch play를 목적으로 할 때 이용되는 toss 방법이다.

② 사이드 토스(Side toss)

이것은 tosser가 net를 뒤로 하고 서서 좌나 우로 toss를 하여 공격하게 하는 toss 기술이다.

③ 점프 토스(Jump toss)

net 근처에 높이 패스된 공을 점프해서 트릭 터치 모션을 취하여 상대편으로 하여금 블로킹에 참여케 하고, 그대로 토스를 시도하여 노 스톱 찬스를 얻게 하는데 활용되는 토스의 방법이다.

〈직상 토스〉 〈사이드 토스〉 〈점프 토스〉

④ 백 토스(Back toss)

백 토스는 공의 방향을 속여 상대방으로 하여금 노 스톱 찬스 즉, 트릭 터치 모션 또는 트릭 스파이크를 이용하여 득점을 얻을 수 있게 하는 전략적 토스 방법이다.

〈백 토스〉

⑤ 오픈 토스(Open toss)

Ball을 높게 길게 바깥쪽 한계선 근처까지 보내서 상대편의 블로킹을 피하고 사이드 라인 방향에 공격을 집중시키는 특수 작전의 토스 기술이다.

〈오픈 토스〉

⑥ 2단 toss

2단 토스는 상대편의 처음 공을 직접 토스하여 오프넨트

팀의 수비동작에 여유를 주지 않고 허점을 최대 이용하기 위한 전략적 토스의 방법이다.

5) 스파이크(Spike)

스파이크는 득점을 얻는 최상의 공격 기술이며, 상대방의 팀 웍을 분쇄시켜 경기를 가장 효과적으로 이끌어 가는 공격법이다. 따라서 컴비네이션이 잘 된 다양다종한 전법으로 스파이크 찬스를 적시적소에 만들어야 할 것은 물론 높은 점프력과 타구의 기술적인 방법을 연구 적용하지 않으면 안 될 것이다. 특히 스파이크는 경기의 상황(토스의 방향과 상대방 수비 시스템)을 정확하게 판단 포착하여 상대방의 블로킹을 피하거나 또는 유리하게 이용해서 오프넨트 코트의 허술한 수비 지역에 능란한 강 스파이크를 시도할 수 있는 여유있는 paly를 요구하게 되는 것이다.

가) Spike의 종류 및 방법

① 스트레이트 스파이크(Straight spike)

스트레이트 스파이크는 일직선 공격타구법으로 도움닫기 후 점핑과 동시에 허리 · 팔의 스윙과 손목스냅으로 공의 중심을 강타하는 공격기술이다. 대개 초보자 지도시에 활용이 많이 되며 타구 방법이 단조롭고 변화가 없어 상대방의 블로킹에 차단되기 쉬운 단점이 있다.

〈스트레이트 스파이크〉

② 커브 스파이크(Curve spike)

〈커브 스파이크〉

커브 스파이크는 상대방의 블로킹을 유도한 뒤 완전 페인트 스파이크를 시도하는 고차적인 공격타법으로 대개 숙달된 일류 선수들이 사용하는 타술이다. 공의 방향을 스냅을 이용하여 돌림으로서 스트레이트 스파이크 시의 결점을 보충하고 수비의 곤란을 주어 득점을 하는 데 최상의 방법으로 널리사용되고 있다.

③ 사이드 핸드 스파이크(Side hand spike)

커브 스파이크의 발전된 공격타법의 기술이다. 즉 스파이크가 점프 순간 상반신을 왼쪽으로 회전하는 동시에 스파이크 하는 팔은 상반신의 반대 방향인 오른쪽 역 스윙 스파이크를 해야 하는 것으로 몸의 밸런스를 많이 요하는 고차적 기술이다.

〈사이드 핸드 스파이크〉

④ 다이렉트 스파이크(Direct spike)

다이렉트 스파이크는 오프넨트 코트로부터 직접 넘어 오는 공을 그대로 공격하는 타법이다. 대개 상대의 수비 불안정으로 스파이크의 성공은 비교적 확실하다고 하겠다.

⑤ 속공 플레이(fast break play)

터치 플레이는 네트에 직면한 낮은 토스를 상대방 수비동작이 구축되기 전에 공격을 시도함으로써 득점을 얻는 속공법이다. 일명 터치 플레이를 하이 터치란 말로 표현하기도 한다.

〈터치 플레이〉

⑥ 페인트 플레이(Feint play)

페인트 플레이는 네트에 가까운 공을 기만, 강 스파이크 하는 척 트릭 터치 모션을 취했다가 돌변하여 상대팀의 허술한 곳에 밀어 넣어 득점을 꾀하는 공격 기술이다. 비교적 실전에 많이 이용되는 공격법이다.

6) 블로킹(Blocking)

블로킹은 방어의 제일선으로 상대방의 공격을 분쇄시켜 경기를 유리하게 이끌어 가는 방어기술이다 대개 공격수는 블로킹과 아울러 어택에 가담하게 되므로 그 동작이 민활해야 함은 물론, 상대의 공격을 잘 판단하여 적절한 블로킹으로 일선 책임방어를 할 수 있어야 한다. 상대의 공격 종료와 동시에 오프넨트 코트 넘어로 블로킹 할 수 있음에 따라 상대방 공격이 성립될 때, 높이 점핑하여 공격 방향을 판단하고, 그대로 공을 네트 넘어로 깊숙이 감싸 밀어 완전 블로킹 할 수 있어야 한다. 따라서 블로킹은 계속적인 높은 스탠드 점프와 손의 사용기술이 탁월해야 할 것이며, receive와 combination을 가져 수비의 완벽을 취하지 않으면 아니 될 것이다.

가) Blocking이 종류 및 방법

① 프론트 블로킹(Front blocking)

프론트 블로킹은 상대방의 공격 방향을 판단하여 정면에서 공을 방어하는 기술이다. 이 정면대구법은 net 가깝게 토스된 공을 상대 공격과 동시 양 손의 손가락을 벌려 공을 감싸 밀어 떨어뜨리는 기술이므로 상당히 실전에서 많이 이루어지는 방어기술의 하나로 전술적 의의가 크다 하겠다.

〈프론트 블로킹〉 〈프론트 블로킹〉

② 존 블로킹(Zone blocking)

Zone blocking은 상대의 공격 방향을 한정하여 놓고 아방의 수비진과 combination으로 수비에 만전을 기하는 방어법이다.

〈존 블로킹〉

7) 서브(Serve)

서브는 쌍방이 아무런 방해없이 득점을 할 수 있는 유일한 공격법인 동시에 경기에 승패를 좌우할 만큼 중대한 전술적 의의를 갖고 있는 것이다. 강력한 서브는 상대방의 반격을 분쇄하고 팀 웍을 깨트려 아방의 득점은 물론 경기를 최대 효과적으로 이끌어갈 수 있는 원동력이 된다.

가) Serve의 종류 및 방법

(1) 언더 핸드 서브(Under hand serve)

언더 핸드 서브는 가장 안전하고 정확한 서비스 방법이다. 정확하기는 하나 단조롭고 약해서 상대방의 반격에 공격권을 빼앗기기 쉬운 단점이 있다. 언더 핸드 서브는 그 성격상으로 구분해서 언더 서브, 사이드 서브, 하이 서브 등으로 나누어 생각할 수 있다.

① 언더 서브(Under serve)

언더 서브는 매우 정확한 위치로 공을 보낼 수 있다. 그러므로 상대방의 수비 위치를 최대로 이용할 수 있는 반면에 반격을 당하기 쉬우므로 초보팀에서는 많이 활용되나 숙달한 팀은 비교적 사용하지 않는 서비스 기술이다.

〈언더 서브〉

② 사이드 서브(Side serve)

사이드 서브는 높은 허리 자세에서 사이드 스윙으로 공을 안전하게 침으로 다소 내곡구로 변화되어 언더 서브와는 상이한 서비스 기술이다. 따라서 초보자 특히 여학생에게 많이 활용되고 있는 서비스 법이다.

〈사이드 서브〉

③ 하이 서브(High serve)

하이 서브는 햇빛이 많이 비치거나 풍속이 심한 날씨에 상대의 수비를 어지럽도록 하기 위해 실시되는 서비스 기술이다. 비교적 많이 사용되지 않는 서비스 법이다.

〈하이 서브〉

(2) 오버 핸드 서브(Over hand serve)

오버 핸드 서브는 공격을 위한 서브로서 숙달된 일류 선수들이 상대방 반격을 완전 봉쇄하기 위하여 전략적으로 이용되는 서비스 기술이다. 특히 서비스를 실시할 때 초조감 · 불안감 · 긴장 등 심리적으로 당황하기 쉬운 요소를 제거하여야 한다. 오버 핸드 서브는 그 성격상으로 보아 프론트 서브 · 커브 서브 · 드라이브 서브 등으로 볼 수 있다.

① 프론트 서브(Front serve)

프론트 서브는 키가 크고 체중이 무거운 거구의 플레이어가 많이 사용하는 서비스 법으로 공이 그대로 때려져서 스트레이트 공으로 스피디하게 날아가는 것이 특색이다.

대개 선 자세에서 그대로 정면토스하여 정면치기가 되므로 공이 길어져서 아웃 오브 바운드되기 쉬운 단점이 있다.

〈프론트 서브〉

② 커브 서브(Curve serve)

커브 서브는 공을 안팎으로 회전시켜 상대방의 수비동작을 어지럽게 하는 서비스 법이다. 비교적 숙달된 player들이 활용하는 변구기술로서 실전에 많이 이용되고 있다.

〈커브 서브〉

③ 드라이브 서브(Drive serve)

드라이브는 공을 손바닥 스냅으로 감아 돌려 전후로 회전시키면서 포물선을 형성하여 변구되는 서비스 기술이다. 비교적 강타되어도 흐르지 않고 감기게 되는 정확한 서브 법으로 많이 활용되고 있다.

〈드라이브 서브〉

라. 용어 해설

Attack area : 공격지역

Attack line : 센터 라인으로부터 좌우에 3m 떨어진 위치에 센터라인과 평행하게 그은 선.

Delaying the game : 경기중 경기의 진행을 고의로 지연, 저해하는 행위

Direct spike : 네트를 넘어오는 볼을 직접 타격하는 것.

Double foul : 양 팀의 선수가 동시에 반칙을 범한 것을 말하며, 득점은 되지 않고 다시 play한다.

Dribble : 한 사람이 동시에 두 번 볼에 닿는 범칙 행위.

Feint : 상대방을 속이려는 거짓 공격

Final set : 마지막 세트

Foot fault : 서브 service area 아닌 side line 밖에서 또는 end line을 밟고 서브를 넣는 범칙.

Holding : 볼이 손에 잠시 머문 상태의 범칙 행위.

In play : 서브가 타구되어 볼이 dead 되기까지의 play 시간.

Interfere : 상대방의 play를 방해하는 행위.

Line cross : 서브 때 end line을 밟거나 넘어선 범칙 행위.

Line man : 선번

Net touch : in play 중 player의 신체일부가 네트에 닿는 것.

Open toss : 네트에 인접해서 높게 그리고 멀리 toss 하는 기술

Opponents court : 상대방 court.

Out of bounds : 볼이 court의 물체나 지면, net나 외측 한계선 밖 또는 net 밑으로 떨어지는 것.

Out of position : 서브가 서브를 넣기 전에 전후, 좌우로 선수의 위치가 틀린 것.

Over times : 3번째의 볼을 상대편 court에 쳐 넘기지 못했을 때의 범칙.

Rotation : 서브권 획득 후 시계방향으로 1명씩 자리를 옮기는 것.

Service ace : 서브로 직접 득점하는 것.

3 농구(Basket ball)

가. 농구의 역사

농구 경기는 1891년 미국 메사추세츠(Massachtusetts)주의 Spring field시에 있는 YMCA 체육대학 체육학부장인 귤릭(Luther Guilick)씨의 시사에 의해서 이 대학의 체육지도자였던 제임스 네이스미스(James Naismith)에 의하여 동계 스포츠로 창안된 것으로 최초에는 벽 양쪽에 goal을 세워 바구니를 매달아 그 속에 축구공을 던져 넣던 것이 개선되어 오늘날의 농구로 발전되었다.

· 1892년 : 9인제 농구경기 규칙 발표
· 1894년 : 현재와 같은 5명 경기로 개정
· 1936년 : 국제대회 정식 종목 채택
제11회 베를린 대회 개최
국제 농구 연맹(F.I.B.A) 탄생
· 1950년 : 제1회 세계 농구 선수권 대회 개최(남아메리카 부에노스아이레스)

우리나라에는

· 1904년 : 서울 중앙 Y.M.C.A 초대 총무인 P.Gillet에 의해 보급 되었으며,
실제 지도 육성한 사람은 Benhart씨였다.
· 1907년 : 서울 Y.M.C.A 본관 낙성식때 소개
· 1925년 : 조선농구 연맹 조직
· 1948년 : 제14회 영국 런던올림픽대회 참가
· 1964년 : 세계농구선수권대회 참가(여자, 체코슬로바키아)
· 1969년 : 아시아 농구선수권대회 제패
· 1984년 : LA올림픽 여자농구 은메달 획득
· 1997년 : 프로농구 시작(9개팀)
· 2002년 : 부산 아시안게임 남자농구 금메달 획득

나. 농구의 특징

농구는 court 가운데서 두 team이 한 개의 공으로 공방을 전개하면서 득점을 경쟁하는 game이다.

그 특성은 다음과 같다.

① 공을 갖고 3보 이상 걸을 수 없다.
② 상대방의 고의적인 신체접촉을 금한다.
③ 주(走)·도(跳)·투(投)의 기본운동을 모두 지니고 있어 신체의 발육·발달에 효과가 크다.
④ 각자의 책임을 다하고 team work의 필요성을 통해 사회성을 기른다.

다. 농구의 기본기술

1) 몸의 균형(Body balance)

가) 전체적인 체능 : speedy한 dash와 지구력·민첩성·교치성·유연성 등

나) 전문적인 체력 : 각력·speed·탄력·도약력·dash와 stop·turn dodging 등

2) 공의 취급(Ball control)

가) Catch ball

모든 기초기술은 catch에서부터 이루어지는 것으로서, 가슴으로 끌어들이며 속도를 조절하여 잡아야 하며, 체중은 자기 동작을 민첩하게 할 수 있도록 자세를 낮추어 균형을 유지해야 한다.

나) 패스(Pass)

농구경기에 있어 패스는 기술의 근본으로 경기의 승패를 가름하는 열쇠이다. 왜냐하면 패스는 곧 숏 동작의 과정으로 패스의 연장이 곧 슈팅에 이르기 때문이다. 그러므로 슈팅의 유도 동

작인 패스를 지도자는 정확하고도 철저하게 지도하는데 게을리 해서는 안된다.

(1) Pass의 종류 및 방법

① 체스트 패스 (Chest pass)

체스트 패스는 상대방코트까지 공을 운행할 때 비교적 많이 사용되는 패스 기술이다. 이 기술은 공을 잡은 자세에서 직접 패스할 수 있고 또 빠르고 정확하게 공이 보내지므로 가장 기본이 되는 패스법이다.

〈체스트 패스〉

② 바운드 패스 (Bound pass)

바운드 패스는 패스를 받는 우리편과 상대편이 방어하고 있을 때 페인팅하는 패스법이다.

〈바운드 패스〉

③ 언더 핸드 패스 (Under hand pass)

언더 핸드 패스는 상대편 방어진에서 상대방 player가 접근해 왔을 때, 혹은 상대방 player의 방어자세가 높았을 때, 허리를 낮추어 공을 막으면서 패스하는 기술이다. 대개 pivot 하여 일단 상대방 player를 페인팅하고 다음 자기편 player에게 패싱하게 된다.

〈언드 핸드 패스〉

④ 쇼울더 패스(Shoulder pass)

쇼율더 패스는 장거리 패스에 많이 이용되는 패스법이다. 비교적 자기가 투사하려다 중지하게 될 때 또는 상대방 방어로 하여금 아래 pass가 곤란하다고 생각될 때 뒤로 한발을 물러나거나 옆으로 한발 내디디면서 멀리 패스하는 기술로서 실전에 있어 전략적 의의가 있다.

〈쇼울더 패스〉

〈오버 해드 패스〉

⑤ 오우버 해드 패스(Over head pass)

오우버 헤드 패스는 높은 pass를 받아서 곧 그 공을 처리해야만 될 상황에 비교적 많이 활용되는 패스법으로 장신의 player에게 적격한 기술이라 하겠다(점프 패스의 요령은 오우버 헤드 패스와 동일하며, 단, 점프 동작만 실시하면 된다).

⑥ 훅 패스(Hook pass)

훅 패스는 상대방에 밀집하게 방어되었을 때 사용되는 패스법으로 상대방의 수비자가 매우 방어하기 어려운 장점을 지닌 기술로 전술적 의의가 크다.

〈훅 패스〉

다) 슛(Shoot)

슈팅은 공격의 최후이다. 그러기에 공격의 궁극 목적은 슛에 있는 것이고, 슈팅한 공은 성공되어야 최종 목적을 달성시킨 것으로 볼 수 있는 것이다. 아무리 좋은 패스나 페인트 혹은 드리블이 있다 하더라도 슛이 성공되지 못하면 모든 노력은 한갓 물거품으로 돌아가고 말 것이며 역습으로 실점을 당하는 사실은 너무나 분명하다. 그러므로 슈팅은 바스킷 볼에 있어서 승패를 결정짓는 최종 기술로서 패스 또는 드리블링 이상으로 중요한 의의를 갖고 있으며, 정확한 슈팅의 방법과 기술이 절실히 요구되고 있는 것이다.

(1) Shoot의 종류 및 방법

① 투 핸드 슛(Two hand shoot)

투 핸드 슛은 중장거리에서 상대방 방어자가 어느 정도 떨어져 있을 때 안정된 자세로 슈팅하는 방법이다. 비교적 존 디펜스로 골 밑 슛이 곤란할 때 투사되는 중장거리 기술이라 하겠다.

〈투 핸드 슛〉 〈원 핸드 슛〉

② 원 핸드 슛(One hand shoot)

원 핸드 슛은 중장거리 또는 free throw 시에 많이 이용되는 슈팅 기술이다. 비교적 실전에서 많이 활용되고 있으며, 그 용도는 다변화하여 고차적인 기술을 숙달시켜야 할 것은 물론, 자동 반사적으로 슈팅이 이루어질 수 있도록 평상시에 많은 반복 연습이 요청되고 있는 것이다.

③ 런닝 슛(Running shoot)

런닝 슛은 상대방 방어가 없을 때, 바스켓을 향하여 돌진하는 player에게 패스해 줌으로서 이루어지는 슛으로 전술적 의의가 무척 큰 슈팅 공격이며, 다른 슛에 비유하여 성공률이 제일 높다 하겠다. 그러므로 지도자는 많은 연습 시간을 배려하여 좌우 양손을 자유자재로 사용할 수 있도록 평시 반복 훈련이 뒤따라야 할 것을 명심하지 않으면 아니 될 것이다.

〈런닝 슛〉

④ 점프 슛(Jump shoot)

점프 슛은 중거리 슛에 많이 활용되는 기술로서 상대방의 수비진을 뚫을 수 없고 골밑 찬스를 얻지 못할 때 비교적 먼 거리에서 롱 슛하여 득점하게 하는 방법이다. 이 슛은 두 손으로 하는 경우와 한 손으로 하는 경우가 있으며, 슛 동작은 몸의 안정을 잡는데 유의해야

하고 특히 투사시 상대의 player가 밀집

〈점프 슛〉

하지 않아야 한다. 밀집해 있거나 키가 작은 player에게는 무척 불리할 때가 많다는 것을 각별히 명심해야 할 것이다.

⑤ 훅 슛(Hook shoot)

훅 슛은 장신의 player가 상대편 완전 방어로서 슈팅을 방해할 때 그 방어 player를 그대로 앞에 두고 공격하는 슛 방법이다. 대개 한 발을 뒤로 빼서 슛을 시도하거나 또는 런닝 슛 자세에서 훅 슛을 감행하며, 귀중한 득점을 취하는 고차적인 슛 기술이라 하겠다. 비교적 실전에 활용도가 높고 기술에 난이도가 있어 평상시에 많은 반복 연습이 뒤따라야 할 줄 믿는다.

〈훅 슛〉

⑥ 오버 헤드 슛(Over head shoot)

오버 헤드 슛은 player가 직접 높은 공을 받아서 슛을 하는 것으로 장신만 할 수 있는 슛은 아님(타점이 낮냐 높냐에 따라 다름)

〈오버 헤드 슛〉

⑦ 언더 핸드 슛(Under hand shoot)

언더 핸드 슛은 두 손을 이용하여 free throw 시나 드리블링 전진 중에 점프와 동시에 트릭 슛을 할 때 비교적 많이 사용되는 슛 방법이다.

〈언더 핸드 슛〉

⑧ 프리드로우 (Free throw)

프리 드로우는 바스킷 볼의 실제 게임에 있어서 매우 중요한 전술적 의의를 지니고 있다. 서로 엇비슷한 경기로 시소를 이루고 있을 때 free throw의 계속적 성공은 그 경기를 승리로 이끌어 주는 열쇠 구실을 하게 되며, 이의 실패로 인하여 field goal은 이기고도 억울하게 지는 경우를 볼 수 있다.

그러므로 field goal 이상으로 free throw 기술을 연마할 것을 명심하고 지도자는 각별한 배려가 있어야 할 것이다.

라) Foot work

수비에 중점을 두어 연습하는 동작으로서 몸의 중심을 낮추고 balance를 잘 유지하여 신속하게 이동할 수 있는 동작이다.

마) Dribble

ball handling 연습, dribble과 shooting 및 foot work 와의 연결, dribble과 pass shooting과의 연결과 timing의 파악 등

바) Tap off

jump ball의 연습, jump에 대한 timing, 기타 play와 연결 · 위치 · 판단에 대한 연습

3) Brain(Head work)

① 자기 team의 특징을 살린 공격력과 방어력의 자유로운 활용을 기함.

② Fast break의 연습 : pivot play, screen play, rebound, jump ball, out of bound의 throw in으로부터의 fast break 연결

③ Defence 연습 : man to man defence, zone defence, pressing all defence 등

④ Game 실제에 적용할 수 있는 team 운영 : 선수 교대 및 time의 요구 등

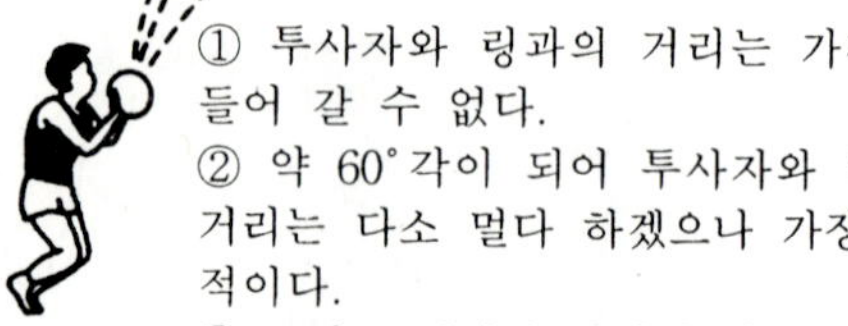

① 투사자와 링과의 거리는 가까우나 들어 갈 수 없다.
② 약 60° 각이 되어 투사자와 링과의 거리는 다소 멀다 하겠으나 가장 합리적이다.
③ 그대로 던지면 정확히 성공할 수 있으나 무척 어렵다.

라. 용어 해설

Boundary ball : player가 공을 갖고 제한된 걸음 이상 걸었을 때
Delayed offence : 신중한 team play로서 확실한 공격을 함
Face guarding : 공의 움직임에 사로잡히지 않고 상대를 마크함
Fast break : 상대편의 진영 정비 전 재빨리 역습하는 것(속공법)
Intercept : 상대편의 pass를 도중에서 막아내는 것
Offence team : 공격하는 team
Regal brocking : 합법적으로 상대방을 행동 못하게 방해함
Restraining circle : 제한 원을 말함
Rolling offence : 상대 방어진에 대해 수명의 player가 서로 교차하는 움직임으로 수비자를 혼란시키는 공격법
Scoring area : shoot시 goal in할 가능성이 많은 지역
Screen play : 신체접촉 없이 상대동작을 느리게 만드는 play
Stalling : 다득점 team이 공을 갖고 시간을 지연시키는 소극적 방법
Single post : free throw line 상에 한 사람의 post man을 세움
Three second rules : 공격 측 player가 free thorw line 내에 3초 이상 머물면 foul이 된다
Tap shoot : rebound 된 공을 손가락 끝으로 튕겨 shoot하는 것
Violation : foul 이외의 규칙위반을 말함

4 테니스(Tennis)

가. 테니스의 역사

테니스는 12~13세기 프랑스에서 손으로 공을 치던 '주드폼(Jeu de Paume)'에서 기원하였다. 이후 라켓이 사용되며 귀족 중심의 스포츠로 발전하였으며, 19세기 론 테니스(Lawn Tennis)로 규칙이 체계화되었다.

테니스는 20세기 중반까지는 아마추어 중심으로 운영되었으나, 1968년 오픈 대회 도입으로 프로 선수의 참가가 허용되면서 현대적 프로 스포츠로 전환되었다. 오늘날 테니스는 과학적 훈련과 장비 발전을 바탕으로 전 세계에서 즐기는 대표적인 글로벌 스포츠로 발전하고 있다.

· 1874년 : 영국의 Wing Field 소령이 근대 테니스를 체계화
· 1875년 : 경기규칙 재정립
· 1877년 : 윔블던 대회를 통해 표준 규칙 확립

우리나라에는

· 1900년 : 선교사 Banker와 Anderson 박사에 의해 우리나라에 보급
· 1927년 : 국내 테니스대회 개최 후 일제의 탄압과 6.25전쟁으로 발전 침체
· 1986년 : 서울 아시안게임 유진선 선수 4관왕 획득
· 2010년 이후 : 세계무대에서 활동한 선수(이형택, 정현, 권순우, 이덕희 등)
· 2018년 : 호주오픈 정현 선수 4강 대한민국 최초 메이저대회 입상

나. 테니스의 특징

테니스는 라켓을 사용하여 공을 네트 너머로 넘겨 상대 코트에 보내고, 상대가 이를 다시 반환하지 못하게 함으로써 점수를 얻는 스포츠이다. 경기는 개인전 또는 복식으로 진행되며, 상대 선수와의 경쟁 속에서 다양한 기술과 전략을 통해 승패가 결정된다. 종목의 특성상 짧은 시간 동안의 고강도 움직임과 휴식이 반복되며, 이러한 간헐적 운동 형태는 민첩성, 순발력, 근지구력은 물론 심폐지구력까지 고르게 요구한다. 테니스의 주요 특성은 다음과 같다.

1) 첫째, 신체적 특징이다.

테니스는 방향 전환과 가속 · 감속, 점프와 스텝 등 다양한 이동 동작이 반복적으로 이루어지는 종목이다. 특히 짧은 거리에서의 빠른 움직임과 스트로크를 지속적으로 수행하는 능력이 중요하며, 상 · 하지의 협응 능력과 코어 안정성은 경기력에 큰 영향을 미친다. 또한, 경기 시간이 일정하지 않기 때문에 체력을 효율적으로 관리하고 회복하는 능력 역시 중요한 요소로 작용한다.

2) 둘째, 기술적 특징이다.

테니스에서는 포핸드, 백핸드, 서브, 발리 등 다양한 기술을 경기 상황에 맞게 정확하고 일관되게 수행해야 한다. 이러한 기술들은 상대의 움직임과 공의 궤적, 코트 환경에 따라 달라지는 상황 속에서 활용되므로, 테니스 기술은 개방 기술(open skill)의 특성을 지닌다. 따라서 빠른 판단과 적절한 기술 선택 능력이 함께 요구된다.

3) 셋째, 전술적 특징이다.

테니스는 상대와의 직접적인 신체 접촉 없이도 지속적인 전략적 경쟁이 이루어지는 종목이다. 선수는 상대의 특성과 경기 흐름을 파악하여 공격과 수비 전략을 조절하며, 한 포인트마다 이루어지는 전술적 선택은 경기 전체의 흐름과 결과에 중요한 영향을 미친다.

4) 넷째, 심리적 특징이다.

테니스는 개인의 실력이 경기 결과에 직접적으로 반영되는 스포츠로, 개인 책임성이 크게 요구된다. 경기 중 발생하는 실수와 압박 상황 속에서 감정을 조절하고 집중력을 유지하는 능력이 중요하다. 특히 경기 시간이 길어질수록 심리적 안정성과 멘탈 관리의 능력은 경기력 유지에 중요한 역할을 한다.

이와 같이 테니스는 단순한 기술 수행을 넘어, 신체적 능력과 상황 판단, 그리고 심리적 요소가 유기적으로 결합되어 이루어지는 스포츠 종목이라고 할 수 있다.

다. 테니스의 기본기술

1) 준비자세

모든 준비 자세는 약간씩 다르지만 거의 비슷하며 그 자세는 그림과 같다.

먼저 양발을 어깨너비로 벌리고 net 쪽을 향해 정면으로 서며, 무릎은 즉시 출발하기 좋은 정도로 구부리고 상체를 앞으로 숙여 중심을 잡는다.

왼손은 racket의 부분을 받쳐 쥐고 오른손은 grip 위에 가볍게 얹어 놓는다. Racket 머리는 약간 위쪽으로 향하도록 하고 racket 면은 지면과 수직이 되도록 하여 몸의 중앙에 위치시킨다. 항상 긴장을 풀고 어깨의 힘을 빼며, grip을 잡은 손은 언제라도 필요한 stroke을 할 수 있도록 한다.

2) Grip 잡는 방법

테니스 그립 종류는 Continental Grip, Eastern Grip, Semi-Western Grip, Western Grip 등 다양하지만, 본 장에서는 가장 테니스에서 가장 기초적인 Eastern Grip과 Continental Grip에 대해 알아보도록 한다.

① Eastern Grip은 테니스에서 가장 기본적이고 안정적인 포핸드 그립 중 하나이다. 포핸드 Eastern Grip은 라켓을 수직으로 세운 뒤 악수하듯이 자연스럽게 잡는 방식으로, 이때 베이스너클과 손바닥 바닥면이 그립의 3번(왼손잡이는 7번)에 위치하도록 한다. 손목은 과도하게 꺾이지 않고 자연스러운 각도를 유지하며, 엄지와 검지는 약간의 공간을 두고 나머지 손가락으로 그립을 감싸 쥔다.

② Continental Grip은 테니스에서 가장 범용적으로 사용되는 기본 그립이다. Continental Grip은 망치를 쥐듯이 위에서 잡는 방식으로 베이스너클과 손바닥 바닥면이 그립의 2번(왼손잡이는 8번)에 위치하도록 한다. 손목은 비교적 자유롭게 움직일 수 있도록 유지하며, 그립을 과도하게 세게 쥐지 않고 편안하게 감싸 쥔다. 이 그립은 서브, 발리, 스매시, 슬라이스 등 다양한 기술에 공통적으로 활용할 수 있어 그립 교체가 적다는 장점이 있다.

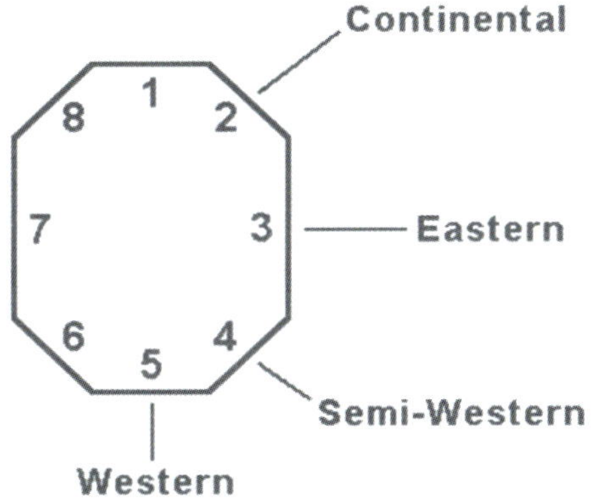

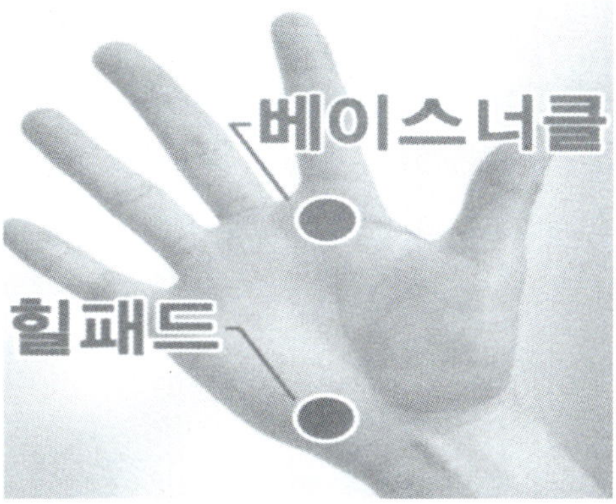

3) Forehand stroke

가) Stance

준비자세로서, racket을 가진 손의 위치는 허리 높이 정도에 두고 왼손으로 racket의 목이나 핸들 부분을 받쳐 주며, 오른손은 Eastern Grip을 잡는다. 무릎은 약간 구부리고 체중을 발끝에 두어서 어느 방향으로든지 즉시 뛰어갈 수 있도록 한다.

나) Back swing

볼을 치기 위한 자세를 빨리 만들기 위해 먼저 어깨를 net와 수직되게 돌려 세워야 하는데, 이 자세는 back swing과 동시에 이루어져야 한다. 이 때 발의 동작은 오른 발을 중심으로 회전하거나 양 발을 동시에 움직여서 몸의 방향을 바꾸어 준다. Back swing을 하기 위해서는 먼저 racket에서 왼손을 놓고 오른 손으로 뒤쪽 담을 향해 곧바로 가져가야 하며, 이 때 손목을 약간 뒤로 젖히는 대신 racket 면은 지면과 수직이 되도록 유지시킨다.

다) Forward swing

Forward swing은 back swing한 racket을 볼을 치기 위해 앞으로 끌어내리는 것으로, 정확한 정구를 하기 위해서는 볼이 날아오는 방향으로 움직여야 한다. 이 때 젖혀진 손목 그대로 grip을 먼저 앞으로 내고 racket 머리는 뒤따라 나와야 한다. Forward swing은 가능한 한 수평으로 swing해야 하며, 느린 볼에는 느리면서 무게 있게, 빠른 볼에는 빠르게 하여, timing을 맞출 수 있도록 해야 한다.

라) 타점(Impact)

Racket과 볼이 마주치는 순간을 말하며, 볼의 높이와 거리가 매우 중요하다. 볼의 높이는 일정한 것이 아니지만 기본적 위치는 무릎과 허리 사이의 높이가 적당하다. 몸과 볼과의 거리에도 약간의 차이는 있지만 대체로 왼쪽 무릎 앞에서 racket 1개의 길이에서 타점을 맞추는 것이 좋다.

마) Follow through와 끝맺음

타구 후의 상체는 앞 쪽으로 회전하며 net 쪽을 향하여 서게 된다. 볼이 racket에 맞는 순간부터 손목의 상태를 그대로 유지하며 팔을 앞으로 멀리 뻗어 상대의 뒤쪽 담 위에 racket을 올려놓는 기분으로 한다. 오른 쪽 팔꿈치는 굽히지 않은 채 왼 쪽 어깨 앞에 세운다.

4) Backhand stroke

가) Stance

Stance는 forehand stroke과 동일하다. 다만 오른손은 Continental Grip을 잡고 왼손은 오른손 위에 편안하게 잡는다(왼손잡이의 경우 반대로)

나) Back swing

어깨를 net와 수직이 되도록 돌려세우는 것은 forehand와 동일하되 다만 방향만 반대로 하면된다. 왼 손으로 racket 목을 잡아끌어 뒷담을 향해 곧 바로 가져가며, 이 때 오른 팔꿈치는 가능한 한 몸에 붙여 끌어당기고, 오른쪽 어깨 너머로 볼을 볼 수 있도록 어깨를 돌려 세운다.

다) Forward swing

오른손잡이의 왼손이 90%, 왼손잡이의 경우 오른손이 90% 리드하여 스윙이 이루어지도록 한다.

라) 타점(Impact)

Forehand와 동일한 요령에 방향만 반대이지만, 그보다 약간 낮게 그리고 오른 무릎 앞 또는 약간 더 앞쪽에서 타점을 맞춰야 한다.

마) Follow through와 끝맺음

Forehand와 마찬가지로 앞 위쪽에서 끝을 맺으며, racket은 오른 쪽 어깨 앞에 세운다. Racket은 보내고자 하는 쪽으로 향하는 임의의 선을 따라 직선으로 움직여야 한다. Racket은 지면과 수직이어야 하고, 가능한 한 앞으로 멀리 뻗어 swing하는 것이 좋다.

5) Serve

Serve의 종류에는 flat, slice, spin(twist)이 있다(그림). Flat serve는 볼에 회전을 주지 않고 racket면 중앙에 직각으로 맞추는 것으로 위력과 speed가 있고, 직선으로 날아가 낮게 bound한다. Slice serve는 전자 보다 speed는 없지만 안정도가 높고 볼의 옆면을 위에서 아래로 깍아 치기 때문에 spin이 걸려 볼이 지면에 닿으면 receiver 오른 쪽으로 휘어지는 경향이 있다. Spin serve는 볼의 중앙부분을 아래에서 위로 회전을 주기 때문에 bound 후 빠르고 높은 것이 특징이다.

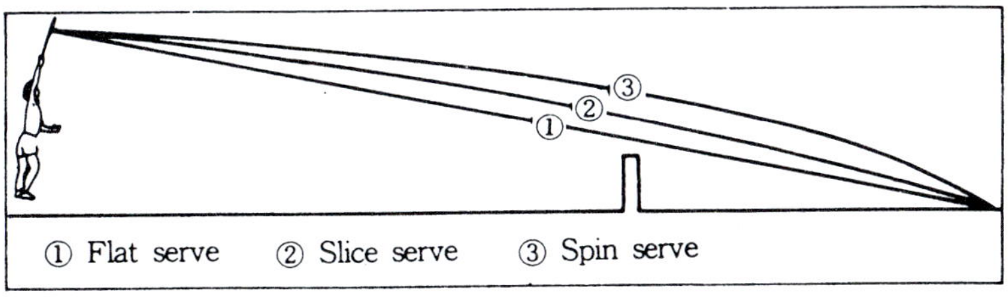

〈serve시의 ball의 비행 높이〉

가) Grip

일반적인 serve의 grip은 Continental grip이다. 많은 선수들이 이 grip을 즐겨 사용하는 이유는 ① 손목을 최대로 사용할 수 있고, ② 볼과 racket 접촉면이 다양하기 때문이다.

나) 준비자세

오른 발을 뒤로 하여 상체를 net에 수직으로 세우고 양 발의 넓이는 어깨의 폭 정도로 벌려 선다. Racket은 볼을 가지고 있는 왼 손 위로 가볍게 얹어 놓고 racket 머리는 serve를 넣을 court 쪽을 가리킨다.

다) Swing과 toss

Swing의 단계는 가슴 앞→무릎→뒷 벽→등→볼의 순이고, toss는 뒷 벽 단계에서 행한다. Swing시에는 어깨와 팔꿈치에서 힘을 빼고, 곤봉 체조를 하듯이 크고 부드럽게 실시하며 팔꿈치가 어깨높이 이상 올라 왔을 때 팔을 접어 racket 머리가 등을 긁는 것같이 만든다. Toss시 볼을 잡는 방법은 왼손 전체를 이용해 가볍게 잡으며, 손가락 · 팔목 · 팔꿈치를 구부려서 toss 하면 볼은 일정하게 올라가지 않으므로 팔을 곧게 펴서 올린다. 볼의 높이는 racket을 뻗은 최고 높이보다 약간 더 높게 올리고 시선은 볼을 쳐다 본다.

라) 타구동작

볼이 최고점에 도달했을 때 racket은 등을 긁는 자세에서 볼을 치는 자세로 전환되기 시작한다. 볼을 칠 때는 허리를 완전히 틀어 상체가 net 쪽을 향하도록 돌려 세우며, racket든 팔을 빨리 들어올린다. 볼이 맞는 순간에는 racket, 팔, 왼 다리가 일직선 되게 하는 것이 좋다. 볼이 racket에 닿는 순간부터 손목을 앞으로 밀면서 snap을 주어 앞으로 멀리 뻗는다.

마) Follow through

앞으로 멀리 뻗은 팔을 좌 또는 우측으로 빼는 것을 말하며, flat와 slice serve는 왼 쪽으로, spin(twist) serve는 오른 쪽으로 끝을 맺는다.

6) Volley

Volley란 볼이 땅에 bound 되기 전에 치는 것으로 net play의 기초이고 point를 얻을 수 있는 강력한 무기이지만 고도의 기술을 요한다. Volley의 종류에는 high, low, half volley가 있으며, 그립은 Continental Grip을 이용하여 주로 flat와 slice 기술을 사용한다.

가) back swing

Volley시 back swing은 하지 않는 것이 좋으며, 손목을 고정시켜 주기 때문에 racket head를 45°정도로 세우는 것이 좋다.

나) Forward swing과 타점

Swing에서는 racket 머리가 먼저 나가는 것이 아니라 손목을 뒤로 젖히고 손목 전체를 앞으로 내민다. 볼이 맞는 순간에는 손목을 고정시키고 볼을 때리는 것이 아니라 punch 하는 기분으로 행한다. 타점은 forehand에서는 왼쪽 어깨, backhand에서는 오른쪽 어깨 앞의 볼을 중심을 이동해서 맞춘다.

〈Volley의 Forward Swing〉 〈Volley는 Punch 하듯이 한다〉

다) Follow through

Volley에서는 follow through가 없는 것이 특징이며, 다만 볼을 맞추어 밀어내는 동작으로 끝을 맺는다.

7) Lob

Lob란 볼을 상대의 키를 넘겨 높게 보내는 것으로 공격적인 것과 방어적인 것으로 구분할 수 있다. 공격적인 lob는 상대를 net 앞에서 떨어뜨리는 방법으로 base line 깊숙히 보내는 것과, 각도 있는 lobing을 상대의 backhand 쪽으로 치기 어렵게 보내서 공격의 기회를 잡으려는 것을 말하고, 방어적인 lob는 상대에게 밀려 stroke을 할 수 없을 때 하는 lob를 말한다. Lob의 방법은 가능한 한 backswing을 하고, 시선에 볼을 고정시키며, 볼을 밑에서 위로 높게 쳐올린다.

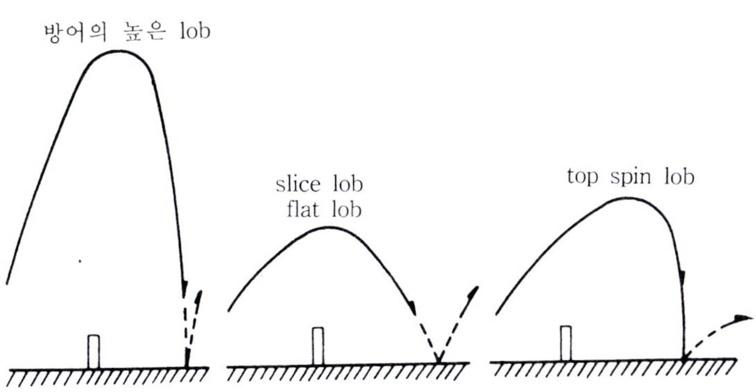

〈Lob의 종류〉

8) Smash

상대의 lob를 강타하는 방법으로 가장 위력있는 공격기술이다. 종류에는 over head와 groung smash가 있으며, 볼을 치는 자세는 serve 동작과 비슷하고 주로 Continental grip을 사용한다.

가) Foot work

Smash에서 중요한 것은 볼의 낙하지점으로 빨리 이동하는 것이고, 양 발은 serve 때보다 전 · 후로 더 넓게 서며 무릎에 탄력을 주어야 한다. 볼을 쫓아갈 때는 오른발, 왼발을 교차하여 뛰는 형태를 유지히야 한다.

나) Swing

후퇴하면서 racket을 어깨에 메는 것과 같은 자세로 시작한다. 볼이 타점에 왔을 때 뒤로 젖힌 몸의 반동을 이용해 smash하고, back swing을 빨리 해놓는다. Smash는 팔만 사용하는 것보다 어깨를 중심으로 팔 · 어깨 · 허리 등 몸의 전체로 하는 것이 좋다.

다) 타점(Impact)

타점은 serve 때 볼의 toss 위치가 되도록 몸을 움직여야 되는데, 타점이 너무 낮으면 net에 걸리기 쉽고, 너무 높으면 racket frame에 맞거나 out 되기가 쉽다. 그리고 반드시 볼을 몸의 앞에 놓고 쳐야 되며, 머리 뒤에서 치면 out 되기가 쉽다.

다. 용어 해설

Ace : 상대방이 racket 도 대지 못하고 받지도 못한 강한 serve
Advantage : ad.라고도 하며 deuce 후에 어느 한 편이 딴 1점
Alley : 단식과 복식 side line 사이의 좁고 긴 공간
Fault : 서브 범실로 네트에 걸리거나 서브라인 밖을 벗어나는 경우
Foot fault : 서버가 서브 동작 중 임팩트 전에 베이스라인을 밟거나 넘는 경우
Back swing : 볼을 storke 하기 위해서 racket을 뒤로 가져가는 것
Break : 상대방 serve game을 깨트리는 것. 또는 제 3set 후의 10분간의 휴식
Break point : 상대방 serve game을 딸 수 있는 point
Center strap : net의 중앙 높이를 3ft로 유지하기 위한 5cm 폭의 백띠
Drop shot : net 바로 근처에 떨어지는 타구법
Good shot : 상대방의 멋지고 훌륭한 play를 칭찬하는 말
Grand slam : 호주오픈 · 프랑스오픈 · 윔블던 · US오픈 선수권대회 단식에서 전부 우승하는 것
Gut : racket 매는 줄
Half volley : 볼이 땅에 bound 됨과 거의 동시에 stroke 하는 것
Hard luck : 상대방의 아까운 실수
Impact : 볼이 racket에 맞는 순간
Match point : 그 시합이 완전히 끝나는 마지막 point
Mixed double : 남녀 1조의 복식
Net man : 복식에서 net 앞에 있는 선수
Open tennis : amateur 선수권대회에서 por 선수의 참가를 인정하는 것
Passing shot : net player 좌우로 볼을 쳐 보내는 것
Rough : racket 양면 중 거친 면을 말하고 부드러운 면은 smooth라고 한다
Set point : set를 결정 지우는 최후의 한 point

5 야구

가. 야구의 역사

야구의 기원에 대해서는 미국의 기원설과 영국의 기원설이 있다.

미국 기원설의 요지는 ① Doubleday, A.가 제창하여 ② 야구는 1839년에 처음으로 시작되었다. ③ 그 발상지는 New York 주의 Cooperstown이다 라고 제창하였으며, 야구(baseball)라 이름 지어 불렀다.

야구를 처음한 사람은 알렉산더 카트라이트(Caltwright, A. T)와 친구들 사이에 하였으며, 1845년에 그들은 New York주 사람들로 클럽을 구성하고, 그 해에 근대 야구의 최초 rule을 공식화 했으며, 이것이 야구의 기원이다.

영국의 기원설로는 이미 20세기 초에 Spalding이 발행한 잡지 Base ball guide의 편집동인의 한 사람인 Henry Chadwick가 영국에서 하고 있는 Rownders라는 경기를 미국식으로 도입한 것이 야구라는 주장을 발표했다. 그후 1857년 Henry Chadwick이 규칙을 많이 개정하여 양 team의 공격을 9회로 하고 총득점으로 승패를 결정하도록 하였다.

우리나라의 야구사를 보면 다음과 같다.

· 1905년 : 미국인 선교사 Gillett씨가 보급
· 1906년 : 국내 최초대회
· 1923년 : 조선야구협회 발족
· 1945년 : 한국야구협회 조직
· 1954년 : 국제야구 연맹에 가입(국제회원국)
· 1982년 : 프로야구 시작(6개팀)
· 2008년 : 우리나라 최초 올림픽 금메달 획득(제29회 베이징올림픽)
· 2010년 · 2014년 · 2018년 : 아시안게임 3회 연속 금메달 획득
· 2019년 : WBSC Premier 12 준우승
· 2022년 : 항저우 아시안게임 금메달 획득

나. 야구의 기본기술

1) Batting

가) Bat의 선택

자기의 체중 · 신장 · 기술에 적합한 것을 선택해야 하며, 특히 swing이 늦은 자나 초보자들은 손잡이가 약간 굵은 것을 택하는 것이 좋다.

나) Bat 쥐는 법

손잡이 하단부로부터 약 2~3cm 윗 쪽에 왼 손 새끼손가락이 닿도록 잡고, 그 위에 붙여서 오른손으로 거머잡는다. Bat를 만들 때 나무결에 맞도록 상표를 찍어 놓았으므로, 상표가 자기 눈앞에 정면으로 오도록 잡아야 한다. 그렇지 않으면 부러지기 쉽다.

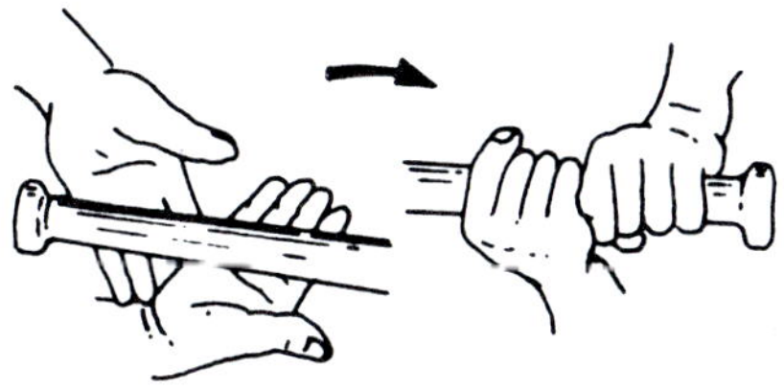

다) Stance

Stance에는 두 발이 평행을 이루는 square stance, 왼 발이 약간 앞으로 나가는 cross stance, 오른 발이 약간 앞으로 나아가는 open stance 등이 있는데, square stance가 가장 기본자세이다. Stance는 상대선수와 자기의 능력에 의해 결정되는데, ball이 빠르거나 in corner로 많이 주면 open stance를 하고, slow ball이나 out corner로 많이 주면 cross stance를 하는 것이 좋다. 어떠한 stance를 하든 catcher 쪽으로 좀 치우쳐 몸의 중심을 발에 2/3를 두고 투수의 손을 주시하며, 팔꿈치와 손을 몸에서 떼어 오른 쪽 발 뒤로 잡아당긴다.

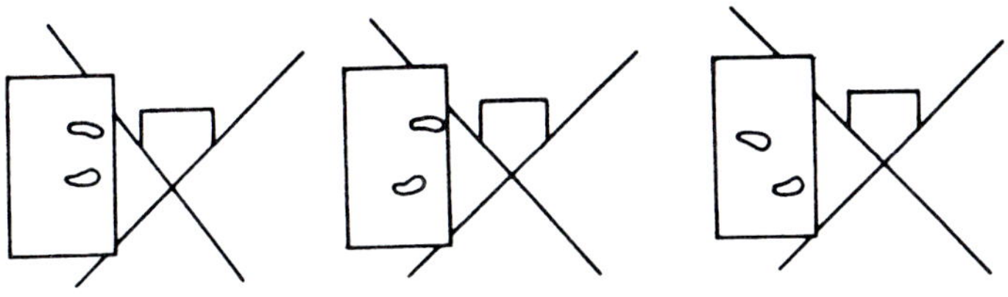

〈스퀘어 스텐스〉 〈크로스 스탠스〉 〈오픈 스탠스〉

라) Batting 동작 및 swing

Pitching ball을 판단, strike로서 치기에 좋은 ball이 들어오면 왼 발에 체중을 옮기면서 어깨, 허리, 팔의 힘을 총 동원하여 bat를 반원을 그리면서 swing 한다. 이 때 bat, 허리 등을 움직이지 말고 허리와 어깨가 수평을 유지하여 swing이 되도록 해야 한다. 특히 ball이 bat에 맞을 때까지 주시해야 한다.

(a) (b) (c)

2) Bunt

가) Sacrifice bunt

말 그대로 타자는 희생을 하고, runner를 진루시켜야 하므로 반드시 sign에 의해 실시하되 pitcher를 피해 first나 third 쪽으로 보내야 한다. Bunt의 요령은 pitcher 손에서 ball이 떨어지면 몸을 pitcher 쪽으로 돌리면서 왼 손은 bat의 하단을 잡고 오른 손은 bat의 중앙부분의 아래 위를 엄지와 굽힌 검지 손가락으로 받쳐 잡는다. 이 때 시선은 볼을 끝까지 주시하고, ball이 가까이 오면 ball을 bat로 잡듯이 bat의 중앙부에 맞춘다.

나) Safety bunt

상대편 수비가 전혀 예상치 못한 순간에 하는 것으로, 요령은 ball이 자기 몸 가까이 왔을 때 순간 동작으로, pitcher로부터 약간 떨어진 third 쪽으로 ball의 속도를 줄여서 굴린 다음 first로 달린다.

다) Squeeze bunt

다른 bunt의 요령과 같으나, 중요한 것은 일단 sign이 있으면 runner는 무조건 home으로 뛰어야 하며, batter는 반드시 ball을 맞추어야 한다. 이 bunt는 first 쪽으로 보내는 것이 성공확률이 크다.

3) Running

Running은 수비 때의 running과 base에서의 running으로 구분할 수 있는데, 여기서는 후자를 알아본다.

가) Lead and start

Lead는 steal이나 진루의 준비동작이다. Lead를 많이 하여 start를 잘 하려면 먼저 상대 pitcher의 폼과 습관에 대하여 충분한 지식이 있어야 한다. 일단 경기가 시작되면 pitcher의 기술과 습관, catcher와 외야수의 투구능력 등을 알아두는 것이 매우 좋다. Lead 요령은 우선 허리를 굽히고 pitcher를 주시하면서 side step으로 한다.

나) 주 력

진루하는데 있어서 빨리 뛰는 것과 동시에 최선을 다하여 뛰는 자세가 매우 중요하다.
(다) Sliding
Sliding을 잘 하면 out될 runner가 safe 될 가능성이 있기 때문에 base running에서 아주 중요한 요소이다. Sliding은 발이 먼저 들어가는 방법과 손과 머리가 먼저 들어가는 방법이 있는데 후자는 위험이 따르기 때문에 많은 연습이 필요하다.

다) Steal

Steal을 성공하면 안타 이상의 전술적 가치가 크다. steal은 정확한 판단과 pitcher의 motion을 보고 미리 많은 lead를 하여 start를 하고, 과감하고 교묘한 sliding을 함으로써 성공할 수 있으며, 단독, double, home steal 등이 있다.

4) Pitcher의 pitching

가) Pitching

기초적인 것이 직구이며, speed가 최대의 무기이다.
직구 잡는 법은 그림과 같다.

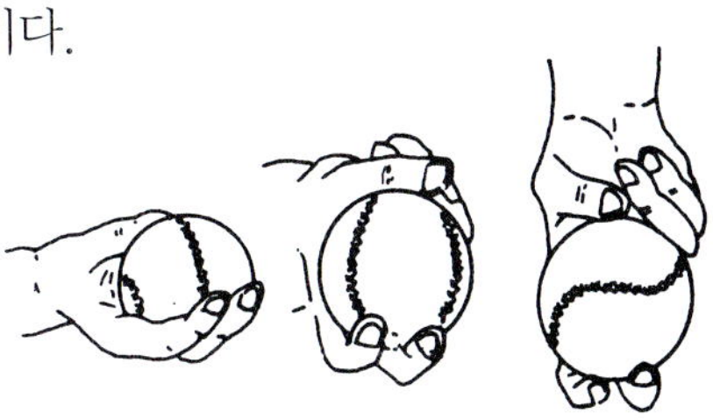

나) Pitching 자세

① Wind up position

Runner가 없을 때 사용하는 것으로 batter에게 pitching 하기 전에 축이 되는 발을 정하고, 다른 발은 투수판 전방 또 후방에 놓아져도 좋으며, 두 발 모두 발끝과 발꿈치가 땅에 붙어 있어야 한다. Pitcher는 batter를 향해 서야 하고 batter에게 pitching할 때는 축이 되는 발이 반드시 선수판에 닿아 있어야 한다.

② Set position

Runner가 있을 때 사용하며, 축이 되는 발은 wind up position과 동일하고, 다른 발은 선수판 앞에 놓는다. Ball을 두 손으로 몸 앞에서 유지하고 잠시 정지해야 한다. 이 자세로부터 batter나 base에 pitching 해도 좋으며 축이 되는 발을 선수판 후방으로 빼어도 좋다. Pitching 때는 ball을 몸 앞에서 잡고 batter를 향해 서야 한다.

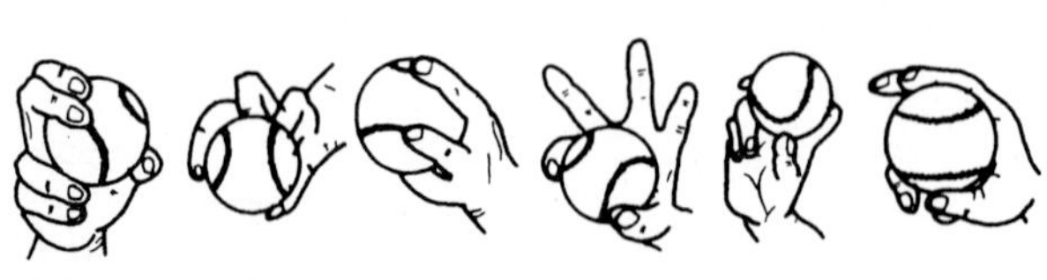

③ 구질

Pitcher가 던지는 ball의 성질을 말하는 것으로, 이에는 직구, curve, nuckle, shoot, fumble, folk, sinker 등이 있으며 잡는 방법은 그림과 같다.

④ Pitching 법

Pitching 법에는 pitcher의 팔 동작에 따라 over, quarter side, under throw로 구분할 수 있으며 아래 그림과 같다.

다. 야구의 특징

야구는 9명의 선수가 공격과 수비를 교대하며 3스트라이크 아웃 · 4볼 진루 규칙으로 9회까지 진행되는 팀 스포츠다.

그 특성은 다음과 같다.

① 경기 시간이 정해져 있지 않으며, 아웃카운트가 경기를 끝낸다.

② 개인과 팀이 동시에 작동하는 경기로 투수와 타자의 1대1 대결이 경기의 핵심이지만, 득점과 승패는 팀 전체의 협력으로 결정

③ 공격과 수비가 명확히 구분된 스포츠로 한 팀이 동시에 공격과 수비를 수행하지 않으며, 역할이 명확히 전환된다.

④ 기록 중심의 스포츠로 타율, 방어율, 홈런 등 수치화된 기록이 선수의 가치를 설명하며, 시대를 넘어 비교가 가능하다.

다. 용어 해설

Batting average : 타율, 특 타수와 안타와의 비율
Dug out : 선수석
Extra inning game : 연장전
Forfeited game : 몰수경기
Foul tip : batter가 쳤을 때 직접 bat에서 catcher의 손에 날아가 정규로 catch된 ball
Leg guard : 정강이 보호구
Line up : 타순, batting order라고도 한다.
Lucky zone : 양익의 fence 쪽으로 home run을 쳐 넘기는 것이 거리상으로 보아 유리하다는 뜻에서 생긴 말
Mound : pitcher가 서서 공을 던지는 plate
No game : 5회전을 끝내지 않아 승부를 내지 못하여 경기가 무효되는 경우
No hit no run : pitcher가 상대방의 타선에 단 한 개의 안타도 주지 않고 무득점으로 이기는 것
Perfect game : 한 사람의 runner도 1루를 밟아 보지 못하게 하는 완전한 공격의 봉쇄
Rookie : 신인선수
Shut out : 상대 team에 득점을 주지 않고 0패를 시키는 것(완봉)
South paw : 왼손잡이 pitcher를 말한다.
Switch hitter : 좌우 어느 편에서나 잘 치는 batter
Texas hit : 잘 친 ball은 아니지만 외야와 내야의 중간에 떨어져 수비진의 손이 미치지 못하여 안타가 되는 것.
Timely error : 경기의 승패를 좌우하는 실책
Timely hit : 알맞은 시기에 친 적시안타
Tail end : 최하위 팀
Trap play : 잡을 수 있는 fly를 고의로 놓쳐 그 ball로 batter와 runner를 out 시키려는 정략적 행위
Triple play : 삼중살, 연달아3명의 선수를 out 시키는 것
Top batter : 선두타자
Wood player : 타격은 우수하나 수비가 서툰 선수
Walk : 4ball로 first에 나가는 것

Waiting circle : 대기타자석. 직경이 1.52m의 원형 장소

Winning run : 승리를 결정짓는 1점이란 뜻

Wind breaker : uniform 위에 입는 자켓

Winning shot : pitcher가 batter를 out 시키기 위하여 던지는 3strike째의 정확한 ball을 말함.

6 탁구(Table tennis)

가. 탁구의 역사

탁구가 언제 어디에서 발생하였는지는 확실하지 않다. 명칭도 「위프와프」, 「고시마」, 「프림프람」등 여러 가지로 불렸으며, 그 시대의 ball은 Cork나 고무 ball을 사용하였다. Celluloid ball을 착안한 것은 영국인 James Gibbs이며, 1898년 도미했을 때 어린이 장난감으로 쓰이던 celluloid ball에서 hint를 얻어 귀국 후에 탁구용으로 사용한 것이다.

19세기에 유럽 각국에 보급되어 오락경기로 사용되어 오다가 1926년 독일인 Lehman 박사의 주장에 의하여 국제탁구연맹을 조직하였고, 1927년 세계탁구선수권 대회가 개최됨으로써 더욱 성행하게 되었다.

우리 나라에 도입된 것은 1920년경이며 1924년 1월 경성일보주최 제1회 탁구대회가 개최되어 각 학교에 보급되었으며, 우리 손으로의 첫 대회는 YMCA가 1928년 2월 동체육관에서 개최한 제1회 조선탁구대회가 경기사상 특기할만한 신규 행사였다. 현재는 Asia 및 세계대회에서도 제패하여 명실공히 세계 정상의 탁구국가로 발돋움하였다. 탁구는 19세기 영국 상류층 실내 놀이에서 출발해 1926+년 ITTF(International Table Tennis Federation) 창설과 세계선수권 개최로 현대 스포츠로 자리 잡았고, 1988년 서울 올림픽에서 정식 종목이 되었다.

〈기원〉

· 1988년대 영국에서 책, 코리크, 시가 상사 등으로 즐기던 놀이가 탁구의 전신으로 알려져 있다.

· 1890년 데이비드 포스터가 탁자 위 그물, 울타리를 갖춘 '간이 테니스'를 시도했고, 1898년 셀룰로이드 공과 '핑퐁' 명칭이 정식으로 등장했다.

· 1902년 러버 발명과 영국 탁구협회 설립으로 '테이블 테니스'로 공식화되었다.

〈국제화와 올림픽〉

· 1926년 베를린, 런던에서 ITTF가 창설되었고, 같은 해 런던에서 제1회 세계선수권이 열렸다.

· 1957년부터 세계선수권은 2년마다 개최되며, 2000년부터 단체전은 별도 대회로 치러졌다.
· 올림픽은 1988년 서울 대회부터 정식 종목으로 채택되었다.

〈한국 도입과 성과〉
· 1924년 경성일일신문사 주최 '핑퐁경기대회'를 한국 탁구의 효시로 본다.
· 1973년 여자 단체전 세계선수권 우승은 한국 구기 사상 첫 단체전 우승이었다.
· 1988년 서울 올림픽에서 여자복식 양영자 · 현정아, 남자단식 유남규가 금메달을 획득했다.

나. 탁구의 특징

탁구는 작은 공과 빠른 반응, 다양한 회전, 속도, 코스 선택이 결합된 실내 구기 스포츠로, 장비와 규칙이 경기 양상을 크게 좌우합니다.

〈핵심적인 특성으로〉
· 공이 매우 빠르게 움직이고 힘 조절에 따라 궤도가 크게 달라진다.
· 드라이브, 스매시, 커트, 블록, 푸시 등 회전, 속도, 코스 선택이 얽힌 기술이 핵심이다.
· 공은 플라스틱으로 약 2.7g 지름 40㎜이며 회전, 탄성이 경기 흐름을 좌우한다.
· 라켓은 반발, 진동 특성으로 탄력과 손에 올림 정도를 결정한다.
· 러버는 평명, 숏핌플, 롱핌플 등으로 스핀, 반응성이 달라 플레이 스타일에 맞춘다.
· 2000년대 공 크기 3.8 → 4㎝, 점수는 21 → 11점, 서비스 가림 금지 등 규정이 도입되었다.
· 탁구는 좁은 공간에서 남녀노소 쉽게 즐길수 수 있고 근력, 순발력, 판단력, 민첩성, 교치성, 유연성을 기르는 전신운동이다.

다. 탁구의 기본기술

탁구 기본기술은 포핸드, 백핸드 스토로크, 서브, 드라이브, 블록, 푸시(쇼트), 리시브로 구성되며, 이 중 포핸드, 백핸드와 서브가 가장 먼저 익혀야 할 핵심이다.

1) 포핸드 스트로크

① 기본자세로는 양발 어깨넓이, 오른발 약간 뒤로 무게중심 약간 앞쪽으로 두고 라켓은 손목 고정해 편안히 잡는다.
② 팔꿈치는 살짝 구부리고 라켓을 몸 앞에 두며 시선을 끝가지 유지한다.
③ 스윙, 임팩트 시 허리와 어깨를 함께 회전하고 kf 전체가 자연스럽게 앞으로 나가도록 한다.
④ 공의 바운드 장점에서 살짝 앞으로 나가는 타이밍에 맞추고 라켓을 살짝 아래로 기울여 네트로 낮게 보낸다.
⑤ 손목보다 팔과 몸통 회전으로 힘을 전달하고, 스윙 후 준비자세로 도아와 다음 공에 대비해야 한다.
⑥ 공격/코스 공략 시 밀기보다 딱딱 때리듯 치고, 제자리보다 중심이동과 빼서 치기를 반복한다.
⑦ 가운데보다 구석으로 보내는 연습이 필요하다.

* 연습 Tip
㉮ 벽을 상대로 스윙 궤적을 맞추고, 공에서 시선을 떼지 않으며 리듬과 시선 유지를 연습하세요.
㉯ 처음에는 천천히 정확성을 높이고 점차 힘을 더하세요.
㉰ 공의 위치와 속도에 맞춰 임팩츠 위치로 라켓을 맞추는 감각을 키우세요.

2) 백핸드 스트로크

① 기본자세로는 무릎을 살짝 굽히고 어깨너비로 서서 중심을 낮추고, 라켓을 부드럽게 쥐어 손목의 자유도를 확보한다.
② 셰이크 핸드는 포핸드, 백핸드 전환이 빠르고 양쪽 드라이브가 강하며, 펜홀더는 포핸드 공격이 강하지만 백핸드가 약할 수 있다.
③ 라켓 각도를 세우고 손목을 고정해 세게 치지 않고, 각도로 튕겨 나가게 하며, 전신 힘을 빼고 팔꿈치만 움직인다.
④ 하체를 이용해 체중을 실어주고 손목 스냅을 더해주는 방식으로 회전을 한다.
⑤ 블록은 정점 직전, 드라이브는 정점~정점 직후에 맞추고, 팔, 어깨 힘은 빼고 몸통 회전으로 가볍게 밀어준다.

* 연습 Tip

㉮ 기본구질 3종(포핸드 스트로크, 백핸드 블록, 커트)을 확실히 하고, 포핸드–백핸드 전환 풋워크와 10구 이상 랠리를 반복하세요.

㉯ 매일 10분씩 백핸드 블록, 포핸드 드라이브 랠리/전환 연습을 반복하세요.

3) 서브

① 탁구 서브는 손바닥 중앙에 공을 올려 16㎝ 이상 수직으로 토스하고, 공이 내 코트에 한 번 튕긴 뒤 네트를 넘어야 하며, 복식은 대각선 서브가 기본이다.

② 공을 신체로 가리지 말고, 던질 때 회전을 주거나 몸 뒤로 포물선을 그리면 안된다.

③ 서브는 2점마다 교대하며, 듀시에서는 1점마다 교대한다.

④ 복식 서브는 오른쪽에서 시작해 상대 대각선 왼쪽 코트로 보내야 한다.

⑤ 서브 종류

㉮ 커트서브 : 라켓을 살짝 열어 공 하단을 긁듯 하회전을 걸어 낮게 깔리게 합니다.

㉯ 회전서브 : 공 옆면을 긁듯 스윙해 사이드 스핀을 걸어 바운드 후 옆으로 튀게 합니다.

㉰ 빠른 서브 : 짧고 빠르게 임팩트해 네트 위를 스치듯 낮게 보냅니다.

㉱ 백 서브 : 백핸드 자세로 짧게 튕겨 올리며 상, 하, 사이드 회전을 섞어 넣습니다.

* 연습 Tip

㉮ 초보자의 경우 손바닥을 펴고 16㎝ 토스부터 습관화 하세요.

㉯ 연속 동작으로 모션만 연습해도 충분한 연습이 됩니다.

4) 풋워크(스텝)

① 공을 칠 때 체중을 뒷발에 실었다가 앞발로 이동하며 강한 타격을 한다.

② 공을 끝까지 보고 정점에서 스윙하는 연습을 반복한다.

③ 비디오 분석 및 코치의 지도를 받으면서 자세를 교정하면 실력 향상에 도움이 된다.

라. 용어 해설

All round player : 공격과 수비를 겸하고 있어 paly의 운영이 자유자재인 선수
Change of face : rally가 계속되는 가운데 여러 가지로 구질에 변화를 주는 것.
Chop : ball이 나가는 방향과 반대의 회전
Close game : 실력이 백중하여 접전이 되는
game Dark green :탁구대 위에 칠한 암녹색을 말함
Finger spin : 손가락으로 ball 에 회전을 주는 것으로 반칙이다
Flat shot : racket 면에 회전을 주지 않는 타구법
Hard cutting : ball을 세게 깎는 것
Invitation game : 초청경기
ITTF(International Table Tennis Federation) : 국제탁구연맹
Knuckle ball : 회전이 전혀 없는
serve ball Placing : ball을 세게 쳐 넣는 것
Selection : ball을 선택하는 것
Too late : 느리다는 뜻
Weak point : 결점, 약점, 허점
Yell : 상대방의 fine play를 칭찬하는 말

7 배드민턴(Badminton)

가. 배드민턴의 역사

Badminton은 1847년 인도에서 처음 행해졌다고 전해지며, 명칭은 인도 「라구라」는 불리워졌다. 당시 인도에 진주하고 있던 영국군인들이 이 경기를 본국으로 입수한 후 Beaufort경에 의해 본격적인 sports로서 전 영국에 보급되었으며, Beaufort경의 거주지인 Badminton에서 성행을 이루었다 해서 그 명칭을 오늘날의 Badminton이라 했다.

1934년 영국에서 국제 Badminton 협회가 창설되었으며, 우리나라에는 1957년 11월 처음으로 협회가 탄생하였고, 동계 제1회 전국 남녀 badminton 선수권 대회가 개최되었다. 1962년에 국제연맹에 가입하여 1966년 Bang Kok에서 개최된 제5회 Asia 대회에 참가하여 여자부 단체전에서 3위에 입상한 바가 있으며, 오늘날에는 명실공히 세계 정상의 국가로 발돋움했다.

〈기원〉

· 인도의 전통놀이 '푸나'가 영국군 장교들을 통해 전파되며 손 대신 라켓을 쓰는 형태로 변했다.

· 1873년 배드민턴 하우스에서 현대 배드민턴의 역사가 시작되었고, 넓ㄹ은 응접실을 개조한 코트에서 변형 추나 경기가 자주 거행되었다.

〈규칙 · 대회〉

· 1893년 영국 배드민턴협회 창립과 동시에 규칙이 제정되었고, 1899년 전영선수권대회가 개최되었다.

· 1934년 국제 배드민턴 연맹이 창설되었고, 1948년부터 세계선수권대회가 시작되었다.

· 1988년 서울 올림픽 시범종목 거쳐 1992년 바르셀로나 올림픽에서 정식 종목으로 채택되었다.

〈한국에서는〉

· 1957년 배드민턴 협회가 구성되어 그 해 12월에 처음으로 창립기념 전국남녀 배드민턴 대회를 개최하였다.

· 1962년 대한체육회 산하단체로 가입, 1963년 전국체육대회부터 정식 종목으로 채택되었다.

나. 배드민턴 특징

배드민턴은 네트를 사이에 두고 라켓으로 셔틀콕을 주고받는 실내 라켓 스포츠로 매우 가벼운 셔틀콕의 특성상 바람으로 영향에 취약해 원칙적으로 실내에서 실시된다.

〈주요특징〉

· 스매시 순간 속도는 프로 선수 기준 시속 300㎞가 넘을 정도로 빠르며, '구속이 가장 빠른 구기종목'으로 기네스북에 등재되어 있다.

· 셔틀콕은 가죽을 씌운 코르크에 깃털을 꽂은 원뿔 형태로, 공기역학적 성질 때문에 다른 라켓 스포츠의 공과 전혀 다른 비행 궤도를 가지고 있다.

· 공식 경기는 모두 실내에서만 열리며, 일상적 놀이 목적의 경기는 야외에서도 이루어진다.

· 전문 선수들의 경기에서 강한 지구력과 민첩성, 근력, 스피드, 정확성이 요구되고, 균형잡힌 움직임과 라켓 사용의 기교 또한 요구되는 매우 기술적인 스포츠다.

· 올림픽에서는 위에서와 같이 1992년 정식 종목으로 채택되었고, 세부 종목은 남자 · 여자 단식, 남자 · 여자 복식, 혼합 복식으로 나누어진다.

다. 탁구의 기본기술

배드민턴 기본기술은 클리어, 스매시, 드롭샷, 헤어핀, 드라이브, 푸시 등 6가지 스토로크와 이를 뒷받침하는 풋워크(스텝)로 구성된다.

1) 클리어(하이 클리어)

① 배드민턴 클리어는 높고 길게 쳐 상대를 후위로 밀어내고 전열을 정비하는 기본 스토로크로 엔드라인 가까이 떨어뜨리는 것이 핵심이다.

② 클리어는 수비형 기술로 시간을 벌고, 공격 전환의 기회를 만드는 데 쓰인다.

③ 클리어→헤어핀은 수세에서 공세로 전환하는 기본 연결 동작이다.

④ 팔 힘이 아닌 몸통 회전과 타점으로 치며, 파워의 80%는 몸통 회전, 20%는 손목 스냅에서 나온다.

⑤ 준비 때 몸을 우측으로 90도 틀고, 팔꿈치로 먼저 내밀어 엘보 리드로 가속을 만든다.
⑥ 타점은 머리보다 약 15도 앞쪽에서 맞추고, 팔을 귀에 붙일 정도로 쭉 펴 높은 타점을 유지한다.
⑦ 하이클리어 후위 스텝은 양발 어깨너비 준비 후 오른발 – 왼발 – 오른발 – 왼발 –오른발 – 왼발 –양발 순서로 딛고 점프해 착지한다.
⑧ 클리어 후 헤어핀은 발을 어깨너비보다 살짝 넓게 벌리고, 오른발을 앞으로 뻗어 무릎을 구부린 뒤 네트 상단, 중간에서 손목으로 살짝 밀어 넘긴다.

* 연습 Tip

㉮ 클리어는 가능한 엔드라인 가까이 떨어지게 쳐야 한다.
㉯ 클리어는 몸보다 약간 뒤에서 스매시는 몸보다 약간 앞에서 맞아야 한다.

2) 헤어핀

① 헤어핀은 네트 바로 밑으로 떨어지는 셔틀콕을 네트 상단을 살짝 넘겨 상대 코트로 보내는 기술로, 라켓을 치지 말고 몸의 중심으로 밀어 넣듯 정교하게 처리하는 것이 핵심이다.
② 네트 바로 앞에서 짧게 떨어뜨려서 상대가 올려치게 만드는 기술로 포핸드 · 백핸드로 나뉘며, 오른손잡이는 오른쪽이 포핸드, 왼쪽이 백핸드가 된다.
③ 무릎을 굽히고 중심을 앞에 둔 낮은 자세에서 라켓을 가볍게 잡는다.
④ 리켓 헤드는 손목보다 낮게, 손목을 힘을 빼고 밀어 넣듯 스트로크한다.
⑤ 셔틀 방향으로 발을 태디디고 무게중심을 앞발로 옮기며, 뒤꿈치부터 닿고 바로 앞부분으로 이동한다.
⑥ 오른손잡이 포핸드는 오른발 → 왼발 → 오른발 런지, 백핸드는 왼발 → 오른발 → 오른발 → 점프 11자 순으로 이동한다.

* 연습 Tip

㉮ 라켓을 차지말고 갖다 대듯 밀어주며, 손목으로 살짝 스냅을 줄 수 있다. 또한 회전을 많이 줄수록 효과적이며, 크로스 헤이핀은 대각선 궤적을 만든다.
㉯ 네트 앞에서 원스텝–투스텝 반복, 거울로 각도 점검, 미니 게임으로 타이밍을 익힌다.

3) 스매시

① 스매시는 하체 → 허리 → 어깨 → 팔 → 손목으로 이어지는 체인 리액션과 임팩트 순간의 짧은 손목 스냅, 머리보다 앞쪽 타점이 핵심이 스트로크다.
② 스매시는 짧고 빠른 궤적으로 내리꽂는 공격 기술이며, 파워의 핵심은 라켓 헤드 스피드이다.
③ 준비자세에서 오른발(오른손 잡이 기준)을 뒤로 빼고, 백스윙 후 허리, 어깨 회전으로 가속해 임팩트에서 머리 앞 20~30cm 지점을 짧고 강하게 눌러친다.
④ 팔꿈치가 어깨 밑으로 내려가지 않게 하고, 팔 힘보다 체중과 회전을 이용한다.
⑤ 손목 스탭은 과하게 젖히지 말고 임팩트 순간 짧고 강하게 '툭' 튕겨준다.
⑥ 이스턴 그립으로 손목 회전을 살려 타구음을 살리고, 그림을 바꾸면 소리가 달라진다.
⑦ 점프 스매시는 더 강력하고 예리한 각도를 위해 두 발을 띄워 치는 기술이다.
⑧ 한발 점프, 두발 점프 등의 유형이 있으며, 다양한 점프 스매시 기술이 있다.

* 연습 Tip
㉮ 클리어, 드톱, 스매시를 같은 자세로 치는 연습을 하고, 드롭샷을 섞어 상대를 흔든 뒤 스매시로 마무리하세요.
㉯ 메디신볼 회전 던지기, 덤벨 숄더 프레스, 레이즈, 손목 컬, 역컬로 파워보강 운동을 하세요.

4) 드롭샷

① 드롭샷은 배드민턴에서 셔틀콕을 네트 바로 너머에 떨어뜨려 상대의 리듬을 무너뜨리는 핵심 기술이다.
② 드롭샷의 종류
㉮ 패스트 드롭 : 네트를 넘지마자 직선으로 빠르게 떨어짐
㉯슬로우 드롭 : 천천히 포물선을 그리며 떨어짐
㉰ 슬라이스 드롭 : 코르크를 깎아 치듯 비스듬히 쳐 궤적과 회전을 변화시킴
㉱ 직선 · 대각선 드롭 : 네트 앞 직선 또는 대각선으로 보냄
③ 스매시 · 클리어와 같이 같은 셋업으로 상대를 속이고, 라켓 면으로 '밀 듯이' 부드럽게 임팩트한다.
④ 네트 위 가장자리를 노려 낮게 떨어뜨리고, 타구 후 빠르게 다음 동작을 준비한다.

⑤ 스매시 스윙과 자세를 유지해 의도를 읽히지 않도록 한다.
⑥ 상대가 뒤쪽에 있을 때 효과적이며, 클리어 · 스매시와 조합해 예측을 어렵게 만든다.

* 연습 Tip
㉮ 파트너와 번갈아 드롭샷을 주고 받으며 거리 감각과 타이밍을 익힌다.
㉯ 거울 앞에서 스매시, 드롭, 클리어를 같은 동작으로 연습해 상대를 속인다.

5) 드라이브

① 셔클콕을 지면과 수평으로 빠르게 보내 상대 코트 빈 곳을 노리는 공격 기술입니다.
② 네트 상단을 스칠 듯 평행하게 보내면 효과적이며, 복식에서 공격으로 연결할 때 특히 유용하다.
③ 드라이브는 스매시보다 체력 소모가 적으면서도 경기 흐름을 공격적으로 바꿀 수 있는 핵심 기술이다.
④ 방법 : 양발 어깨너비, 양손 삼각형 준비 후 양발 가볍게 점프해 제자리 착지한다. 오른발 옆 딛기 → 왼발 자겨오기 → 오른발 옆 딛기와 동시에 일자로 빠르고 간결하게 스윙한다. 손은 준비동작으로 돌아오고, 왼발로 점프해 양발로 착지한다.
⑤ 드라이브는 강하게, 두 번째는 빠른 타이밍으로, 세 번째 이후는 끝내기 동작을 준비한다.
⑥ 드라이브 후 곧바로 전위로 빠르게 들어가 다음 불을 차단하고, 드라이브-클리어 연결 동작으로 연습하다.

6) 푸시

① 네트 앞에서 빠르고 짧게 끊어 차듯 타구해 상대 코트로 넘기는 복식 스트로크로, 과감한 전진과 간결한 임팩트가 핵심이다.
② 네트 앞까지 과감하게 돌진해 몸 전체가 셔틀콕 방향으로 뛰어드록, 임팩트 시 짧게 끊어친다.
③ 라켓을 허리춤까지 내릴 필요 없이 무릎을 굽혀 가슴 쪽에 두고, 물러서다 멈추고 앞에서 받는다.
④ 라켓을 항상 들고 높은 타점에서 바로 짧게 치며, 스윙은 과도하게 하지 않는다.
⑤ 임팩트 전에 라켓을 충분히 올리고, 네트보다 낮아지지 았도록 하며 점프로 타점을 높인다.

⑥ 오른발 방향을 셔틀콕 쪽에 두고, 직선 푸시는 어렵고 대각 푸시는 거리가 멀어 세게 쳐도 된다.

⑦ 포핸드 푸시는 손목을 뒤호 젖힌 뒤 앞으로 꺽어 타구하고, 백핸드는 팔꿈치를 펴 손목을 활용하여 밑으로 타구한다.

* 연습 Tip

㉮ 스매시 → 드라이브 → 푸시로 압박하여 마무리하는 연결 동작을 반복 연습한다.

㉯ 셀프 리턴콕으로 푸시&리시브 루틴을 저애 반사신경과 경기 감각을 키운다.

㉰ 서브가 높으면 푸시 기회를 주므로 짧고 낮은 서브를 연습한다.

㉱ 상대의 강한 푸시는 위에서 찍어노르는 공이 아니므로 겁먹지 말고 과감하게 받는다.

7) 풋워크

① 풋워크는 스플릿 스텝으로 반응 준비 후 사이드 · 크로스 · 런지 · 백스텝을 상황에 맞게 쓰는 것이 핵심이다.

② 준비 자세는 어깨너비보다 살짝 넓게, 무게중심은 앞발에 두고 허리를 살작 수여 언제든 반응할 수 있게 한다.

③ 스플릿 스텝은 타구 직후 바로 점프, 착지해 다음 방향으로 즉시 출발할 수 있도록 한다.

④ 사이드 스텝은 옆으로 미끄러지듯, 크로스 스텝은 발을 교차해 먼 거리를 빠르게 이동한다.

⑤ 런지는 네트 앞 드롭 · 짧은 셔틀 대응에, 백스텝은 하이클리어, 로브 커버에 사용한다.

⑥ 부상 예방 차원에서 스텝을 생활화 하여 충격을 줄이는 것이 좋다.

* 연습 Tip

㉮ 스쿼트, 런지 워크, 사이드 스텝 밴드, 종아리 들기로 하체 근력과 착지 충격을 보완한다.

라. 용어 해설

Anticipation : 경기 중 상대의 작전을 알고 먼저 그 역을 치는 것
Balk : serve 때 상대방을 골리는 행위
Defence base : 필요한 방어위치임 court 내의 장소
Impact : racket로 shuttle을 치는 순간
Lift : racket을 들어 올리는 듯이 하며 치는 타법
Touch the body : shuttle이 경기자의 몸에 닿는 것
Net pole : net를 부착시키는 지주
Offence : 공격
Match point : 승패를 결정지우는 마지막 1 point

제4장 기타 경기

1. 태권도(Tae Kwon Do)
2. 유도(Judo)
3. 특공무술(Bodyguard Martial Arts)
4. 수영(Swimming)
5. 씨름(Tsirum)

1 태권도(Tae Kwon Do)

가. 태권도의 정의

태권도는 호신의 목적으로 손과 발을 사용하여 방어와 공격기술을 수련하는 무예 스포츠이다.

1) 목 적

태권도는 일차적으로 격투 기술이다. 우리가 격투 기술을 배우는 이유는 무엇보다도 불의의 공격으로부터 자기 자신을 보호하기 위함이다. 이렇게 자기 보호(호신)를 목적으로 시작된 태권도 수련은 단계가 높아짐에 따라 자신의 모든 가능성을 실현하는 일, 즉 자아를 실현하는 일로 그 목적을 확장하게 된다. 그런 의미에서 태권도 수련의 목적은 호신과 자아실현이라고 할 수 있다.

2) 기 술

태권도는 '타격방식 차기에 특화된 맨손 방어와 공격 기술'로 이루져 있다. 이 규정에는 태권도 기술의 다섯 가지 특징이 포함되어 있다. 태권도 기술은 이 다섯 가지 특성을 통해 다른 무예 기술과 구별된다.

가) 방어와 공격 기술

태권도 일차적으로 호신을 목적으로 하는 방어와 공격기술의 총체이다. 여기서 '방어'를 '공격'에 앞서 배치한 이유는 태권도의 비폭력성과 평화 지향성을 나타내기 위해서이다.

나) 맨손기술

평상시 무기를 지니는 것이 관례적으로 허용되지 않는 현대 사회 에서 예측불허의 폭력으로부터 자신을 보호하기 위해서는 무기 없이도 자신을 지킬 수 있는 맨손 무예가 필수적으로 요구된다.

다) 떨어져서 겨루는 기술

태권도는 떨어져서 겨루는 기술이다. 맨손무예는 크게 수박류와 각저류로 분류된다. 수박류는 수박, 권법, 권투 같이 서로 떨어져서 겨루는 격투무예를 뜻하며, 각저류는 씨름, 유도, 레슬링처럼 서로 맞붙어 겨루는 겨룸무예를 의미한다.

라) 차기에 특화된 기술

태권도는 차기에 특화된 기술이다. 떨어져서 겨루는 격투무예는 손기술에 특화된 무예와 발기술에 특화된 무예로 구별된다. 가라테나 권투가 손기술에 특화된 격투무예라면 태껸과 태권도는 발기술, 특히 차기에 특화된 격투무예라고 할 수 있다.

마) 타격방식의 차기 기술

태권도뿐 아니라 태껸도 차기에 특화된 기술로 이루어져 있다. 최영년의『해동죽지』에는 태껸 기술의 대부분이 차기이며, 초급자는 상대의 허벅지를 차고, 중급자는 어깨를 타며, 나는 발기술을 가진 상급자는 상투를 찬다고 되어있다. 태권도는 강력하고 빠른 타격방식 차기를 채택함으로써 강력한 실전 격투기적 성격을 갖추게 되었다.

3) 수 련

태권도 기술을 반복해서 연습하는 일을 수련(practice)한다고 한다. 수련은 훈련(training)과 구별되는 활동이다. 훈련이 기술의 반복 연습을 통해 몸을 기술 발휘에 적합하게 변화시키는 활동이라면, 수련은 몸과 마음을 함께 변화시킴으로써 한 인간을 더 나은 인간으로 바꾸는 활동이다.

4) 무예 스포츠

태권도는 무예스포츠이다. 무예는 투기에서 발전한 신체 문화이며, 스포츠는 유희에서 기원한 신체 문화이다. 전통사회에서 무예는 총포류의 등장 이후 위기에 직면했고, 근대화 과정을 거치면서 스포츠처럼 경쟁적인 유희 활동으로 변화하였다. 무예스포츠는 이렇게 스포츠화된 무예를 의미한다.

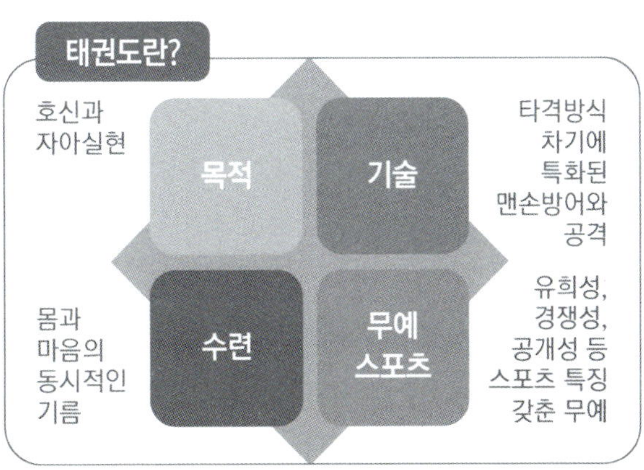

나. 태권도 역사

1) 태권도의 전통 한국 맨손 무예사(고대~1945)

한국의 맨손무예사는 태권도의 전통으로 간주된다. 그 이유는 오늘날의 태권도는 한국 맨손무예의 문학적 영향을 받았기 때문이다. 그 영향은 다음과 같이 설명된다. 현대 초기, 무예 관(館) 창설자 들은 민족주의자로서 수박, 권법, 택견 등 전통 맨손무예를 인식하고 자신의 무예를 한국화하려는 노력을 기울였다. 그 사례로는 현대 태권도의 선구자였던 윤병인, 활기, 최홍희가 발로 주로 사용하는 전통기법을 적극 활용했고 화랑도의 화(花), 택견 등 예전의 명칭을 계승했다는 사실이다. 이러한 전통문화 복원에 대한 열망이 작용 하여 오늘날 태권도가 한국식의 현대 무예로 정착되었다.

가) 고대(B.C. 24C ~ A.D. 10C)

고대는 고조선이 발흥한 시기부터 삼국시대를 거쳐 통일신라에 이르는 시기이다. 고대에는 무예 자체가 개인과 집단의 생존이 걸린 전쟁 기술이었으므로 적극 장려되었다. 즉, 무예는 개인적으로는 출세 수단이 되었고 국가 차원에서 존망이 걸린 사안이라 중요시 되지 않을 수 없었다. 고대의 맨손무예는 벽화 그림이나 유물로만 전해진다.

[고구려 무용총 벽화]

[백제 금동대향로]

나) 중세(10C~16C)

중세 시대는 고려왕조 시작부터 16세기 임진왜란 이전인 조선 전기까지로 설정하였다. 중세 시기 역사서는 맨손 격투무예인 수박(수박희) 활동을 구체적으로 기록하였다. 특히 고려시대 무신정변의 계기로서 '오병수박희'가 등장하는데, 수박이 군사 들의 무술경기로 성행했음을 알 수 있다. 수박에 대한 기록은 조선시대에도 많이 나오는데 국왕을 호위하는 군사들뿐만 아니라 일반 백성에 이르기까지 널리 행해졌다고 전해진다.

[고려 오병수박희 경기 장면]

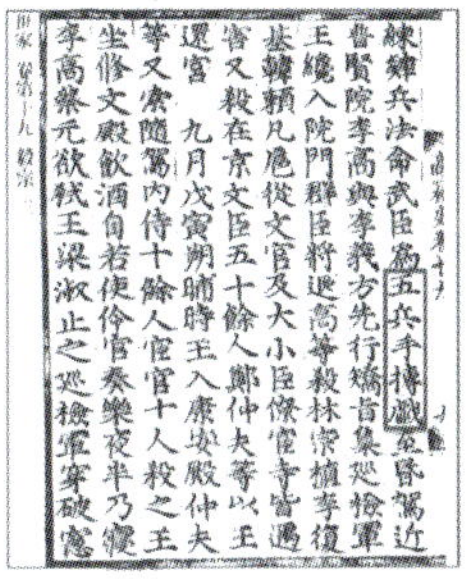

練肄兵法命武臣爲五兵手搏戲至昏罷近
習賢院李高與李義方先行矯旨集巡檢軍
王纔入院門群臣將退高等殺林宗植李復
基韓賴凡扈從文官及大小臣僚宦寺皆遇
害又殺在京文臣五十餘人鄭仲夫等以王
還宮 九月戊寅朔晡時王入康安殿仲夫
等又索隨駕內侍十餘人宦官十人殺之王
坐修文殿飮酒自若使伶官奏樂夜半乃寢
李高蔡元欲弑王梁淑止之巡檢軍穿破寢

世家 卷第十九 毅宗

[고려사 오병수박희 기록]

다) 근세(17C~18C)

임진왜란과 병자호란 연이은 전란을 거치면서 17세기 조선 사회는 큰 변화를 맞게 된다. 양 난 이후 격변의 시기부터 개항을 거쳐 일제강점기까지를 무술사적으로는 근세로 구분하였다. 이시기의 특징은 전란으로 인해 '권법' 같은 군사무예가 확립되었고 서민문화의 확산으로 여러 가지 상무적 민속경기가 발달하면서 '택견' 도 등장하였다. 일제강점기에는 유도, 검도가 한국에 유입되었다. 한편 만주계 중국 무술을 배웠거나 일제 말기 여러 유학생들이 일본에서 가라테를 연마하면서 외래무예를 도입하는 새로운 전기를 맞이하게 된다.

2) 현대 태권도사

현대 태권도사는 우리나라 광복 직후 1946년부터 현재까지 이르는 시기이다. 시초에는 외래무술이 도입되어 태권도의 원류인 5대관이 출범하였다. 5개관이 전개되면서 택견에서 착안된 차기 기술이 개발되어 심사와 시범에 적용되면서 한국적 특성을 확립하기 시작했다. 이후 택견을 잇는 태권도 명칭이 제정되면서 초기 태권도가 성립하였다. 1960년대 사범들의 해외 진출과 더불어 공식 협회가 결성되어 공인 심사 시행, 겨루기 경기의 공인화, 공인품새 제정 등을 태권도가 한국식 현대 무예로서의 기틀을 갖추게 된다. 1970년대에는 국기원을 중심으로 태권도계가 재통합되고 세계태권도연맹이 창설되어 비약적인 발전을 이루었다. 2000년 시드니 올림픽에서 태권도는 마침내 정식종목이 되어 세계적 무예 스포츠로 발돋음 하였다.

· 1946년 : 청도관 등 5개의 모체관(母體館)에 의해 시작
· 1955년 : 한국 전통무예 택견을 계승한다는 취지로 '태권도' 명칭 제정

· 1961년 : 대한태권도(태수도)협회 발족
· 1962년 : 공인 승단심사 첫 시행 / 제1회 전국승단심사대회
· 1963년 : 겨루기 경기 공식화 / 제44회 전국체육대회 정식종목 채택
· 1971년 : 대통령의 '국기 태권도' 휘호 하사
· 1972년 : 태권도 중앙도장 '국기원' 건립
· 1973년 : 세계태권도연맹 창립 및 세계태권도선수권대회 창설
· 1973년 : 초 · 중 · 고등학교 학교체육 종목 채택
· 1986년 : 제10회 서울아시아경기대회 '태권도' 정식종목 채택
· 1988년 : 제24회 서울 올림픽 '태권도' 시범종목 채택
· 2000년 : 제27회 시드니 올림픽 '태권도' 정식종목 채택
· 2018년 : 태권도, 대한민국의 법정 국기로 지정

다. 태권도 정신

태권도 정신은 한국의 전통 사상에 뿌리를 두고 있는 극기와 홍익의 이념이다. 즉, 태권도의 정신은 '나를 이기고', '세상을 이롭게 하라'는 의미를 지닌 두 개의 가치로 이루어져 있다. 극기는 태권도인이 원하는 힘을 얻기 위해 수련하는 과정에서 지침으로 삼아야 할 원리 이다. 수련자는 자신의 한계를 반복해서 넘어설 수 있어야, 힘을 기를 수 있고 자아를 성장시켜나갈 수 있다. 한편 홍익은 태권도 수련을 통해 얻은 힘의 사용과 관련해 지침으로 삼아야 할 원리이다. 태권도 수련자의 삶은 수련 과정에서 경험하는 자기 한계를 넘어선 것으로써 자신의 가능성을 확장하고, 궁극적으로 자아를 실현하는 것을 목적 으로 한다. 아울러 타인과 원만한 관계를 맺고 지역 사회, 국가, 나아가 세상에 이로운 결과를 가져다주는 활동을 실행해 나가는 것을 목적으로 한다. 이것이 '나를 이기고(극기) 세상을 이롭게(홍익)하라' 라는 태권도 정신의 의미이다.

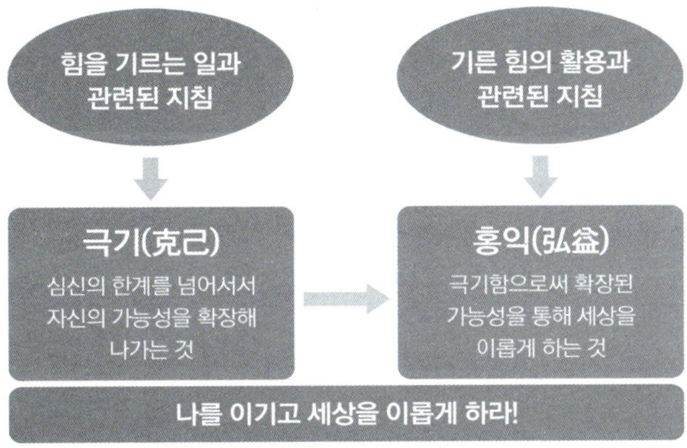

1) 인 내

인내는 무엇보다도 태권도 수련 과정에서 겪게 되는 신체 및 심리적 고통을 참고 이겨낼 수 있는 심적 능력을 말한다. 태권도 수련자가 자신의 한계를 넘어서서 더 강한 존재로 성장하기 위해 필수적으로 갖춰야 할 심적 능력이라는 점에서 태권도 정신 극기와 직접 관련 있는 덕목이다.

2) 용 기

용기는 수련 과정에서 만나게 되는 감당하기 어려운 상대나 과제를 두려워하지 않는 마음을 의미한다. 용기는 또한, 일상생활에서 경험하는 부당한 강요나 유혹에 굴복하지 않는 마음을 의미한다. 두 경우 모두에서 용기는 나약하거나 욕심에 사로잡힌 자기를 극복하게 해주는 성향이라는 점에서 태권도 정신 극기와 직접 관련 있는 덕목이다.

3) 예 의

예의는 상대와의 관계에서 나를 낮춘다는 겸손의 의미와 상대방을 높여준다는 존중의 의미를 동시에 지닌다. 겸손으로서 예의는 과시적 이고 오만한 자기를 낮춘다는 의미를 담고 있기 때문에 극기의 행위로 볼 수 있고 예의는 타자 존중이라는 배려 행위를 통해 타자에게 유익함을 가져다준다는 의미를 담고 있다는 점에서 홍익의 행위로 이해할 수 있다.

4) 정 의

정의는 내가 아니라 우리를, 우리가 아니라 모두를 위하는 마음이다. 널리 세상을 이롭게 하는 홍익의 마음과 직접 관련이 있는 개념이다. 홍익인간의 이념이 말해주고 있듯이 한민족으로 예부터 널리 인간을 이롭게 하는 것을 최상의 원리로 여겨왔던 민족이다. 태권도의 실천 덕목으로서 정의는 이러한 가치를 현대적으로 재해석한 개념이다.

5) 봉 사

봉사는 자신의 것을 나누면서 누군가를 받들고 섬기는 활동이다. 태권도 홍익 정신에서 도출한 태권도 실천 덕목으로 세상을 이롭게 함을 의미하는 홍익의 정신은 무엇보다도 봉사 활동을 통해서 실현될 수 있다는 점에서 봉사는 홍익과 직접 관련이 있는 덕목이라고 할 수 있다.

라. 태권도의 기본기술

1) 태권도복

도복은 태권도를 수련할 때 입는 옷이다. 도복은 태권도의 철학적 의미와 수련 목적에 따라 형태와 색깔이 달라질 수 있다. 한 벌의 도복은 흰 천으로 바지 · 저고리 · 띠로 구성된다. 도복 한 벌은 철학적으로 음양 및 천지인 삼태극의 원리를 따르고 있다. 저고리는 하늘(양), 바지는 땅(음), 그리고 띠는 하늘과 땅을 연결하는 매개체로 사람을 의미한다.

도복은 수련 단계에 따라 각각 저고리의 깃 색을 달리하여 구분한다. 유급자는 하얀, 유품자는 빨강과 검정이 반씩 섞였으며, 유단자는 검정색을 띠고 있다. 도복의 형태도 시대에 따라 변화가 있었다. 1970년 이전에는 한복 저고리처럼 소매에 팔을 끼어 입다가 1978년부터는 티셔츠처럼 머리 쪽으로 입는 형태로 바뀌었다. 그 후로는 겨루기 전용 도복, 품새 전용 도복과 같이 수련 목적과 경기 특성에 따라 도복의 형태와 색상이 바뀌었다. 도복의 착용과 관리규칙에도 당연히 태권도 정신이 스며있다. 첫째, 지정된 위치에 국기를 단다. 둘째, 도복은 항상 청결히 관리한다. 셋째, 도장에서는 도복을 입는다. 넷째, 도복은 입을 때는 반드시 띠를 맨다. 다섯째, 수련 중에는 몸에 불필요한 장신구(시계, 목걸이, 귀걸이, 반지 등)를 착용하지 않는다.

2) 띠

허리에 묶는 띠는 도복 상의와 바지를 하나로 연결하고 허리를 감싸준다. 띠는 허리에 묶음으로써 힘을 내는 근육들을 조일 수 있다. 띠는 수련의 목표 · 기술의 정도, 수련 기간, 태권도의 지식수준, 수련 단계를 나타낸다. 띠는 태권도의 수련 정도를 나타내기 위해서 그 색깔을 달리한다. 즉 위계에 따라 유급자의 색깔띠, 유품자의 품띠, 유단자의 검정띠로 구분한다. 띠의 색깔을 바꿔 간다는 것은 수련생의 몸놀림과 마음이 점차 일치되어 가고 통제력을 발휘할 수 있게 됨을 뜻한다. 따라서 띠는 수련의 깊이를 상징한다.

3) 인 사

일반적으로 인사는 “안녕하세요”, “안녕히 가세요”, “고맙습니다” 등과 같은 말로 표현한다. 하지만 태권도장에서 수련생은 인사를 말뿐만 아니라 몸으로도 표현한다. 태권도 인사는 상대에게 존중하는 마음을 전달하는 수단이다. 또한, 도장 내에서 지켜야 하는 규칙이다. 인사는 태권도 예절을 지키는 것으로서 ‘좋은 관계를 맺기 위한 시작’의 뜻을 가진다. 태권도 수련생은 도장에 들어오고 나갈 때, 수련을 시작하고 마칠 때, 사범을 만나고 헤어질 때 인사한다. 예를 들어 수련생은 도장에 들어올 때 국기 또는 도장에 대한 존경을 인사나 경례로 표현한다. 인사는 사범 뿐만 아니라 수련생들과도 나눈다. 모든 수련생은 인사를 통해 서로 존중하는 분위기를 만든다. 인사는 태권도 예절의 한 부분 으로서 태권도 인성을 실천하는 첫 번째 단계이다.

4) 호 흡

호흡은 몸과 마음을 하나로 연결하는 통로이다. 수련생은 의식적으로 호흡할 때 그 흐름을 활용할 수 있게 된다. 의식적인 호흡은 숨을 천천히 또는 빠르게 내쉬며 호흡에 집중해야 가능하다. 수련생은 가격, 긴장, 풀기, 집중, 순간적인 힘쓰기 등에 호흡을 사용한다. 호흡은 신체의 미세한 감각을 느끼게 할 뿐만 아니라 정신 조정에도 도움을 준다. 호흡은 태권도를 수련하는 동적인 상황과 명상 같은 정적인 상황에서 활용된다.

5) 기 합

기합은 태권도에서 매우 중요한 기술의 한 부분이다. 기합을 적절히 사용하면 순간적으로 폭발적인 에너지 발현과 효율적인 기술 사용이 가능하다. 기합은 호흡이라는 몸의 내적 작용과 소리라는 몸의 외적 작용이 합쳐져 큰 에너지와 상승효과를 만들어 낸다. 자신감 넘치는 기합은 상대를 제압하기에 충분하다. 그 이유는 심리적으로 상대를 압박함으로써 상대의 기세를 꺾어 버릴 수 있기 때문이다. 그리고 기합은 공격과 방어를 위한 타이밍을 잡도록 돕는다. 기합은 혼자 넣는 기합("앗!")과 여러 사람이 함께 넣는 단체 기합("양손에 힘을 모아", "태권도!")이 있다.

마. 태권도 기술체계

1) 품 새

품새는 상대방을 가상해 놓고 공격과 방어기술을 수련자 스스로 연마할 수 있도록 일정한 틀로 짜여진 기술체계이다. 특히 태권도의 품새는 그 진행선이 한민족의 전래 사상에서 기초 되었으며, 각 품새의 외형적 모양새의 총화가 품새 이름이 뜻하는 사상적 형상에 맞추도록 짜여져 있다. 품새의 체계는 단순하여 쉬운 것부터 복잡 하고 어려운 것으로 점진적으로 배우게 된다.

가) 공인 품새

공인 품새는 태권도 심사(급 심사, 단 심사)와 교육(품새교육, 지도자 교육, 심판교육)에 사용되는 대표적인 제정 품새로 유급자 품새인 태극품새 8개와 유단자 품새인 고려, 금강, 태백, 평원, 십진, 지태, 천권, 한수, 일여의 9개 품새, 팔괘품새 8개 등 모두 25개의 품새로 제정되어 있으며 이 품새들을 공인 품새 또는 제정 품새라고 칭한다. 품새 제정은 1968년 내한태권도협회의 품새제정위원회기 구성 되어 팔괘(8개)와 고려부터 일여(9개)까지 17개 품새를 확정하였고 1972년 기술심의회는 품새와 용어제정 소위원회를 구성하여 학교 교과과정에 삽입할 새로운 품새인 태극품새(1~8장)를 제정하여 총 25개 품새를 완성하였으나, 현재 팔괘품새(8개)는 사용하지 않고 있다.

나) 경기 품새

국기원, 세계태권도연맹(WT), 5개 대륙연맹 및 대한태권도협회(KTA)의 공식적인 경기에 사용하는 품새로 경기용 새품새(힘차리, 새별, 비각, 나르샤 등), 자유품새, 공인 품새 등을 말한다. 경기용 품새는 2018년 자카르타/팔렘방 아시안게임에 정식종목으로 채택됨에 따라 국기원, 세계태권도연맹, 아시안태권도연맹, 대한 태권도협회의 품새 개발위원들이 2016~2017년에 제작한 4개의 새품새(힘차리, 새별, 비각, 나르샤 등)로 아시안게임에 한하여 경기 품새로 채택 및 사용되었다. 자유 품새는 각종 국내 및 국제대회에서 사용되고 있으며 태권도의 고난도 차기, 새로운 공격/방어 동작, 아크로바틱 기술과 함께 음악과 안무를 더해 타 무술의 형(품새)과 다른 차별성을 보이는 새로운 품새이다. 자유 품새는 태권도의 기술을 바탕으로 안무와 함께 어우러진 품새이며, 구성은 참가 선수가 자유로이 연무선과 음악 및 안무를 구성할 수 있다.

2) 겨루기

겨루기는 품새를 통해 익힌 공격, 방어의 기술을 응용하여 실제로 상대방과 대결하는 기술이다. 여기에는 두 사람이 일정한 틀에 맞추어 연습하는 겨루기와 기술의 제한이 없이 연습하는 겨루기가 있다. 태권도 경기는 겨루기의 기술을 충분히 습득한 청 · 홍 두 선수가 일정한 경기규칙을 지키면서 승패를 가리는 방법이다. 경기는 태권도의 공격기술 중에서 주먹 지르기와 발차기 만을 사용하고 몸의 전면만을 공격하되 얼굴 공격은 발만 사용하며, 아래 공격은 금지되어 있다. 더욱이 인체의 급소는 모두 보호구로 막아진다.

가) 경기겨루기

태권도 겨루기라고 하면 일반적으로 경기겨루기를 지칭한다. 경기 겨루기는 태권도가 지니고 있는 호신 · 무예적 특성들이 시대의 요구에 의해 점차 경기화 하면서 새롭게 변화하고 발전해 온 대표 적인 태권도의 구성요소라고 할 수 있다. 특히 상호 간의 공방 과정에서 구사되는 화려하면서도 강력한 발기술이 겨루기 경기를 박진감 넘치게 할 뿐만 아니라 스포츠 투기 종목에서 볼 수 없는 핵심 기술이다.

경기겨루기는 세계태권도연맹(WT)의 경기규칙을 토대로 세계태권도 선수권대회 등 각종 대회가 개인전과 단체전 방식으로 개최되고 있으며, 최근에는 판정의 공정성을 위해 전자식 보호대와 판정 시스템을 도입하여 적용하고 있다. 특히 경기겨루기는 스포츠 경기 종목의 한 형태로 거듭 발전함에 따라 2000년 시드니 올림픽 대회부터 국제올림픽위원회(IOC)가 주관하는 올림픽 경기에 정식 종목으로 채택되어 태권도의 우수성을 전 세계에 널리 알리고 있다.

※ 경기규칙은 『스포츠 룰 길라잡이 제11장』 참조

나) 호신겨루기

호신겨루기는 태권도의 기술을 제한 없이 사용하여 특정 위협으로 부터 자기 자신과 자신이 보호해야 할 대상을 지키기 위한 겨루기 체계를 의미한다. 이는 태권도가 경기화 하기 이전, 손과 발을 자유롭게 사용하던 때의 실제 격투에 가까운 겨루기의 원형이며, 또한, 각 무술의 장점을 취합하여 새롭게 진화해 가고 있는 현대 무술의 흐름에도 부합하는 기법이다. 따라서 호신겨루기는 초기 태권도 겨루기의 장점과 현대 태권도의 장점을 함께 아우르는 기술체계라고 말할 수 있다.

앞차기

돌려차기

비틀어차기

밀어차기

옆차기

3) 격 파

격파는 태권도 기술연마의 정도를 스스로 측정하기 위한 기술이다. 공격기술이 인체에 치명적인 위력을 갖기 때문에 판자나 벽돌, 기와 등 고형 물을 부숨으로써 공격기술의 정확성, 힘의 집중, 의지력의 위력을 수련자 스스로 경험하게 된다. 격파는 주로 주먹, 손날, 발을 많이 사용한다. 격파는 초급자에게는 가르치지 않으며, 고급자나 유단(품)자가 연습한다.

가) 위력격파

위력격파는 태권도의 위력적인 모습을 보여주는 것으로써 주먹, 손날, 앞축, 뒤축 등과 같이 단련된 손과 발의 관절 부위 끝단을 이용하여 비교적 낮은 자세에서 힘과 기를 집중하여 타격한다. 위력격파는 손(팔)과 발(다리)을 단련하여 힘과 파괴력을 실증 하기 위한 수단이다. 즉, 태권도의 효용성과 실용성을 강조하는 방법임과 동시에 자기 수련에 대한 평가방법이 위력격파이다. 위력격파는 많은 시간 수련과 단련이 필요하다. 마음만 앞서 능력에 맞지 않는 위력격파를 할 경우 큰 상해를 입을 수 있으므로 각별히 주위가 필요하다.

나) 기술격파

기술격파는 태권도 발차기, 회전, 도약 등 다양한 동작을 활용해 송판 등 목표물을 부수는 기술을 의미한다. 기술격파의 종류는 기본격파, 고공 단일격파, 수직 회전 격파, 고공 다단 격파, 연속 격파 · 익스트림 격파 등이 있다. 기술격파는 단순한 힘겨루기를 넘어 정확한 타점, 균형, 집중력 그리고 전통무예의 정신까지 담아내는 태권도 시범의 핵심요소로 자리잡고 있다.

2 유 도(Judo)

가. 유도의 정의

일본에서 유래된 무도로, 온몸을 사용하여 2명의 선수가 상대를 공격하거나 힘의 역학을 이용하여 공격하는 상대의 허점을 찔러 승패를 겨루는 스포츠이다.

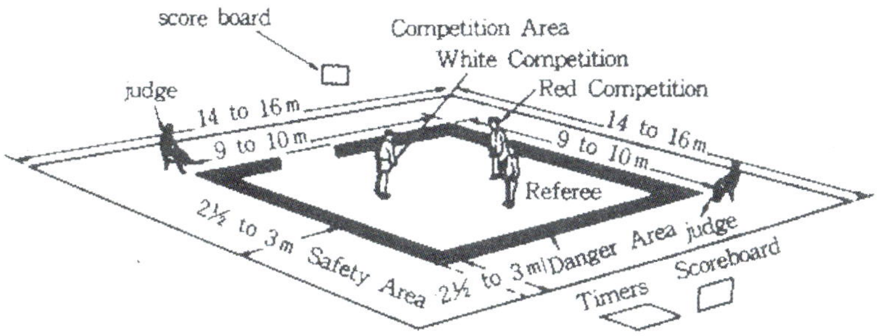

나. 유도의 역사

1) 유도의 역사는 1882년에 시작되었다

유도를 창시한 가노 지고로 사범은 정력선용과 자타공영이라는 기본 이념을 토대로 1882년 5월 도쿄 영창사 내에 '고도칸'을 설립했다. 당시 21세에 불과했던 가노 사범은 고도칸에서 독자적으로 개발한 '니혼덴 고도칸 유도'를 가르치기 시작했고 이것이 유도의 시작이었다. 참고로 니혼덴 고도칸 유도는 유도의 정식 명칭이며 현재 사용되는 '유도'라는 말은 이의 약칭이다.

2) 1964년 도쿄 올림픽에서 정식 종목으로 채택

고도칸에서 가노 사범이 지도를 시작하면서 유도는 금세 일본 전역 으로 확산되었다. 또한 가노 사범과 제자들의 열정적인 보급 활동으로 인해 전 세계에 유도 애호가가 늘어나기 시작했다. 한편 유도 외의 다양한 스포츠에도 정통하고 교육자로서도 명성이 높았던 가노 사범은 1909년에 아시아 최초의 국제 올림픽 위원으로 선출되었고 훗날 '일본 근대 스포츠의 아버지'로 불리게 되었다. 더 많은 사람들에게 유도의 매력이 알려지게 된 계기는 가노 사범이 세상을 뜬 지 수십 년이 지나 1964년 도쿄 올림픽이었다. 아시아에서 처음으로 개최된 올림픽에서 유도가 정식종목으로 채택되어 전 세계에 그 매력을 발산했다.

3) 일본인들에 의해 유도가 한국에 보급 시작

일본에서 체계를 확립한 현대 유도가 우리나라 들어온 것은 조선 고종 대로 알려져 있다. 일제강점기 기독교 청년회(YMCA)의 주도로 시작되어 광복 후인 1948년 조선유도연맹이 창설되었으며 1950년 대한유도회로 개칭하였다.

· 1882년 : 가노 지고로 고도칸 설립
· 1951년 : 국제유도연맹 발족
· 1956년 : 제1회 세계 유도 선수권 대회 개최
· 1964년 : 제18회 도쿄 올림픽 '태권도' 정식종목 채택
· 1984년 : 우리나라 최초 올림픽 금메달(LA올림픽 / 안병근) 획득
· 1997년 : 컬러 유도복(청색) 도입 결정

다. 유도의 정신

1) 정력선용

경유도는 공격과 방어 수련을 통해 신체와 정신을 단련하고 삶의 이치와 정신을 체득하는 것이다. 그럼으로써 나를 완성시키고 세상에 유익하게 사용하고자 하는 것이 유도 수련의 궁극적인 목적이다.

2) 자타공영

유도에서 가장 중요시 하는 것은 나와 너와의 관계를 중요시 하는 것이다. 이 관계를 나와 너만이 아닌, 사회전반, 국가 간에도 적용을 하면 모두에게 좋은 것이다. 유도가 공격과 방어의 기술만 사용 하였으면 무술이라 하였을 것이다. 도를 응용한 것은 신체만이 아닌 정신까지 수련하기 위해서이다. 도를 응용하면 지덕이 수양 되고 이것을 사회 전반에 응용하면 세상을 살아가는 방법이 된다.

라. 유도의 기본기술

1) 유도의 낙법

유도를 배울 때는 예법이나 몸쓰기와 함께 낙법을 가장 먼저 익히게 된다. '낙법은 유도 실력 향상의 첫걸음'이라는 말이 있을 만큼 기본적 이면서도 핵심적인 유도 기초 기술이다. 낙법의 목적은 공방을 벌이 다가 상대방에 의해 메쳐졌을 때 머리를 비롯한 신체의 충격을 완화 하여 자신의 몸을 보호하는 데 있다. 그리고 메쳐졌을 때의 아픔을 직접 경험해본다는 점에서도 의미가 있다.

낙법은 크게 네 종류가 있다. 모든 낙법의 기본은 턱을 당기고 팔이나 다리 전체로 매트를 쳐서 충격을 분산시키는 것이다. 매트를 칠 때는 '강하고, 빠르고, 정확하게' 칠 수 있어야 한다.

① 후방 낙법 : 뒤로 쓰러지는 가장 기본적인 낙법
② 측방 낙법 : 옆으로 쓰러질 때 몸을 보호하기 위한 낙법
③ 전방 낙법 : 앞으로 쓰러질 때 실시하는 낙법으로 기술을 걸다가 실패했을 때 필요하다.
④ 전방 회전 낙법 : 주로 메치기 기술을 당했을 때 필요한 낙법

2) 메치기

메치기는 맞잡기 상태에서 제어하거나 들어 올려서 던지는 기술이다. 메치기의 핵심은 기술에 따라 적절한 힘으로 적합하게 몸을 움직이는 데 있으며, 상대의 등을 매트에 힘껏 메쳐서 한판을 따내기 위해서는 상당한 "힘"과 '속도'가 필요하다.

메치기는 기술의 특징에 따라 '손 기술', '허리기술', '발기술', '누우며 메치기 기술'로 분류된다. 그리고 '누우며 메치기 기술'은 다시 '바로 누우며 메치기 기술'과 '모로 누우며 메치기 기술'로 나뉜다. 그러나 사실상 어느 한 특정 부위의 힘만으로 상대를 메치기는 어렵다. 예를 들어 손 기술은 자신의 손을 활용해서 상대를 메치는 기술이지만 손 힘만으로는 제대로 메칠 수 없다. 모든 기술은 몸 전체를 사용해서 상대의 무게중심을 확실히 무너뜨리는 것이 전제되어야 한다.

가) 손기술

주로 자신의 손힘을 이용해서 메치는 기술

• 업어치기 • 한팔업어치기 • 빗당겨치기	• 업어 떨어뜨리기 • 허벅다리 비껴 되치기 • 어깨로 메치기

나) 허리기술

상대방을 허리에 싣는 등 주로 자신의 허리를 이용해서 메치는 기술

• 다리들어 메치기 • 소매들어 허리채기 • 허리후리기	• 허리껴치기 • 허리채기

다) 발기술

상대방의 발을 거는 등 주로 발의 힘을 이용해서 메치는 기술

• 허벅다리 걸기 • 밭다리후리기 • 모두걸기 • 모두걸기 되치기 • 나오는 발차기 • 안다리후리기	• 발목 받치기 • 발뒤축후리기 • 발뒤축걸기 • 안뒤축후리기 • 무릎대돌리기

라) 누우며 메치기 기술

자신의 몸(제어할 수 있는 상태)을 눕히면서 상대방을 자신의 쪽으로 끌어당기듯이 메치는 기술이다. 자신의 뒤쪽을 향해 똑바로 메치는 '바로 누우며 메치기 기술'과 비스듬히 뒤쪽으로 메치는 '모로 누우며 메치기 기술'이 있다.

• 허리후리기감아치기 • 배대뒤치기 • 안오금 띄기	• 누우면서 던지기 • 모로띄기

3) 굳히기

굳히기란 상대의 몸(움직임)을 제압함으로써 한판을 따내는 기술이다. 오직 누운 자세에서만 실시하는 기술로 생각하기 쉽지만 정확히는 선 자세에서 실시하는 굳히기 기술과 누운 자세에서 실시하는 굳히기 기술로 나눌 수 있다.

굳히기는 '누르기 기술', '조르기 기술', '꺾기 기술'로 구성된다. 그중 에서도 기본이 되는 기술이 누르기 기술이다. 상대를 꼼짝 못하게 누름으로써 시합을 유리하게 이끌어나갈 수 있다.

가) 누르기 기술

상대를 눌러서 고정하는 기술이다. 누르기 기술의 기준은 다음과 같다. ① 눌린 선수가 상대에 의해 제압당해서 매트에 등, 양쪽 어깨 또는 한쪽 어깨가 닿을 것 ② 몸의 옆쪽, 머리 위, 몸의 위쪽 위치에서 제압할 것 ③ 누르는 선수는 상대의 발에 의해 자신의 발 또는 몸 전체가 감기지 않을 것 ④ 누르는 선수는 상대를 옆이나 위로 누르는 자세에야 한다.(예 : 곁누르기, 위누르기)

• 위 누르기 • 가로 누르기 • 세로 누르기	• 어깨 누르기 • 곁 누르기

나) 조르기 기술

상대의 경동맥을 압박하는 등 상대를 항복시켜서 한판을 따내는 기술이다. 손가락으로 압박하는 방법은 금지되어 있다.

• 안아조르기 • 십자조르기 • 맨손조르기	• 주먹조르기 • 삼각조르기 • 어깨조르기

다) 꺾기 기술

관절을 꺾음으로써 상대를 항복시켜서 한판을 따내는 기술이다. 팔 관절 꺾기만 인정된다.

• 팔가로누워꺾기 • 팔얽어비틀기 • 어깨대앞꿈치꺾기	• 무릎대팔꺾기 • 배대팔꺾기

3 특공무술(Bodyguard Martial Arts)

가. 특공무술의 정의

전장상황에서 자신의 신체 또는 휴대장비를 이용하여 적을 일격필살 하는 맨손 근접전투기술이다.

나. 특공무술의 특징

1) 호국성

특공무술의 태동은 냉엄한 국제질서 속에서 국가의 안위와 번영을 위한 대적필승의 신념고양에서 비롯되었다. 실전에서 적을 일격에 제압하기 위한 특수목적으로 생겨났으며, 장병이 특공무술을 통하여 심신을 단련하는 것은 물론 궁극적으로 부여된 임무를 완수하고 조국을 지켜내기 위함이다.

2) 강인성

특공무술은 1970년대 각종 무술의 장점을 접목하여 개발되었으며, 이후 우수한 무술체계들이 등장함에 따라 발전하는 시대 상황에 맞게 추가적으로 연구 개발하여 특수작전 임무수행 요인들에게 특성화된 최고의 맨손 근접전투기술을 제공하는 강인한 무술이다.

3) 실전성

특공무술의 가장 큰 특성은 실전성이다. 어떠한 전장상황에서도 공격과 방어가 가능하고 신체는 물론 휴대장비를 활용하여 기술체계 내에서 다양한 형태의 응용공격이 가능하도록 체계화된 고박무화(古朴無華)의 실전 무술이다.

다. 특공무술의 역사

특공무술은 1970년대 당시 월남전 등을 거치며 급변하는 세계정세와 북한 특수부대의 위협에 대응하기 위해 기존 실시되던 다양한 맨손 근접전투기술을 체계화하여 대적 우위의 무술을 개발하였다. 우리 전통무술인 택견과 태권도, 당시 널리 보급된 킥복싱 · 합기도 · 유도 · 검도 · 봉술 등의 장점을 접목, 체계화하여 창시된 것이 특공무술이다. 1977년 후반기부터 대통령 경호실에 배속되어 있던 특전부대원들이 최초 특공무술을 체계적으로 실용화하였고 최근에는 강력한 위력의 전장 무술로 대내 · 외에 대규모 시범을 통해 대군 신뢰 증진에 기여하고 있다. 현재 특전사는 군(軍)에 맞는 공격살상기술로 독자적 기술체계를 갖추고 국내 및 해외 여러 무술을 분석하여 지속적으로 발전시키고 있으며, 민간은 전역 및 퇴직 인원을 중심으로 협회를 설립하여 경호, 호신, 생활체육 등으로 발전해 나가고 있다.

- 1977년 10월 : 666특공대 잠정 창설
- 1978년 6월 : 606부대 창설
- 1978년 11월 : 606부대장(故 김택수)이 "특공무술" 武名 제한
- 1980년 11월 : ㅇ공수 ㅇㅇ대대에서 전장상황에 맞게 추가 기술 개발
- 1995년 10월 : 국군의 날 특공무술 시범 후 특전체력 과목으로 채택
- 1996년 1월 : 특전사 예하부대, 정기 특공무술 승단심사 시행
- 2011년 2월 : "특공무술" 육군 공인 자격증 신설

라. 특공무술 기본기술

특공무술은 적과 맨손 또는 무기를 사용하는 교전 상태에서 특수임무 수행 요원이 가져야 할 임전무퇴의 군인정신을 바탕으로 하는 일격필살의 상박(相撲)기술로 서로 타격하고 꺾고 메치는 '상박류(相撲流)' 이다.

[상박류 원리]

특공무술의 기본원리는 균형과 거리(서기 및 이동), 몸 쓰기(회피, 차단, 제압), 확률과 저항(융통성)의 3요소로 구성된다. 이것은 각각의 독립적 이거나 순차적인 요소가 아니며 교전 상태의 격투시 적절하고 조화롭게 이루어져야 하는 핵심원리이다.

특공무술은 손과 발 등의 신체와 대검, 삼단삽, 몽둥이 등의 장비를 이용하여 강한 위력과 기술로 연결시켜 적을 일격에 제압하는 기술 체계로 구성되어 있다.

1) 기본기술

기본기술은 기본자세, 단전호흡, 손 · 발 타격 및 방어, 낙법, 꺾기, 메치기로 구성되어 있으며 훈련과 연계되는 맨손격투기술, 장비활용 기술, 살상기술, 품새 등이 있다.

가) 기본자세

신체의 균형을 유지하고 손과 발을 이용하는 특공무술의 기본자세

나) 단전호흡

정신을 집중하며 기세와 투지를 과시하기 위해 지르는 함성이 연결된 '단련법'

다) 손 · 발 타격 및 방어

손과 발기술을 연결시켜 자신을 보호하고 적을 제압하는 기본기술

라) 낙법

전방낙법, 측방낙법, 후방낙법, 회전낙법, 장애물낙법

마) 꺾기

손목 밀어 꺾기, 손목 안으로 꺾기, 손목 밖으로 꺾기, 팔꿈치 관절꺾기, 주관절 위로 꺾기

바) 메치기

업어메치기, 허리후리기, 안뒤축후리기, 안다리후리기, 발목후리기, 밭다리후리기, 하단 밀어넘어기, 중단 밀어넘기기, 상단 밀어넘기기, 후면 밀어 넘기기

2) 맨손격투기술

맨손 상황에서 이루어지는 기술로 특공무술 기술체계에서 많은 부분을 차지하며, 적이 맨손 또는 무기(대검, 권총, 소총, 삼단삽, 몽둥이 등)를 활용하여 위협 및 공격 시 제압하는 기술이다.

가) 맨손 위협 및 공격시 제압

맨손 위협 및 공격 시 제압은 적이 한 손 또는 양손으로 잡고 위협시 기본기술에서 훈련한 꺾기 기술과 메치기 기술을 응용 하여 제압하거나 중거리에서 손발 공격 시 연속적으로 다양한 손과 발기술을 사용하여 적을 제압하는 기술이다.

나) 대검 위협 및 공격시 제압

대검 위협 및 공격 시 상황은 적이 대검으로 몸 또는 목 등의 신체 부위에 밀착하여 위협하거나 교전 상황에서 찌르기, 베기 등으로 공격 시 제압하는 기술이다.

다) 권총 위협시 제압

권총 위협 시 상황은 적이 사격을 실시하지 않고 근거리 위협 시 상황을 상정하였으며 사방 어느 곳에서 위협하더라도 전술적 상황을 고려하여 제압하는 기술이다.

라) 소총 위협시 제압

소총 위협 시 상황은 적이 사격을 실시하지 않고 근거리에서 위협 시 상황을 상정하였으며, 총기 멜빵　비껴걸어 메고 위협 시와 멜빵을 걸지 않고 위협 상황을 고려하여 제압하는 기술이다.

마) 소총 위협시 제압

백병전 상황에서 삼단삽 · 몽둥이로 공격 상황을 가정하여 공격 방향에 맞게 반응하여 적을 제압하는 기술이다.

3) 장비활용기술

개인 휴대 장비인 대검 및 삼단삽 또는 몽둥이를 활용하여 적을 제압하는 기술이다.

가) 대 검

대검 상황에서 승리를 보장하는 것은 과감한 선제공격이며 상박류 원리를 적용한 회피, 차단, 제압의 원칙을 적용한다.

[활용기술]

• 파지법 • 기본방어(한손 방어) • 대검 회피 / 차단 / 제압훈련	• 기본공격 • 기본베기 및 찌르기 • 대검 상황별 제압기술

나) 삼단삽

[기본공격 기술]

• 바로잡고 공격준비 자세 • 돌려잡고 공격준비 자세 • 연결치기 및 찌르기

[상황별 제압기술]

• 좌사선 내려치기 공격 시 제압 • 좌 수평치기 공격 시 제압
• 우 수평치기 공격 시 제압

다) 몽둥이

야전에서 획득 가능한 몽동이와 근무자 휴대장비인 삼단봉을 활용 할 수 있도록 기본 공격 및 방어기술과 대검으로 공격 시 상황별 제압하는 기술이다.

[기본공격 및 방어기술]

• 몽둥이 연결 치기 및 찌르기 • 몽둥이 방어 후 타격 • 몽둥이 여덟 방향 방어

[상황별 제압기술]

• 대검 하단 공격 시 제압 • 대검 중단 공격 시 제압 • 대검 상단 공격 시 제압

4) 살상기술

전장상황 하 적과 접촉시 인체 전 · 후면 급소 부위에 대해 짧고 간결하며 정확하게 힘을 집중하여 일격필살 한다.

가) 전면 급소 타격

전장상황 하의 살상 기술인 전면 급소타격은 짧고 간결하고 정확한 급소에 힘을 집중하여 타격하는 것을 중점으로 두고 훈련하는 것이며, 상호 공격 준비가 되어있지 않은 자세에서 조건 반사적 으로 공격이 이루어지는 형태이다. 완전제압을 위해서는 순발력, 정확도, 접근성, 연속성이 필요하며 적의 반격에 대응할 수 있도록 다양한 공격방법을 끊임없이 훈련하여 일격에 제압할 수 있는 능력을 배양한다.

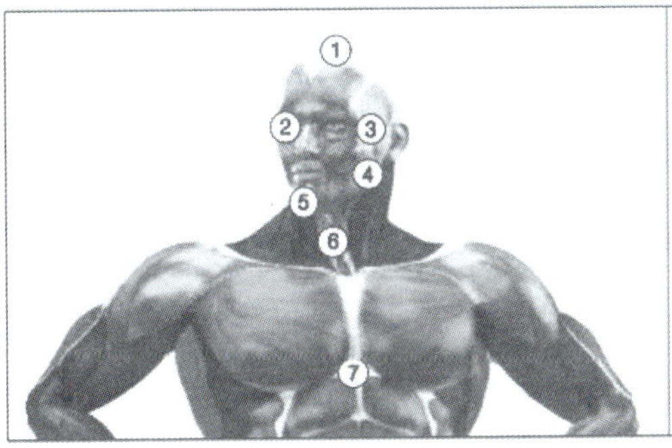

① 정수리
② 안 구
③ 관자놀이
④ 하악골
⑤ 턱
⑥ 숨통 (목)
⑦ 명치

[전면 급소 타격 부위]

나) 후면 급소 타격

살상기술의 후면 급소타격은 전면 급소타격과 다르게 상호 공격 및 방어준비가 되어있지 않은 자세에서 적의 등 뒤로 공격이 이루어 지는 형태이다. 후면 급소 타격은 적을 일격에 제압하기 위해서 기도비닉 유지, 정확도, 접근성(타격거리), 연속성이 필요하며 이러한 공격 형태는 전술상황 하 경계병 처치를 위한 행동 숙달이다.

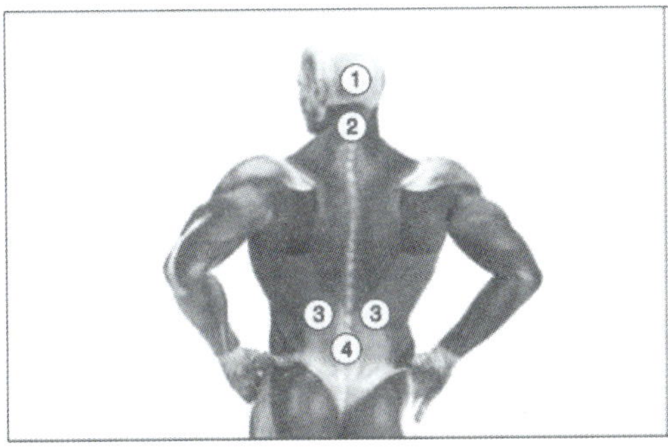

① 후두부
② 목
③ 신장
④ 척추하단

[후면 급소 타격 부위]

5) 품 새

품새란 공격과 방어의 기술을 형식에 맞추어 지도자 없이 수련할 수 있도록 이어놓은 동작이다. 기본동작은 품새를 위한 사전 기술 습득이고 겨루기는 품새의 실전 응용이라 할 수 있다. 특공무술을 수련하는 궁극 적인 목적도 추상적인 것에 있지 않고 품새의 동작 하나하나의 행동에서 나타나고 또 찾을 수 있다. 품새를 부단히 수련함으로써 겨루기 기술이 향상되고 응용능력이 배양됨은 물론 기본동작에서 익힐 수 없는 특수 기술을 수련할 수 있다.

[품새 수련시 유의사항]

① 품새의 의의와 구성 원리를 숙지한다.
② 연무선과 동작의 연결, 공격과 방어 방향을 숙지한다.
③ 수련할 때마다 시선, 인체 중심의 이동, 속도의 완급, 힘의 강약, 호흡을 조절한다.

가) 기본품새

구 분	내 용	구 분	내 용
	시 작	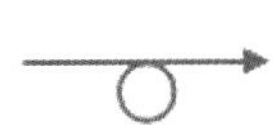	우로 180° 전환
	끝		좌로 90° 전환
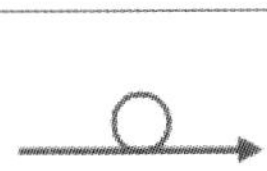	좌로 180° 전환		우로 90° 전환

※ 중급/고급/대검 품새는『특공무술 승단심사 지침서』참조

6) 겨루기 보호대 및 교보재

가) 머리 · 몸통 · 사타구니 보호대

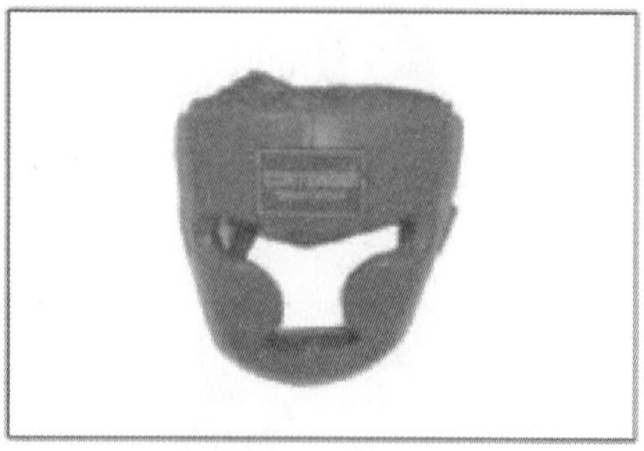

머리 보호대(일반형)

머리 보호대(앞면보호 1형)

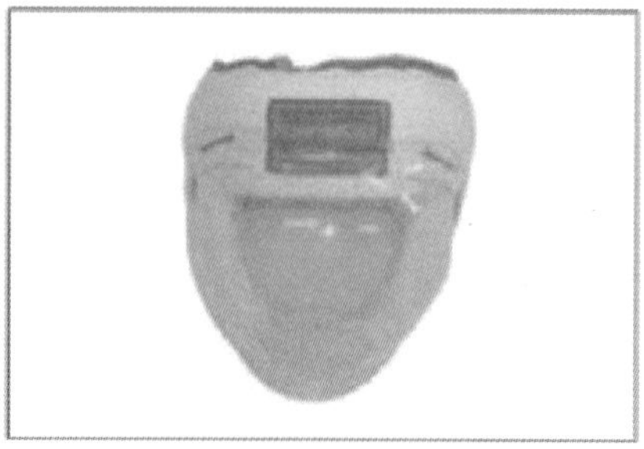

머리 보호대(앞면보호 2형)

몸통보호대

사타구니 보호대(일반형)

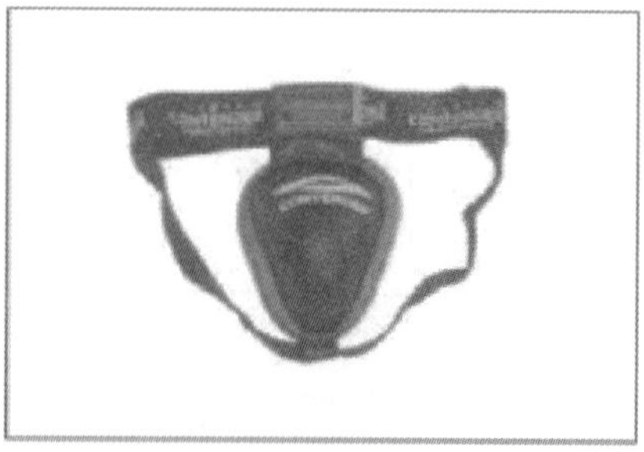

사타구니 보호대(스틸형)

나) 손(팔) · 발(다리) 보호대

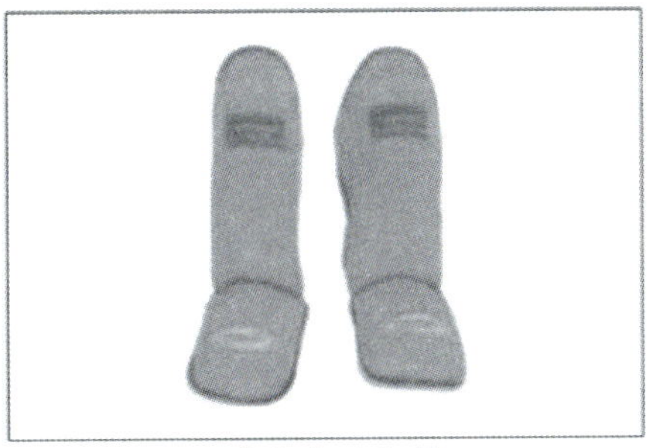

정강이 보호대

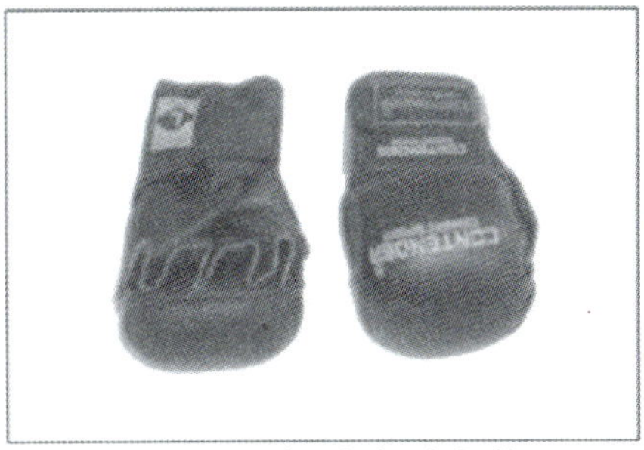

격투장갑(손가락 개방형)

격투장갑(손 일체형)

팔꿈치 보호대

치아 보호구

손목 보호 테이프

다) 교보재 : 매트, 미트, 모의 장비 및 물자

낙법매트(조립형 1m×1m)

낙법매트(일반형 2m×1m)

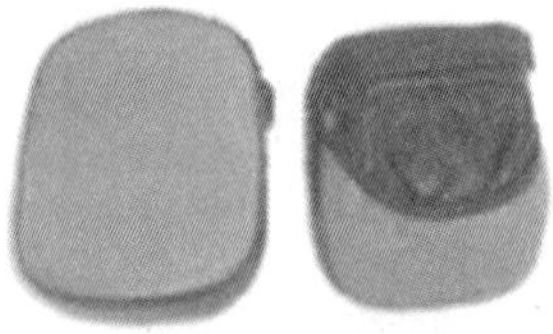

손 타격미트

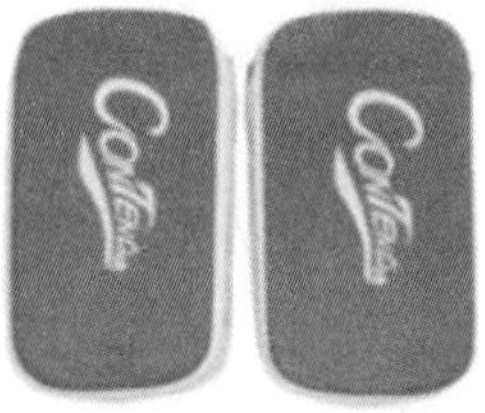

손 · 발 타격미트

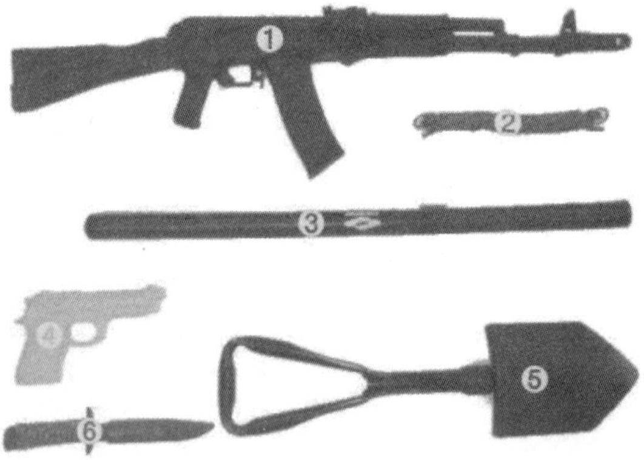

① 소 총
② 포승줄
③ 몽둥이
④ 권 총
⑤ 삼단삽
⑥ 대 검

4 수영(Swimming)

가. 수영의 역사

수영의 기원에 대하여서는 정확한 기록이 없으므로 명확히는 알 수 없으나 신화시대까지 거슬러 올라갈 수 있겠다.

고대 India, Egypt, Greece, Assyria를 비롯하여 우리나라에서도 단군 시대 이전에서 얘기의 실마리를 찾아낼 수 있을 것이다.

수영은 생활교통의 방법이었을 것이고 전쟁에도 이용되었을 뿐 아니라 종교상의 목욕재계로서 행하였던 지방도 있다. 고대 Sparta에서는 전투에 필요한 병사를 육성시키기 위해서 청소년의 체육방법으로서 채택되기도 하였으나 Renaissance 시대가 되자 체육으로서만이 아니라 여름의 즐거운 스포츠로서 Europe에 널리 보급되었다. 1774년 로얄 휴먼서 사이어더가 창립되어 수리구조를 정려하였으며 이것이 수영보급에 박차를 가하게 되었다.

- 1869년 : London 수영협회 탄생
- 1873년 : Tradgeon이 토인의 수영에서 힌트를 얻어 Tradgeon stroke를 고안
- 1900년대 초기 : Crawl 영법 창안
- 1908년 : 국제수영연맹 탄생
- 1909년 : 우리나라에 도입되어 체육운동으로 경기를 시작
- 2008년 : 우리나라 최초 올림픽 금메달 획득(박태환 : 자유형 400m)
- 2012년 : 런던 올림픽 은메달 획득(박태환 : 자유형 200m, 400m)
- 2024년 : 파리 올림픽 동메달 획득(김우민 : 자유형 400m)

나. 수영의 특징

1) 수영의 종류

국제수영연맹(FINA)에서 수영의 구분은 경영, 수구, 다이빙,아티스틱스스위밍, 오픈워터스위밍, 하이다이빙으로 나눈다. 경영은 자유형(크롤), 배영, 평영, 접영으로 나눈다.

2) 물의 특성

가) 밀도

① 물의 밀도는 1이다. 어떤 물체든 밀도가 1보다 작으면 물에 뜨고, 1보다 크면 가라앉는다.
② 사람 몸의 평균 밀도가 물보다 약간 작기 때문에 기본적으로 뜨는 경향을 보이며 근육이 많아 밀도가 크면 뜨기 어렵고 체지방이 많으면 상대적으로 잘 뜬다.
③ 바닷물에서는 민물에서보다 뜨는 것이 수월하다. 이는 염분이 녹아있어서 동일한 양의 민물보다 밀도가 더 크기 때문이다.
④ 물은 온도가 낮을수록 밀도가 커진다. 따라서 따뜻한 물보다 차가운 물에서 더 쉽게 뜰 수 있다.

나) 부력

① 신체를 위로 밀어 뜨게 하는 힘을 부력이라고 한다.
② 우리 몸이 물에 잠기면 물은 모든 방향에서 몸에 압력을 가하는데, 이 압력은 거리에 따라 증가하기 때문에 수심이 깊으면 깊을수록 부력은 더 커진다.
③ 사람은 숨을 들이마셔서 흉곽을 부풀리면 신체의 체용적이 증가하여 부력을 증가시킬 수가 있다. 따라서 숨을 들이마신 상태로 물속에 있으면 쉽게 뜰 수 있지만, 반대로 숨을 끝까지 내쉬면 가라앉게 된다.

다) 부력중심

① 수중에 있는 모든 물체는 부력의 영향을 받는다.
② 우리가 물에 들어가면 신체를 띄우는 부력중심은 물 밖으로 작용하고 신체를 가라앉게 하는 무게중심은 물 아래로 작용하여 서로 수직이 될 때까지 신체를 회전시킨다.
③ 이를 이용하여 위로 뜨려고 하는 상체를 수면 아래로 눌어주고, 아래로 회전하려는 하는 하체가 수면 위로 띄우면서 스트림라인 형태를 만들어 준다.

라) 항력

① 항력은 수영할 때 사람이 수행하는 동작에 반대로 작용하는 유체의 힘으로 쉽게 말해 저항이라고 한다.
② 항력은 물체가 진행하는 방향과 항상 반대쪽으로 작용하고 지상보다 수중에서 더 크게 작용한다.
③ 유체의 성질, 온도, 농도, 수영하는 사람의 자세에 따라 크기가 달라지며, 수영 중 발생하는 항력에는 형태항력, 파동항력, 표면항력이있다.

다. 수영의 기본기술

1) 경영영법

가) Crawl stroke

① Crawl은 빨리 헤엄치기 위한 영법으로 경영에서는 자유형이라고도 한다.
② 몸 전체를 수면에 엎드려 발차기를 하면서 양팔을 교대로 긁어 전진하는 영법 으로써 가장 speed가 뛰어난 영법이다.
③ 발차기는 수면에 엎드린 자세로 다리 관절의 힘을 빼고 번갈아 물을 세게 찬다.
④ 양팔은 어깨 넓이를 유지하며 자연스럽게, 또 힘차게 물을 긁어야 한다.
⑤ 호흡은 어느 쪽이든 긁고난 후 그 쪽으로 얼굴을 돌려 입을 수면 밖으로 내는 순간 재빨리 크게 숨을 들이마시고 얼굴을 물 속 밑으로 향하게 하면서 수중에서 코와 입으로 숨을 뱉기 시작한다.

나) 평영(Breast stroke)

① 일명 개구리 영법이라고 하며 장시간 멀리 헤엄치기에 적합한 영법이다.
② 몸을 엎드리고 다리와 팔을 충분히 편 다음 뜨기 조성을 하며 양손을 모아서 앞으로 내밀고, 옆으로 벌리면서 뒤로 끌어당긴다.
③ 양손을 앞으로 내밀 때, 굽혔던 다리의 발바닥으로 물을 밟듯이 힘차게 차며 양 다리를 펴서 맞붙인다.
④ 발로 찰 때 숨을 뱉고 양팔을 끌어당길 때 얼굴을 내밀며 재빨리 숨을 들이마신다.

다) 접영(Butterfly)

① 이 영법은 팔이나 다리가 모두 좌우 동시에 물을 찬다.
② 다리로 물을 2회 차는데 1회는 팔을 앞으로 뻗는 시기에, 또 한 1회는 팔로 물을 긁어 당기는 동작과 함께 행함으로써 강한 추진력을 낼 수 있다.
③ 기본자세로는 crawl과 마찬가지로 수평으로 엎드린 자세이다. 그러나 양팔을 동시에 수면 위로 통과하여 앞으로 옮기기 때문에 일어나는 허리의 상하운동이나 상체의 상하진동이 매우 크다.

라) 배영(Back stroke)

① 누워서 헤엄치기 때문에 호흡이 자유롭다.
② 반듯이 드러누워 턱을 끌어 붙이고 가슴을 펴, 양팔은 교대로 물을 긁고, 다리로

beating 하며 뒤로 가는 영법이다.
③ 좌우 팔을 1회씩 휘돌리는 사이 다리는 6회 beating 한다.

2) Start 및 Turn

가) 출발법

경영 출발법에는 지상출발(Crawl · Breast · Butterfly · Relay · Medley relay)과 수중출발(Back stroke) 등이 있다.

(1) 지상출발

① 자기 위치에 서서 발끝을 약 10~20cm 정도 벌리고 출발대 앞 모서리에 굽혀 대고 서서 출발 예령을 기다린다.
② "차렷"과 동시 중심을 발 끝에 두고 전신을 부드럽게 팔을 앞, 혹은 뒤에 두고 무릎을 구부린다.
③ 출발신호와 동시에 팔을 앞으로 흔들어 내며 몸을 비껴 앞으로 눕혀 출발대를 차면서 뛰어든다.

(2) 수중출발

① 배영은 물에 들어가서 출발하며, 두 팔을 약간 굽혀 course의 손잡이를 잡고, 두 다리는 굽혀 발을 약간 아래위로 손잡이를 가볍게 밟는다.
② "차렷"과 동시에 팔과 허리를 더 구부렸다가 출발신호와 동시에 몸을 뒤로 젖히며 굽혔던 다리로 힘차게 벽을 차면서 나간다.

나) Turn

(1) Crawl turn

속도가 빠른 플립 턴(Flip turn)으로서 반환점 전방에서 앞으로 회전하여 몸의 일부가 벽에 닿 으면 구부렸던 다리를 힘차게 차면서 전진한다.

(2) Brease, Butterfly turn

오픈 턴(Open Turn)이 기본 턴 기술이고 벽에 양손 동시 touch 후 몸을 회전시켜 발로 벽을 미는 방식이다.

(3) Back stroke turn

롤오버 턴(Rollover Turn)은 몸을 옆으로 롤링해 자유형 플립 턴처럼 벽을 차며 배영으로 출발하는 방식이다. 크로스오버 턴(Crossover Turn)과 백턴(Back Turn) 은 개인혼영에서 배영→ 평영 전환시 쓰인다.

라. 용어 해설

Beat : 앞으로 추진하기 위한 다리 동작

Beat board : 일명 kick board라고도 하며 영법 연습할 때 사용하는 판자를 말함.

Breathing : 수영에 있어서 숨쉬는 방법을 말함.

Catch : 물을 손으로 잡듯이 하는 동작

Cramp : 근육에 경련이 일어나는 것을 말함.

Dog paddle : 개 헤엄을 말함.

Flying : 출발 때 부정출발을 말하며 1회 부정출발시 실격이 됨.

Individual medley : 개인 혼영을 말함.

Lane rope : course를 구분하기 위하여 물 위에 쳐 놓은 뜬 줄을 말함.

Pace : 체력분배의 뜻으로, 일정한 거리를 구간별 제한시간으로 체력을 배분하여 헤엄치는 것을 말함.

Paddle : Pull 즉 팔의 긁기만을 연습할 때 손에 손바닥의 면적을 넓혀 부하량을 높이기 위하여 손에 끼게 고찰한 발포 폴리에틸렌의 판자

Pull : 팔굽을 중심으로 하여 물을 잡아당기는 것.

Push : 물을 어깨를 중심으로 하여 뒤로 미는 것.

Rolling : 수영 중 몸이 좌우로 흔들리는 것.

Streamline : 물의 저항을 최소화할 수 있는 최적화된 자세. 수중에서 몸이 전진되는 방향으로 흐름이 같게 하기 위해 스트림라인 자세를 유지해야 함

Swimming helper : 초보자가 물에 뜨기를 익히기 위한 용구인데 역시 발포 폴리에틸렌 제품으로서, 50g 중량의 원통 3개가 1조로 되어 있으며, 뜨기 습득 속도에 따라 1개씩 떼어 최후에는 다 떼게 된다.

Under line : course의 중심선으로서 pool 바닥에 쳐진 선을 말한다.

5 씨름

가. 씨름의 역사

씨름의 역사는 부족국가 시대 신석기 시대로 짐작하는데 기원전 2333년 단군조선부터 삼국시대가 시작되기 전까지의 부족국가 시대에서 찾을 수 있는 가장 오래된 씨름에 대한 자취는 "치우희"라는 씨름 명칭으로 시작되어 오늘날의 씨름으로 이어져 오고 있다. 또한 씨름은 2017년 1월 국가무형문화재 제131호로 지정되었으며 2018년에는 유네스코 인류무형문화유산으로 남북 공동으로 등재되었다.

우리나라에서의 씨름의 근대화를 보면,

· 1927년 : 조선 씨름협회 창단
· 1927년 : 제1회 전조선씨름대회 개최
· 1946년 : 대한씨름대협회 명칭 개정
· 1982년 : 민속씨름위원회 발족
· 1983년 : 민속씨름 제1회 천하장사씨름대회 개최
· 2016년 : 전국씨름연합회와 대한씨름협회 통합 통합씨름회 명칭 변경
· 2017년 : 민속씨름위원회 신설
· 2017년 : 대한씨름협회 명칭 변경
· 2017년 : 국가무형문화재 131호 지정
· 2018년 : 유네스코 인류무형문화유산 남북 공동 등재

나. 씨름의 특징

씨름은 격투기로 발전된 대부분 운동과는 달리 상대를 가격하는 기술이 전혀 없는 폭력성이 없는 경기이다. 이러한 씨름의 경기적인 특징은 예절을 중요시하고, 상대를 배려하는 우리 민족의 착한 마음이 고스란히 담겨 경쟁과 승리만을 강조하는 스포츠와는 차이점이 있다.

다. 씨름의 기본기술

씨름의 기술은 과거 100가지 이상 존재하였으나 대한씨름협회에서는 총 6가지 종류로 분류하고(손기술, 다리기술, 발기술, 허리기술, 들기술, 혼합기술) 총 55가지 기술이 있으며 이를 씨름 55수라고 지정하고 있다.

1) 손기술

① 앞무릎치기 : 오른손 팔꿈치를 들어올려 상대 중심을 위로가게 하여 상대 오른무릎을 오른손으로 치는 동시에 머리를 옆구리를 밀며 오른쪽으로 회전한다.

② 앞무릎짚기 : 오른손으로 상대의 앞무릎을 짚는다. 상대 옆구리에 머리를 넣어 오른쪽으로 회전한다.

③ 모둠앞무릎치기 : 왼쪽으로 이동하며 오른손 팔꿈치를 들어올려 상대 중심을 위로가게 한 후 상대 오른 무릎과 발목을 오른손과 발로 동시에 치며 오른쪽으로 회전한다.

④ 앞무릎뒤집기 : 앞무릎을 짚으며 공격자의 오른 다리를 왼쪽으로 중심 이동하며 뒤집는다.

⑤ 앞무릎짚고밀기 : 오른무릎을 짚은 상태로 밀어 붙인다.

⑥ 뒷무릎 치기 : 오른손으로 상대 뒷무릎을 친다.

⑦ 옆무릎 치기 : 왼다리를 시계반대방향으로 회전하며 돌려 넘긴다.

⑧ 오금당기기 : 오른손으로 상대 오른쪽 오금을 잡고 강하게 당긴다.

⑨ 앞다리들기 : 오른손으로 상대 넓적다리를 깊이 잡아 올린다.

⑩ 손짚이기 : 상대방의 손이 밑으로 내려와있을때 손을 눌러 땅을 짚게 만든다.

2) 발기술

① 호미걸이 : 상대 오른발로 이동하여 상대 오른발목을 안에서 감아 넘긴다.

② 낚시걸이 : 상대에게 들렸을 때, 오른발을 상대 오른 다리에 대고 방어한다. 상대가 놓을 때 오른발을 상대 오른 발목 바깥쪽에 걸어 넘긴다.

③ 뒤축걸이 : 오른발등을 상대 왼발 뒤측으로 이동시켜 뒤쪽으로 끌어 넘긴다.

④ 뒷발목걸이 : 오른 다리를 상대 왼쪽 발목 뒤로 이동시킨 후 뒤로 넘긴다.

⑤ 앞다리차기 : 샅바를 당기며 상대 발을 차는것과 동시에 넘긴다.

⑥ 무릎대어돌리기 : 상대 왼다리에 오른 발바닥을 대고 젖히며 돌린다.

⑦ 연장걸이 : 오른발 바깥 부분 날을 이용하여 오금어 걸고 젖혀 넘긴다.

⑧ 빗장걸이 : 샅바를 당기며 강하게 밀착하여 상대 발목 안쪽을 걸어 대각선 방향으로 강하게 밀어 넘긴다.

3) 다리기술

① 밭다리걸기 : 왼발을 상대 오른발 이동하여 다리샅바를 당기고 허리 샅바를 세워 넘긴다.

② 밭다리치기 : 오른다리로 상대 오른다리를 힘껏 쳐서 넘긴다.

③ 밭다리감아돌리기 : 상대 허리샅바를 세워 상대 상체를 뒤로 젖히게 하고 상대 오른다리를 걸어서 왼쪽으로 넘긴다.

④ 안다리걸기 : 양손 샅바를 당겨 상대 다리 안쪽으로 걸어 젖혀 넘긴다.

⑤ 왼안다리걸기 : 내 왼다리로 상대 오른다리를 안쪽으로 감아 밀어 넘긴다.

⑥ 덧걸이 : 오른 다리로 상대의 왼쪽 다리를 바깥으로 덮어 몸으로 밀어 덮는다.

⑦ 오금걸이 : 상대방의 다리 안쪽 오금에 다리를 걸어 당기며 넘긴다.

4) 허리기술

① 왼배지기 : 왼 허리를 상대 오른다리 안으로 넣고 회전하여 넘긴다.

② 오른배지기 : 오른 허리와 엉덩이로 상대의 왼쪽 배를 공격하여 왼편으로 들며 넘긴다.

③ 엉덩배지기 : 공격자의 엉덩이가 상대의 배 밑으로 깊숙이 들어가서 크게 오른편으로 돌며 넘긴다.

④ 돌림배지기 : 상방이 오른편으로 돌 때 그 도는 힘을 이용하여 배지기로 넘긴다.

⑤ 차돌리기 : 상대의 중심이 앞으로기울어져 있을때 상체를 일으켜 돌면서 상대의 다리 앞을 차며 던진다.

⑥ 어깨걷어차기 : 상대가 오른손을 밖으로 뺄 때, 다리샅바를 잡은 손을 놓는 동시에 왼팔로 걸어쳐 넘긴다.

⑦ 업어던지기 : 상대의 오른팔을 잡고 몸을 돌려 상대를 업어서 넘긴다.

5) 들기술

① 들어튕겨배지기 : 상대를 완전히 들어 올린 후 온 몸을 사용하여 튕겨 배지기를 한다.

② 들며차내어배지기 : 상대를 들 때, 상대의 오른 무릎을 나의 오른 무릎으로 차내면서 배지기 한다.

③ 들며튕겨배지기 : 공격자가 상대를 들기 위해 당겨 붙이면서 공격자의 단전부분을 상대의 무릎아래쪽에 위치하여 들어 올리는 순간 한꺼번에 튕겨 배지기 한다.

④ 들어잡채기 : 상대방을 든 상태에서 잡채기를 한다.

⑤ 후려던리기 : 온몸 기술로 공격자가 상체를 밀어 왼쪽으로 회전하면서 높게 쳐들면서 공중으로 날려 던진다.

⑥ 들어찧기 : 상대를 들어서 허리를 조이며 그대로 놓으면서 엉덩방아를 찧게한다.

⑦ 들안아놓기 : 상대를 든 자세에서 오른팔로 상대의 뒷무릎을 안으며 덮친다.

⑧ 들어낚시걸이 : 들어 놓으며 낚시걸이를 한다.

⑨ 들어호미걸이 : 들어 놓으며 호미걸이를 한다.

6) 혼합기술

① 잡채기: 공격자가 들기 위해 당기는 순간 상대가 들리지 않기 위해 중심을 낮출 때 젖히면서 넘긴다.

② 뿌려치기 : 공격자는 오른손을 바깥으로 상대의 허리샅바를 잡고 상대 앞쪽 좌측으로 뿌리쳐 넘긴다.

③ 밀어치기 : 상대의 좌측뒤편으로 밀어치기 한다.

④ 등채기 : 상등 샅바를 잡아 공격자의 뒤쪽으로 끌어당겨 넘긴다.

⑤ 등쳐감아돌리기 : 등 샅바를 잡은 상태에서 상대의 오른다리 바깥을 감아 돌린다.

⑥ 애목잡채기 : 오른팔로 상대의 목을 감아 잡채기를 시도한다.

⑦ 자반뒤집기 : 상대편 몸 아래 있던 선수가 상대 다리사이로 들어간 상태에서 정면으로 뒤집는다.

⑧ 측면 뒤집기 : 밑으로 들어가 좌, 우측면으로 뒤집기 한다.

⑨ 목감아뒤집기 : 상대의 목을 나의 오른팔로 감아 잡아 뒤집는다.

⑩ 끌어치기 : 밑으로 들어가 배 샅바를 잡은 후 끌어 친다.

⑪ 꼭 뒤집기 : 공격자 밭다리 실패 시에 혹은 중심이 아주 낮게 될 때 되치기 자는 오른손으로 상대의 목 뒤를 짚어 넘긴다.

⑫ 앞으로 누르기 : 상대의 몸 중심이 앞으로 치우칠 때 상대의 윗 몸을 누른다.

⑬ 통안아넘기기 : 상대와 떨어져 있을 때, 순차적으로 뛰어들어 안아 넘어뜨린다.

⑭ 허리꺾기 : 허리띠를 두 손으로 깊숙이 잡고 허리를 꺾어서 당긴다.

라. 용어 해설

샅바 : 샅에 거는 띠라는 뜻의 샅바이다.
모래판 : 씨름 경기가 열리는 원형 경기장
장사 : 각 체급에서 우승한 선수에게 주는 칭호 ex)00장사. 백두장사 등
손기술 : 손과 팔로 샅바를 조작하여 상대 균형을 무너뜨리는 기술
다리기술 : 허벅지나 무릎으로 상대 다리를 걸거나 막아 넘어뜨리는 기술
발기술 : 발목이나 발바닥을 이용해 상대 발을 쓸거나 걸어 순간적으로 균형을 무너뜨리는 기술
허리기술 : 허리 회전과 체중 이동으로 상대 몸을 들어 돌려 넘기는 기술
들기술 : 상대를 지면에 들어 올린 뒤 이동 또는 회전시 넘어뜨리는 기술
혼합기술 : 두 가지 이상 기술 요소를 동시 또는 연속하는 복합 기술

저자약력

● 구희곤

· 現 육군3사관학교 교수부장
· 現 육군3사관학교 체육학 교수
· Southern Illinois University 학술연구
· 경북대학교 일반대학원 스포츠사회학 박사
· 現 대구경북 전문계 고등학교 체육교과서 개발위원,
육군 체육교범 책임연구원
· 現 한국스포츠사회학회 이사

● 안경일

· 現 육군3사관학교 체육학 교수(겸. 체육학처장)
· 現 육군3사관학교 생도선발 체력검정 위원장
· 現 국기원 기술심의위원 군경분과 회장
· 現 국방부 태권도 심사위원
· 경북대학교 일반대학원 체육학 박사 졸업

대 학 체 육

1995년 12월 15일 초판인쇄 〔값29,000원〕
1995년 12월 20일 초판발행
2004년 12월 10일 개정판발행
2007년 12월 10일 개정판발행
2010년 12월 30일 개정판발행
2015년 8월 30일 개정판발행
2020년 12월 30일 개정판발행
2025년 12월 30일 개정증보판발행

• 편저자 : 구희곤, 안경일
• 발행자 : 홍 일 석
• 발행처 : 공 학 사

대구광역시 동구 둔산로 36, 10호(대구서적유통단지)
총판처 : (053)425-0050
등록:1983년 5월 12일 가 제1-26호)

ISBN 978-89-93711-05-9
부가번호 03690